EINE ERDBEERE FÜR HITLER

希特勒草莓

屠殺、謊言與良知的歷史戰場

hrsg. von Carola Stern und Ingke Brodersen

卡蘿拉·史坦＋英格·柏德森◆編著　李雪媛＋呂以榮◆譯

U0031983

希特勒草莓（Hitler-Erdbeere）

「個人終於如願以償，成功研發出一個全新的珍貴草莓品種。為了展現對帝國總理的景仰與愛戴，懇請允許敝人將這個新品種命名為『希特勒草莓』。畢竟，我們已經有個名為『興登堡』（Hindenburg）的草莓品種了。」

節錄自馬蓮特─葛雷姆斯姆倫（Malente-Gremsmühlen）一位果園主人布魯諾・寇賀（Bruno Koch）於 1933 年 8 月 1 日寫給帝國總理辦公廳的一封信函。

〈專文推薦〉
高貴的野蠻人──納粹興亡的歷史教訓

胡忠信

　　1933 年到 1945 年德國納粹政權的興亡歷史，是二十世紀史研究的最主要課題。即使 60 多年之後的我們，仍然會提出一個疑問：為什麼會產生巴哈、貝多芬、歌德、康德的日耳曼文明，會產生希特勒這類型獨裁者？當希特勒崛起之時，深受威瑪文化薰陶的文明德國人，難道得了集體軟弱與集體精神錯亂，否則一整代的德國人怎麼會走向戰爭與瘋狂？

　　歌德在《浮士德》一書中給予我們提供了解答：一個知識份子為了獲取功名富貴，將靈魂典當給魔鬼，出賣了自己，也帶來了毀滅。德國人在現代化過程中追求富與強，歷經了第一次世界大戰的挫敗，受到了凡爾賽和約的屈辱，民族主義的強烈呼求，給煽動者希特勒找到了切入點。為了國家光榮，可以屈從於領袖崇拜；為了民族利益，可以犧牲掉猶太人等「劣等民族」；為了虛構的生命共同體，可以扭曲人性核心價值的是非公義。在希特勒的虛構謊言下，一整代的德國人隨魔棒起舞，從人性中蒸餾出仇恨的毒酒，也為二十世紀上半葉的歐洲帶來大災難。

　　如同盧梭所形容的「高貴的野蠻人」，挾著高尚的口號與標語，「人既不是天使，也不是惡魔；但人想做天使，卻做出惡魔的行為。」我們是否應更深刻的反思：人類為何永遠在區分「朋友律」與「敵人律」，為何永遠在尋找朋友而且傷害敵人？人類是不是永遠帶著「原罪」，一種傲慢的罪，甚至是一種集體的傲慢的罪，抱著「非我族類，其心必異」，對異見者、他群抱著殺伐心態？

　　納粹政權已走入歷史60年，但對當代德國人來說，它仍然是一個夢魘？人唯有回到靈魂的深處，探討人性、公義的意義，才能釐清歷史的真相，找出自我定位，重新自我救贖，以樂觀、真誠、坦率心理邁向未來。我們唯有透過這種方式，才能找到內心深處的「神聖空間」，從而確立人性共有的價值觀與信仰。

　　神學家潘霍華認為釘在十字架上的耶穌是軟弱的，我們必須堅強地去背負十字架。有了行動，才有尊嚴。潘霍華參與反納粹地下活動，他實踐了自己的信念，成為二十世紀教會對抗極權體制的典範。

　　女大學生蘇菲‧碩爾以21歲的年輕人，抱持教會信仰與人權理念，不畏權勢以身殉道，她的動力來源正是價值觀與信仰——「我們試圖從內心更新受創的德國精神。」光從潘霍華與蘇菲‧碩爾的表現，我們就看到人性的光輝面，以及德國重建的心理基礎。

　　「當主耶穌基督被釘十字架的時候，請問，你在哪裡？」當有人無辜受難，我們若保持沉默，我們是不是也是「共犯結構」的一部分？歷史是現在與過去之間無休止的對話，我非常同意這本書提供的觀點：

　　——學習這一段從1945年之後眾人都迴避談論的歷史，學習這一段在二十世紀前葉德國歷史中經常備受扭曲的歷史。

　　——雖然自己並未直接害人或是出賣朋友，但容許邪惡當道的我們也殺了人。

　　——這是人性的良知，每個人都有機會展現勇氣，去對抗不公不義。

　　這是一本值得深思與反省自我的一流好書，有助我們提升心靈與堅定價值觀的信仰。

　　　　　　　　　　　　　　　（本文作者為歷史學者及政治評論者）

〈專文推薦〉
希特勒的神話──歷史的必然？

孟昭昶

　　第一次世界大戰結束後，德意志民族第一個民主政治體制「威瑪共和」，在社會革命運動中誕生。然而，此一新生的共和國面對的卻是龐大的內憂外患：第一次世界大戰以及戰敗後割讓土地，導致德國失去十分之一的人口、七分之一的領土、三分之一的煤產區、四分之三的鐵產區，以及 14% 的農田。 1920 年 1 月 10 日凡爾賽和約正式生效，對德國民眾來說，更是一個沉重的打擊：德國不僅從世界強權淪為二流國家，並且必須由 3 代的德國人償付天文數字的賠款。自大戰期間即開始的通貨膨脹，加上戰勝國要求的鉅額賠款，使得戰後德國經濟的重建更加困難；經濟蕭條、失業人口暴增，社會瀰漫一片灰暗、徬徨無助的不安氣氛。

　　「威瑪共和」政府面對上述棘手的國內、外諸多問題，卻無法提出有效且穩定的應對政策。多黨林立的帝國議會，加上各政黨在政治意識觀點上缺乏彈性，與他黨妥協或合作意願不高，不僅導致在政治決策上的爭執不休，國會功能癱瘓，更使得組織政府的工作困難重重。從 1919 年 12 月至 1933 年 1 月希特勒掌權之前，「威瑪共和」歷經了 20 任內閣，政局的動盪與混亂、政治體制功能的癱瘓，由此可見一斑。

　　本就缺乏民主文化傳統的德國民眾，對於眼前無效能的民主政治體制也就更加缺乏認同與信心。因此，「威瑪共和」成立的最初幾年，政治謀殺事件、政變、暴動頻傳，政治、社會可謂處處布滿危機。由於德國全國上下對於「威瑪共和」民主政治體制

的遊戲規則缺乏共識，使得威瑪政府必須不時面對來自右派、左派的抗爭和挑戰。「威瑪共和」乃被稱爲「缺乏民主人士的民主政治」（Demokratie ohne Demokraten）。於是，德意志民族的第一個共和體制，在混亂的國內、外環境下運作了 14 年後，爲希特勒所終結。希特勒「第三帝國」的獨裁暴政，不僅爲德意志民族的近代史寫下最黑暗的一頁，也爲人類近代文明帶來最慘痛的一場浩劫。

古有明訓：「以銅爲鏡，可以正衣冠；以史爲鏡，可以知興衰；以人爲鏡，可以知得失。」我們必須記取歷史教訓，才能避免浩劫再度發生。希特勒與「第三帝國」帶來的浩劫，是歷史的必然？而哪些社會因素是造就希特勒與「第三帝國」的條件？這是我們回顧希特勒的「第三帝國」這段歷史必須省思的重要課題。我們要問的是：在 1928 年帝國議會選舉中，得票率只有 2.6% 的納粹黨，如何能在 4 年後（1932）獲得 37.3% 的得票率，成爲德國第一大黨？我們也要問：1917 年僅爲一個下士班長的希特勒，何以能在 4 年後（1921）成爲德國一個政黨（納粹黨）的主席？並在 12 年後被視爲德國的「民族救星」，登上帝國總理的寶座？繼而掀起人類近代史的大浩劫？當我們譴責希特勒泯滅人性的極權統治、納粹政黨慘絕人寰的暴政同時，不能忽略的一項事實是：希特勒與納粹黨在 1933 年是透過民主的程序，合法取得統治權！因此，希特勒的崛起、納粹黨的興盛，都與當時的時代背景以及德國社會的環境因素相關。

然而，個人的時效歷史（意即個人的學習成長經驗）不只提供他了解事實與現象的可能，還限制了他所了解的是什麼。眾人皆知，希特勒具備演說天賦，他那極具煽動性的演說能力，是他獲得群眾支持與權位的重要因素。然而，如果我們檢視希特勒的演說講稿，也許生活在自由多元社會今日的我們要問：如此偏激的極右派言論，爲何能夠獲得廣大社會群眾的支持？

　　因此，引導國內讀者來認識德國在希特勒「第三帝國」時期的歷史發展時，必須要考慮克服這段歷史與國內讀者在歷史、文化，乃至世界觀與價值觀上的巨幅差距。本書作者多數親身經歷「第三帝國」，並且藉由傳記文學的文體方式，透過書中人物的生活故事，生動的描述與記錄「第三帝國」崛起與潰敗的歷史過程。例如：在〈元首國家〉一章，作者透過希特勒與「德意志國家社會主義工人黨」的發展過程，爲希特勒與納粹獨裁政權的崛起與獲得政權的背景，提供生動的說明。在〈與領袖一同前進〉一章中，透過卡爾、安娜瑪莉，以及安娜朵麗3個孩子的成長經歷，描述納粹政權如何透過思想教育，將納粹政權的意識形態灌輸至人民日常生活的各個領域之中，以構成納粹政權鞏固的基礎。在〈天堂與地獄〉一章中，則藉由猶太女孩漢娜逃離德國的過程，描述納粹政權對猶太人的迫害，以及猶太人親離子散、顛沛流離的逃難過程。

　　有別於一般學術性的系統卻冰冷的史料呈現，本書傳記文學的體裁模式，更有助於讀者跨越個人時效歷史與「第三帝國」的時間、世界觀與價值觀的落差，能感同身受地深入認識這一段歷史發展。 2005年2月初，德國總統霍斯特・柯勒（Horst Köhler）造訪以色列，在以色列國會發表演說時，對於納粹政權屠殺猶太族群的歷史表示：「這段經歷必須做爲當代歷史的一部分，相關的報導不能流失，我們不能忘記那些犧牲者的面孔，必須確保這段歷史教訓能夠代代相傳，我們必須體認到那些猶太犧牲者賦予了我們一項使命，那就是：不能允許民族大屠殺再度發生。」

　　本書不僅對於希特勒「第三帝國」帶給人類現代史的浩劫提供一個詳實、生動的見證，相信也能夠啓發讀者，如何防杜類似的悲劇在人類的社會再度發生。

（本文作者爲國立高雄第一科技大學應用德語系副教授）

導言：勇氣與良知　013

英格・柏德森

本書敘述有關納粹國家社會主義的竄起與衰敗、戰爭、對人類的迫害與滅絕，以及「第三帝國」終於被擊潰，人民得到解放的那一年。這段時期是歷史，亦涵蓋了無數個可以讓人從中學習的故事。我們從那些為求獲取利益而參與暴行的人們身上學習，也從另一些為幫助別人而不惜冒生命危險的人身上學習。這些人往往只是默默無名的英雄，他們的姓名幾乎不為人所知。譬如，席特君・查森豪斯，當被問及為何做出義舉時，她答道：「這是人性的良知。」

第一章　元首國家　019
一個獨裁政權的興起

漢斯・蒙森

看似十分堅決果斷的納粹「領袖」──阿道夫・希特勒卻經常猶豫不決，以致於他在 1923 年 11 月企圖推翻可恨的威瑪議會共和的行動失敗。因為這次「希特勒政變」，他被判處 4 年監禁，但前後卻僅服刑數月。他利用服刑期間撰寫了一本個人回憶錄《我的奮鬥》。
之後不到 10 年光景，時機終於成熟：1933 年 1 月 30 日，希特勒被任命為帝國總理。他受到諸多保守派人士的支持，因為他們相信，一方面可藉此「控制」希特勒及其他國家社會主義份子，另一方面可將其做為利用工具。然而希特勒及其黨羽──從卸任戰鬥機飛行員赫曼・戈林、宣傳頭子約瑟夫・戈培爾，到後來的納粹黨衛軍首領海因希・希姆萊──卻在短短數月之內，將德國打造成一個獨裁的元首國家。

第二章　與領袖一同前進　063
納粹政權如何征服人民的日常生活

希爾可・羅倫斯

當納粹國家社會主義份子掌權時，卡爾、安娜朵麗和瑪麗安妮都還是懵懂未知的孩子。對於他們而言，1933 年是新時代的開始。野外行軍、社團晚會、夏令營、冬夏至慶典──各式各樣的青少年活動不斷，所有活動均按照他們領袖的旨意，具有「德意志的思想、德意志的行動」，因為他們是國家未來的棟樑。他們高唱行軍曲，學習德意志的問候禮，以及如何分辨「統治階級」與「劣等人種」。
偏偏是一個「劣等人」，一個來自俄羅斯的強制勞役工人，讓安娜朵麗的世界觀產生了第一道裂痕。他突破了這位信仰堅定的「希特勒少女」身上的冷血盔甲，畢竟，少女原將外勞視為必須擊潰的敵人。

第三章　天堂與地獄　
從德國萊比錫到捷克特瑞辛市

蜜爾雅・培斯樂

那年她剛滿 14 歲，正準備移民到巴勒斯坦，她的大姊荷蓮娜已在當地。出身萊比錫的猶太女孩漢娜蘿蕾，此時已改名爲漢娜，去不成巴勒斯坦，反而來到哥本哈根，再輾轉去了丹麥的菲英島。雖然漢娜必須從事粗重的工作，面對納粹恐怖統治的威脅，她卻仍感到安全無虞。直到有一天，納粹黨衛軍的槍托在拂曉的門前猛撞，漢娜就這樣被帶到捷克特瑞辛市的集中營去了。

第四章　爲何軍人必須殺戮？　
白天爭戰，夜半轟炸

鄔蘇拉・魏爾夫

這場戰爭並非突如其來，從先前的諸多徵兆便可看出端倪，例如「義務兵役」、「戰鬥」及「防空設施」等名詞，在戰爭之前已廣爲流傳。胡柏先生擔憂自己妻兒，認爲確實有必要建造一個防空地窖。於是整棟房子的住戶上下總動員，完成了一間防空地下室，此時距離戰爭爆發仍有數年。

戰爭終究波及這幢位於德國西部杜伊斯堡和丁斯拉肯兩地間一個小城郊的出租公寓。阿諾是忠誠的社會民主黨人艾利希之子，他加入納粹黨衛軍的行列，在戰爭結束時失蹤；小組督察員奧托・史密特之子羅夫則目睹了納粹黨衛軍對俄國人民的恐怖暴行；沃夫剛則因爲在戰時必須跟隨大學生連隊移師至波蘭而身受重傷，成爲這棟公寓裡的第一位戰爭犧牲者。

第五章　別說這是爲了祖國　
反納粹政權的義士

赫曼・文克

朋友們事先警告過他，但是政論雜誌《世界舞台》的發行人卡爾・馮・奧西茨基決定先就寢休息。他在 1933 年 2 月 28 日深夜被捕，發配至艾斯特維根集中營。其後礙於國際間的抗議，他才在 1936 年被釋放，但此時他已病入膏肓。然而在「第三帝國」期間，他並非唯一一個爲了個人民主信念而勇敢挺身而出的人。有人爲反抗納粹政權，即使犧牲生命亦在所不惜。譬如葛奧格・艾爾沙就耗費了 30 個晚上，在慕尼黑的市民酒窖內安裝炸彈，不料希特勒比預定的時間早一步離開。又如「領袖的私人囚犯」——牧師馬丁・倪慕樂，被監禁於薩克森豪森的集中營裡。還有那 3 位來自比利時的年輕抗暴鬥士，他們在 1943 年 4 月成功阻止一班開往奧斯維辛集中營的死亡列車，231 條人命因此獲救。

哈爾姆特・馮・韓迺希

在這場荒謬戰爭的最後數月，敵軍早已深入國土，德國人卻依然頑強抵抗，難道抱著絕對服從、完成使命與堅忍不拔的態度，就可達成希特勒的「最後勝利」嗎？此時人們所能乞求的，不過是別讓自己淪為轟炸的犧牲品，或是被逮著的逃兵罷了。

數以百萬的德國軍人待在超大型的俘虜營內，正是反省思考的良機。在占領區內，戰勝的同盟國正準備建立新的生活秩序。一級戰犯在紐倫堡的國際法庭內接受審判，許多德國人民至此才頭一次認清他們的醜行，卻不願意去面對事實。同盟國不僅藉著慘不忍睹的照片、刑罰與限制職業權，對德國人民進行思想再教育；另一方面，人們也開始被迫去面對和因應如今的局面：失去當權者，卻換得自由。整個體制徹徹底底瓦解，卻因此成為一個轉機。

卡蘿拉・史坦

伍瑟都島上的每個人都是親「領袖」的。媽媽偏袒希特勒，牧師亦然；學校老師贊同他，甚至連外國人也附和他——威爾斯王子曾造訪希特勒在伯格霍夫的私人山莊；柏林奧運舉行期間，法國隊甚至高舉右手，行希特勒問候禮。早在納粹份子當權之前，所謂的「紅色敵人」、「猶太人」等假想敵，早已存在人們心中。將事情一概而論的習性，更加速了假想敵概念的蔓延，藉著這些假想敵讓仇恨滋生，而仇恨再挑起暴力。

〈導言〉
勇氣與良知

英格・柏德森

　　倘若有人說自己天下無敵，最勇敢、最偉大，每個聽到這話的人都會尷尬地轉過頭去，因為自大狂是無法廣結人緣的。然而，如果有人把上面那句話中的「我」改為「我們」——我們最強勢、最優秀，生來便是上帝遴選的子民，超越其他人種的「統治階級」——便會成為十分中聽的言論，尤其在一個人人沒工作、沒飯吃、一己性命彷彿只是一堆破銅爛鐵的時代裡。人們一旦生活困苦，就寧可相信那個承諾可以帶領國家脫離危機的人，但如此一來，也很可能導致危機產生。

　　當時的情形便是如此。德國人民似乎在阿道夫・希特勒身上看見了希望，他許下諾言，要把人民從德國在一次世界大戰後被迫簽訂的「凡爾賽和約」、從那個讓人倍感羞辱的「國恥」中解救出來。他還開出人人有工作、終結政黨口角與衝突的支票，並且要創造出一個真正的「人民共同體」。

　　這樣的口號在德國人民身上產生絕佳的效果，因為他們害怕自己將永遠屬於歷史上的輸家。他們已經輸掉一次世界大戰和他們的皇帝，頭一次經歷國族史上第一個共和國——威瑪共和與民主政治。可惜的是，這首次起跑的成績並不令人讚賞，整個民主體制搖搖欲墜。這也要歸咎於那些原本應當支撐這個民主體制的各個政黨，畢竟他們大多不贊同民主制度。部分人士更與希特勒合作，因為他們自忖可以利用希特勒來達到一己之目的。其餘人士則寄望希特勒一旦登上帝國總理的大位後，會脫胎換骨成為一位莊重的政治家；許多人並深信，整個納粹國家社會主義的妖魔

鬼怪，在不久之後便會消失殆盡。

當時，民主制度要在德國生根並不容易。人民依舊習於聽從「上面」的指示，行應當之事或上級允許之事。但在議會制的共和國中，人們卻必須爲國家的大小事務自行協調出結論。過程中自然免不了關乎對與錯的爭執，而且往往必須經過長時期的辯論，方能得到共同的結果，這些都是十分正常的現象。然而，當時人們大多認爲國會只是個「聊天室」，人們在國會裡「僅止於高談闊論」，毫無建設性的決策。民主可能需要耗費不少精力，但截至目前爲止，吾人尚未能發展出更好的政治體制，能夠依照權利與法律的精神給予並保障人民更多的自由。這點十分重要，因爲倘若權利與法律失去效力，赤裸裸的暴力便開始橫行。

納粹份子無法理解權利與法律的意義，相反地，還對其嗤之以鼻，他們並得到爲數不少的幫兇來制定自己的「法律」。歷史學者漢斯・蒙森在本書中詳述究竟何人爲納粹政權抬轎；以及納粹甫上台之際，便知利用此大好機會，於短短數月內將德國改造成一個獨裁政權的過程。

但納粹的獨裁政權卻有所謂的雙軌制。他們針對社會民主黨人、共產黨人、猶太人以及其他所有不願順從、不願與之同流合污者，進行恐怖與暴力統治；另一方面，他們也深知必須爲其政策搏取人民的廣泛支持。人們重新獲得工作，擁有些許富足，最重要的是，希特勒給予人民自信心，因而人民對他的這股興奮之情，有時幾乎已達歇斯底里的程度——「希特勒草莓」及其他許多仰慕「領袖」的信函即由此而來。希特勒尤其懂得吸收青少年與其站在同一陣線，野外偵查遊戲、行軍、露營、假期遠足踏青等——對於許多青少年而言，這段時期裡總是活動不斷。希爾可・羅倫斯在書中敘述這種團體生活的巨大吸引力。

事實上，這個所謂的「人民共同體」只是一個充滿謊言的假象，因爲並非全體人民皆可成爲其中的一分子，一位來自萊比錫

的猶太少女漢娜蘿蕾，就親身體驗到這謊言所帶來的痛苦。關於她的故事，蜜爾雅‧培斯樂在書中有詳盡的描述。她在丹麥好不容易覓得一個藏身之處，但這個小小的中立國卻被德軍占領，某天夜裡，漢娜終究還是被帶走，強押至捷克特瑞辛市的集中營去了。不幸中的大幸是：她倖存下來，在戰爭結束前不久，獲得瑞典紅十字會的解救。

然而，多達數百萬的其他猶太人卻在這幾年恐怖血腥的統治期間遭到殺害，其中還包括 150 萬名兒童。「並非所有納粹政權的受害者都是猶太人，」一位著名的倖存者艾莉‧維澤如此寫道，「但所有的猶太人都成了受難者。」

此外，數百萬的「吉普賽人」，亦即那些被納粹視為「劣等人種」的辛堤人（Sinti）與洛瑪人（Roma），也同樣遭到迫害，一如波蘭人與俄羅斯人。希特勒為德意志統治民族強占更多的「生存空間」，而那些「東歐民族」則應成為工奴，服侍統治民族。因此，他藉故挑起一場又一場的戰爭。鄔蘇拉‧魏爾夫在書中描述位於杜伊斯堡附近一幢出租公寓的住戶如何熬過這場戰爭。從第一次的「閃電勝利」到防空洞的生活，從戰地軍郵到數不清的轟炸之夜。並非所有的住戶皆能幸運生還，例如自始便反抗納粹政權的艾利希，在戰爭的最後數月亦被迫徵召入伍，參與「國民突擊」❶的行動，因而傷重不治。

雖有恐怖統治與戰爭的威脅，仍有少數人士不願視而不見、聽而不聞，進而發起抗暴運動。例如，赫曼‧文克在書中提到一個專門幫助遭迫害猶太同胞的團體「艾彌爾叔叔」；或是批判犀利的記者兼出版人卡爾‧馮‧奧西茨基，他雖獲友人警告，仍舊猶豫是否要離開德國。其後被蓋世太保逮捕，引起諸多國際人士抗議。當他終於離開集中營重獲自由時，卻已身染重病。

---

❶戰爭末期，當德軍節節敗退，正規軍已遭受重創，無法挽回頹勢之際，希特勒發動全民拿起武器欲做最後掙扎，此行動被稱為「國民突擊」（Volkssturm）。

德軍頑強奮戰，直到最後慘痛的一刻，1945 年 5 月終於被迫投降，整個德國宛如一片廢墟。此時，哈特姆特‧馮‧韓遜希甫升少尉，不久即遭美軍逮捕，戰爭結束後的前幾週被囚禁在露天的戰俘營中。美軍強迫德國人必須親眼目睹集中營內的慘狀，認清自己的政府究竟以人民之名對數百萬人命，做出何等慘絕人寰的行徑。美軍同時要求凡年滿 18 歲者必須填寫一份調查表，解釋個人在過去幾年中的行為，欲藉此對德國人民施行思想再教育。許多人對此倍感屈辱，因而對占領國心生怨恨。

即使戰爭已結束多時，大部分的德國人民仍舊不願、甚至許多人心理上還是無法提及個人在「第三帝國」時期的經歷。也許他們親眼看見慘不忍睹的畫面，急欲將其從記憶中完全抹去；也有人對於自己曾經參與其中而感到羞愧。但仍然有許多人，即使曾經附和並參與納粹的暴行，卻依舊不肯承認錯誤。這些人認為自己只是個「受誘騙者」，宣稱對於集中營、屠殺猶太人與吉普賽人及其他民族之事一概「毫無所悉」。

然而，商店門口懸掛著「不歡迎猶太人」的告示牌、「非亞利安人種」的公務員全數被解除公職，「猶太」學者與知識份子亦被逐出大學校園卻是不爭的事實——僅此提出部分例證。猶太人的「亞利安」德意志鄰居或曾積極參與驅逐行動，或曾被動全盤接受，並且往往從中牟利。

直到下一代的晚輩向他們的父母或祖父母提出疑問，這才開啟了相關的公開辯論。這些質疑往往都帶有控訴與責備之意，未必有助於釐清問題，整頓反省的工作卻因此展開，也間接促使戰後聯邦共和國的民主制度更趨穩固。

本書大部分的作者都曾親身經歷過「納粹第三帝國」，這也使得本書有別於其他枯燥的歷史書籍，而這些經歷對本書作者們其後一生的影響亦十分深遠。因為，任何人只要對此深入研究探討，便會明白：**這絕不只是歷史，亦充滿著無數個值得人從中學**

習的故事。從那些同流合污的人身上學習，因爲他們眼中只有一己的私利；但也從那些不惜冒著生命危險救人的英雄身上學習，這些人並不一定都如碩爾兄妹一般爲世人所知——他們因爲在慕尼黑大學校園中散發反希特勒及反戰傳單而遭處決。

這些人往往只是默默無名的英雄，其姓名全不爲人所知。其作爲正如同席特君‧查森豪斯，她本應銷毀猶太囚犯寫給親友的信件，但她卻不這麼做，相反地：她竭盡全力將這些信件送到收件人的手中。直到被蓋世太保識破，席特君‧查森豪斯因此必須逃亡藏匿起來。多年後，當她被人問及爲何做此抉擇時，她回答：「這是人性的良知，每個人都有機會展現勇氣，去反抗不義。」

2004 年 7 月，於柏林

附言：書中縮排於加注框內的文字乃由編著者所撰寫。
中文版編注：書中注釋除了有附加說明外，皆爲譯者注。

第一章 元首國家

一個獨裁政權的興起

　　1919 年 1 月初，五金工人安敦・德雷克斯勒（Anton Drexler, 1884-1942）在慕尼黑一家啤酒館後方的密室裡，成立了「德意志勞工黨」（Deutsche Arbeiterpartei）。當時無人能料到，這個民間小黨派竟然能在短短數年後，會率先發起德國最大的群眾運動。在希特勒的領導之下，該黨於 1933 年 1 月 30 日奪得政權，並且以跋扈極權的獨裁政治，取代了威瑪共和原有的議會民主制度。

　　德雷克斯勒還受到圖勒協會❶的支持，這是一個由市民階級的國家主義份子所組成的秘密團體，深受具有激進國家主義思想的「全德意志聯盟」（Alldeutscher Verband）影響。這團體藉著一群獨立組織的援助，其中當然也包括了德意志勞工黨，在 1918 年 11 月 9 日德皇威廉二世退位後，處處與接掌政權的社會民主黨（SPD，以下簡稱社民黨）作對。

　　當時，希特勒藏匿在慕尼黑巴伐利亞國防軍的一個單位中。他棲身軍營內，負責在德國國防軍中為國家民族主義的抗爭運動尋求支援。也因為這個任務，他結識了德雷克斯勒。

從小酒館演說崛起

　　希特勒是個天生的演說者，只要他一上台，立刻就會為德雷克斯勒的小黨引來許多聽眾，也打響了「二十五條綱領」❶。這

---

❶圖勒協會（Thule-Gesellschaft）乃 1918 年成立於慕尼黑的秘密組織，其標誌為鈎形十字及日耳曼民族古文字，約有 1500 名成員。該組織的主要活動為散播反閃米的宣傳，研擬推翻新政府計畫，並支持反革命團體，當中亦包括德意志勞工黨及其後所重組的德意志國家社會主義勞工。1919 年，該協會組成一武裝戰鬥團體，並參與鎮壓巴伐利亞工農兵議會共和國（Bayerische Räterepublik）的行動。

❷二十五條綱領（Programm der 25 Punkten）結合了小市民階級的庸俗社會主義以及當時頗為盛行的國家民族主義理念，其重要內容包括：贏回失去的殖民地，創造泛德意志的國家民族概念；建立強大的中央權力；施行土地改革，大型企業國有化；剝奪猶太人的德國公民權，並將其驅離德意志帝國領土；依據種族主義概念制定法律與文化政策，推動以日耳曼種族的風俗習慣及道德觀為基礎之「正面基督教信仰」。1920 年代後期，這份綱領逐漸在黨內喪失重要性，而改以希特勒的個人理念為中心，亦即以激進種族概念為本的反猶太主義及日耳曼民族的生存空間理論。

份綱領公然向德國在一次世界大戰戰敗後所簽訂的凡爾賽和約宣戰；希特勒將自己搖身一變，成爲對抗「大資本家」的鬥士，並承諾成立一個「眞正」以勞工和市井小民爲主體的人民共同體。綱領的核心重點在於幾項訴求，包括剝奪猶太人的德國公民資格，並禁止猶太人擔任公職。這樣的綱領與當時其他右派市民政黨的信念相較，並無不同之處，反猶太的偏見同樣充斥在這些黨派之間。

　　1920 年 2 月，德意志勞工黨更名爲「德意志國家社會主義勞工黨」（Nationalsozialistische Deutsche Arbeiterpartei，縮寫爲 NSDAP ；以下簡稱國社黨）。此時希特勒的生活方式及其個人獨斷獨行的態度，已不見容於德意志勞工黨這種市井小民團體。但黨主席德雷克斯勒卻任由希特勒繼續橫行，原因是希特勒對黨有利用價值。直到 1921 年夏天，當德雷克斯勒計畫與「人民工聯」（Völkische Werksgemeinschaft）合併時，他和希特勒終於爆發爭執。

　　希特勒提出異議，認爲他們的運動絕不可與一般的人民小團體及三流派別混爲一談，畢竟他們才是眞正唯一的「德意志自由運動」。他以退黨爲要脅，黨內一小撮無條件聽命於他的死忠者也給予充分支持，包括慕尼黑的煽動份子馬克斯‧阿曼❸與賀曼‧艾塞❹，以及來自圖勒協會的魯道夫‧黑斯（Rudolf Heß, 1894-1987）。德雷克斯勒抗議無效，迫於無奈只好答應希特勒的威脅，推舉他爲黨魁，自己屈就於榮譽黨主席的位子。

　　從一開始，希特勒就決定以獨裁的方式來領導他的政黨，黨內

---

❸馬克斯‧阿曼（Max Amann, 1891-1957）曾任國社黨務領導人、中央黨部出版部負責人等職務，1933 年希特勒奪權後，便一直擔任帝國新聞協會主席，與宣傳部長約瑟夫‧戈培爾（Josef Goebbels, 1897-1945）兩人並列爲打壓納粹帝國新聞自由的罪魁禍首。

❹賀曼‧艾塞（Hermann Esser, 1900-1981）十分崇拜希特勒，言行舉止完全模仿希特勒。他曾負責國社黨宣傳，1933 年後，歷任巴伐利亞邦總理、邦議會主席、帝國觀光協會主席等職務。二次大戰後，被判處 5 年徒刑，1952 年提前出獄。

的次級領導幹部不再由黨員選出,而改由黨中央任命。他刻意避免把國家社會主義運動的訴求侷限於對抗凡爾賽和約或反猶主張,亦不將訴求轉化成具體的綱領;他希望自己的政治運動,能與其他黨派的利益政治傾向有所區別。他仍緊守 1920 年所訂定的「二十五條綱領」,其內容雖早已過時,但目的是藉此表態,絕對堅守先前黨內所做的決策,強調國社黨旗幟不會隨政治風向搖擺。

　　希特勒成功地在巴伐利亞南部——尤其是在慕尼黑——打響了「國社黨」的政治名號。他馬不停蹄地在公開集會中抨擊猶太人,大肆攻訐 1918 年的「十一月叛國賊」與共產黨人,並嚴厲撻伐議會制的共和國。

無軍事實權的政治煽動者

　　至 1923 年底,國社黨至少已有 55000 名黨員,多數來自巴伐利亞,使國社黨成為一次大戰後反對共和制的一股力量。在巴伐利亞,那些不惜謀殺共和派領導階層的反動派民兵志願軍團 ❺ 亦受到國防軍部隊的支持。而由古斯塔夫・馮・卡爾(Gustav von

> **十一月叛國賊**
>
> 　　德國右派份子以此來辱罵那些簽下凡爾賽和約的人士,指責他們因簽下和約而使得那些「戰場上的無敵之軍」如遭背後突襲,而招致失敗的命運。這些所謂的「刀刺在背傳說」(Dolchstoßlegende)立刻被注入仇恨,轉嫁到當時的政界代表及威瑪共和的支持者身上。

---

❺民兵志願軍團(Freikorps)原本乃十八世紀時,普魯士的腓特烈二世為減輕正規軍的壓力而招募的半軍組織,其後亦曾在拿破崙戰爭中對抗法國。1918 年一次世界大戰後,許多飽受精神創傷的退役軍人及失業青年因無法重新適應現實生活而加入軍團。成員政治理念保守,尤其痛恨共產黨人,經常非法殺害政敵,如德國共產黨創黨人卡爾・李布克內特(Karl Liebknecht, 1871-1919)及羅莎・盧森堡(Rosa Luxemburg, 1871-1919),並鎮壓推翻巴伐利亞工農兵議會共和國。

Kahr, 1862-1934）所領導的巴伐利亞政府，也將威瑪共和視為「普魯士的畸形兒」，拒絕加以承認；同時遲遲不肯把當時已在內政上造成不安、但仍無國籍的鼓譟煽動者希特勒驅逐出境，因為巴伐利亞在與柏林的社民黨共和政府對抗下，希特勒也許仍有利用價值。

雖自 1922 年以來成果豐碩，但此時希特勒卻面臨危機，因為他可能喪失對巴伐利亞右傾團體「祖國聯盟」（Vaterländische Verbände）以及志願軍團的政治主導權。艾爾哈特上尉（Hermann Ehrhard, 1881-1971）所領導的志願軍欲發動政變，認為所有活躍於巴伐利亞地區的國家民族主義團體和民兵，都應支持進軍柏林的行動，其中亦包括原本為黨部集會堂衛兵的衝鋒隊 ❻。在恩斯特‧羅姆（Ernst Röhm, 1887-1934）的帶領下，衝鋒隊轉變成人民戰鬥團體之一。由於羅姆的積極推動，這些民兵團體在 1922 年整合成「德意志戰鬥聯盟」（Deutscher Kampfbund）。

希特勒雖然扮演戰鬥聯盟的政治領袖角色，卻無實際的軍事領導權，他的任務被侷限在政治宣傳的範圍內。他原本就因為個人「拿破崙式」和「彌賽亞式」的作風，受到志願軍領袖們的嘲諷譏笑，此刻面對一次大戰英雄艾利希‧魯登道夫（Erich Ludendorff, 1865-1937）將軍，更使希特勒的處境陷於不利。然而在這喧騰混亂的數星期當中，希特勒仍不清楚自己將來的政治角色定位，他依舊當自己是個國家民族事務的「鼓手」，替將來的獨裁者做宣傳，他也尊重身為戰爭英雄的魯登道夫在祖國聯盟中的權威地位。

此時，共和總理古斯塔夫‧史崔澤曼（Gustav Stresemann, 1878-1929）正因為法國占領魯爾區與過度通貨膨脹的問題，而面

---

❻希特勒在社會達爾文主義「強者即勝利者」的思想支配下，籌組專屬黨的武鬥組織——衝鋒隊（Sturmabteilung，縮寫為 SA），又名褐衫隊，成員多為退伍軍人和志願兵團份子，當時有不少年輕人樂意加入此一半軍事組織。

> **諾貝爾和平獎**
>
> 　　古斯塔夫・史崔澤曼乃德國人民黨（Deutsche Volkspartei）創黨人，曾在 1923 年間擔任過數月的威瑪共和總理。他在下台後到 1929 年辭世為止，一直擔任外交部長的職務，並致力使德國脫離因為一次大戰所造成的外交孤立。他主張與法國重修舊好，並讓德國加入國際聯盟（Völkerbund）。 1926 年，史崔澤曼更因此獲得諾貝爾和平獎。但 1933 年希特勒上台後，隨即宣布退出國際聯盟。

臨威瑪共和成立以來的最大危機。另一方面，由於薩克森與圖林根兩邦產生了由左翼社會主義所組成的聯合內閣 ❼，給予巴伐利亞一個揚言開火的藉口。史崔澤曼於是宣布全國進入緊戒狀態，並將執行權轉交給國防軍，企圖藉此將同樣與巴伐利亞右派掛勾、並打算參與顛覆計畫的國防軍統帥漢斯・馮・塞克特（Hans von Seeckt, 1866-1936）將軍，一併納入保衛國家的責任範圍內。

1923 年的希特勒政變

　　在國社黨方面，除了挹注衝鋒隊的經費已消耗殆盡之外，希特勒還得面對祖國聯盟即將分崩離析的難題。早在 10 月底，他便強迫保守派夥伴們採取行動。 11 月 8 日當天，馮・卡爾召集反對派成員在瀰漫濃濃啤酒味的市民酒窖（Bürgerbräukeller）裡會談，計畫暫時取消政變行動。希特勒卻突然揮舞著手槍，宣告「民族革命」的時刻來臨：「在和那些毀滅德國的叛國賊的帳尚未算清之前，**本人**將接管民族臨時政府的政治領導權！」

　　靠著匆忙被請來的魯登道夫將軍協助，在場的巴伐利亞政府

---

❼亦即由社民黨左翼與共產黨（Kommunistische Partei Deutschlands，縮寫爲 KPD）所共組的內閣。

官員雖被迫同意開火，卻不認為非得信守承諾不可。於是，巴伐利亞國防軍指揮官奧圖・馮・盧索（Otto von Lossow, 1868-1938）將軍，以及邦政府警察局長漢斯・馮・賽瑟（Hans von Seißer, 1874-1973）立刻採取了反制政變的措施。

雖然國社黨的武裝部隊已趁夜占領了巴伐利亞首府的重要據點，但希特勒卻舉棋不定，突然從武裝政變中退縮。11月9日上午，當叛變份子在慕尼黑市區行進時，與巴伐利亞警方發生了衝突。警方火力擊潰了這場叛變，希特勒帶著輕傷逃逸，魯登道夫與其他帶頭者則自願束手就擒。不久，希特勒也在艾利希・韓夫史坦格（Erich Hanfstaengl, 1887-1975）的別墅內被捕。這場政變可說是因為希特勒的猶豫不決而失敗，他並因此得到教訓，將來絕不可以去「對抗」任何武裝勢力。

從《我的奮鬥》到國社黨再起

然而在國社黨的文宣中，希特勒的失敗依舊被美化成大勝。當他在慕尼黑受審時，已懂得在人民法庭上以國家民族的救星自居，宣稱其所作所為，單純是為了「解放德國」。由於法官們清一色為保守派，政治立場傾向國家主義，原本就想對這場政變的一線領導者、亦即頗有聲望的戰爭英雄魯登道夫法外開恩，因此種種情況有利於希特勒。況且，馮・卡爾所領導的巴伐利亞政府亦

「小滑稽」

綽號「小滑稽」（Putzi）的艾利希・韓夫史坦格為一家著名的藝術出版社負責人，同時亦是希特勒的密友及資助者。就是他將希特勒引進慕尼黑的社交圈，其後成為希特勒的國外新聞部主管。他在1937年逃到英國，並於戰爭期間擔任美方對抗納粹德國的心理戰顧問。

捲入這場叛亂行動。最後的判決結果也相當輕：希特勒被判處 4 年徒刑，監禁在藍茨貝格（Landsberg）。

希特勒在支持者的圈子裡和最舒適的條件下服刑，甚至可以每天到小城裡的咖啡廳享用最愛的甜點。但他的牢友們卻無法忍受他滔滔不絕的講演，因而建議他寫回憶錄，他便口述給忠誠的黑斯紀錄下來。該文稿被命名爲《我的奮鬥》（Mein Kampf）出版，成爲紓解黨內財政困難的暢銷書。

1924 年 12 月底，希特勒被提前釋放，卻禁止在國內公開演講。事實上，政府大可將他遣返奧地利──但他們並沒有這麼做。

領袖以外的頭號人物

「我的領袖」──魯道夫・黑斯就是如此稱呼希特勒，而希特勒也在 1933 年授權他爲「領袖代表」，「允許以我個人的名義決定所有領導黨的事務」。 1941 年 5 月，當戰爭正如火如荼進行時，黑斯未事先徵詢希特勒的意見便擅自飛往英國，欲說服英國成爲盟邦。希特勒於是公開宣布他爲精神錯亂者；約瑟夫・戈培爾亦在日記中寫道：「領袖之外的頭號人物竟是這樣一個小丑。」戰後，黑斯在紐倫堡的一級戰犯審判中被判處終生監禁。 1987 年，他在服了 41 年的刑期之後自殺身亡。

1925 年 2 月，希特勒重新宣布成立國社黨，因爲國社黨於政變事件後遭禁。爲避免支離破碎的人民團體整批入黨，他技巧性地堅持，所有人必須以單一個人身分入黨。在新的黨章中，他爲自己保障了絕對的領導權。同時，所有在黨員大會上所提出的申請案，也必須事先經過黨高層的批准。黨大會成了純粹的宣傳造勢活動；黨內沒有所謂的議題討論或政治協商；與領袖之間的私人關係成爲新國社黨的基本組織原則。希特勒堅持黨內的次級領導人，亦即地方黨部主委必須無條件地忠誠追隨領袖；但在具體

政策上，他卻賦予他們相當大的行動自由。除衝鋒隊與黨衛軍 ❽
外，他亦成立了青年組織、婦女團及各種職業團體，但所有組織
成立的目的，完全都是為黨宣傳。

> **人民英雄魯登道夫**
> 　　艾利希・魯登道夫曾於一次世界大戰時，在日後成為共和
> 國總統的興登堡麾下擔任參謀總長，並由於其功勳彪炳而被封
> 為戰爭英雄。 1923 年，他出版了《戰爭的進行與政治》
> （*Kriegsführung und Politik*）一書，將戰爭詮釋為自然法則，同
> 時要求把德國境內的猶太人「淨空」。

　　希特勒接下來的任務，便是要擺脫難纏的競爭對手魯登道
夫，因為他在希特勒服刑期間已儼然成為公認的右派聯盟領袖。
1925 年，共和國總統費德烈・艾柏特（Friedrich Ebert, 1871-1925）
去世後，希特勒便說服魯登道夫競選總統。然而，此乃一場毫無
希望的競選，魯登道夫只獲得了 1% 的選票。隨著這次敗選，他
被排擠到政治權力的邊陲，希特勒在黨內唯一的勁敵，就這樣淘
汰出局。

在各黨派勢力中夾縫求生

　　其後數年，雖然國社黨的壯大速度不容小覷——在 1928 年已
擁有 108000 名黨員，還成立了無數的附屬組織。在巴杜爾・馮・
席拉赫（Baldur von Schirach, 1901-1974）的帶領下，原來納粹青年
團（NS-Jugend）合併成希特勒青年團（Hitlerjugend），但與其他

---

❽黨衛軍（Schutzstaffel，簡稱 SS）著黑色制服，是個半軍事組織，亦為納粹黨的精銳部
隊和重要的統治工具，隸屬於衝鋒隊，其主要任務為保護國社黨及領袖，其標誌為骷髏
頭及 SS 符號。 1929 年，海因希・希姆萊（Heinrich Himmler, 1900-1945）擔任黨衛軍總
司令後，黨衛軍便迅速擴張，由原來的 200 人擴張為控制全國的龐大組織，至 1933 年
初，成員已有 5 萬多人。黨衛軍在二次大戰前後皆參與國內及占領區的血腥鎮壓行動，
施行殘酷的政治迫害與種族滅絕。

的市民青年聯盟、工會青年團及勞工青年團相較，只能算是無關緊要的小配角；另外，一些打算動員勞工階級的企業納粹基層組織的情況亦雷同。

在 1928 年 5 月的國會大選中，國社黨僅獲得 12 個席次，所有想動員企業勞工成為國社黨選民的努力，均付之一炬。況且，國社黨在大城市所獲得的支持度也明顯不如鄉村，國社黨欲藉著攻占大型中心城市邁向權力的策略也備受質疑。相反地，在鄉間，尤其德國北部的農村及易北河東岸地區，他們卻可以贏得超越平均水準的選票。

為了避免驚嚇農村選民，希特勒自動將原本「二十五條綱領」中要求沒收私有土地的條款刪除——縱使他本人曾再三強調禁止刪改任何條款內容。依照希特勒的想法，即使國社黨的選舉政見中並無任何農業政策或主張，他們依然應該在易北河東岸地區向農民爭取最大的選舉成果，並開啟激進的農村人民運動。

大多數德國西部與北部的地方黨部主委均贊同社會主義的口號，其中也包括戈培爾。但希特勒卻在 1926 年拒絕一項正在準備中的公民投票案，該提案原本打算將已卸除頭銜的德國王侯冠上「猶太布爾什維克主義」的罪名，並將其私有財產國有化。此外，希特勒亦阻止德國西北部地方黨部主委提出的「班堡綱領」表決通過，因為該案被抹上偽社會主義色彩，並要求向蘇聯靠攏 ❾。不久，隨著「社會主義者應離開國社黨」的論調，奧圖·史特拉瑟（Otto Strasser, 1897-1974）在 1930 年 7 月退黨，國社黨與內部的左翼國家社會主義運動，遂告正式分裂。

此事並未阻礙國社黨繼續以反資本主義的花言巧語來吸引廣大的企業勞工。戈培爾以柏林地方黨部主委的身分，盡可能動用

❾在這份 1926 年於班堡領導會議上所提出的「班堡綱領」（Bamberger Programm）中，要求黨確立反資本主義、經濟國有化的「國家布爾什維克主義」立場。希特勒成功阻止這份綱領通過，並因此徹底鞏固本身在黨內的權力地位。

社會主義的左翼領袖

　　奧圖乃格瑞戈・史特拉瑟（Gregor Strasser, 1892-1934）的胞弟，亦是柏林「戰鬥出版社」的負責人，在國社黨內代表傾向社會主義的左翼份子。他與「領袖」發生嚴重意見衝突後，隨即離開德國。他所創辦的雜誌《德國革命》（*Die deutsche Revolution*）雖一反過去，轉而批判希特勒，但仍舊充滿國家社會主義、反猶太及種族主義的色彩。

最大的宣傳資源，打算在 1932 年由共產黨所發起的柏林大眾運輸罷工場合中吸收新生力軍。但國社黨僅獲得一些邊陲勞工團體的支持，特別是在大眾服務的領域。

　　然而自 1929 年初起，政治情勢大為改觀。國社黨無論在地方或邦議會選舉中，皆有出乎意料之外的斬獲。他們不但抓住新選民的心，也迎合了對現狀失望、轉而投抗議票的選民，並在原有的農村選民基礎上繼續擴張版圖。選民們悄悄右傾的現象，也在一些市民政黨領導階層的換血中反映出來，例如艾爾費德・胡根貝格（Alfred Hugenberg, 1865-1951）就因此當選為「德意志國家國民黨」（Deutschnationale Volkspartei，縮寫為 DNVP，以下簡稱國家國民黨）主席。另外，在 1929 年史崔澤曼早逝後，德國人民黨亦完全倒向公開反對共和制的陣營。

　　從 1930 年 9 月到 1932 年 11 月的選舉，在在暴露出市民階級自由黨派的腐蝕情形已嚴重深入內部，國社黨因此趁虛而入。他們力爭取代原來自由選民團體及抗議黨派的地位，也證明了國社黨最成功的策略，便是去分化站在市民政黨背後的團體與聯盟。一個最佳例證，即是與國家國民黨關係密切、且頗具權力的農業利益團體「全國農村聯盟」。國社黨黨員先占據其地方理事會職位，然後步向中央，如此便可提供該聯盟之資源給黨利用。國社黨也因此在 1930 年以後的選戰中，尤其在易北河東岸的農業區，

1933 年 3 月 4 日。國會選舉的前一天，警察在柏林某工人住宅區展開大規模的搜捕行動——藉口是防止共產黨的騷擾。

皆能贏得令人刮目相看的多數席次。

隔岸觀火，劃清界限

雖然如此，國社黨仍不能指望依循憲法規範來取得覬覦已久的無限權力。此時，共產黨的一次試圖起義行動，給予國社黨一個不可多得的良機，促使市民政黨克服原先反對國社黨「接掌權力」的心理障礙。縱使希特勒在國防軍一案中——該案緣由乃某些軍官違反了參與政治活動的禁令，爲國社黨造勢而被起訴——

一方面鄭重擔保，絕不背離法制；另一方面卻補充說，在國家社會主義政府的主政下，敵人將會被「清除」。國防部長威廉・葛羅納（Wilhelm Groener, 1867-1939）仍盼望希特勒行事能「遵循合法性」，然而，這只是針對朽木所做的無謂嘗試罷了。

國社黨四處尋找每一個可以將自己與敵對政黨，亦即市民黨派與社民黨人劃清界線的機會，也極力避免爲當前的政局共同扛下任何責任，而僅止於隔岸觀火，扮演在野黨的角色。這樣的策略證明是值得的，因爲唯有如此，希特勒才能將納粹運動裝飾成更勝於已有 14 年歷史的「十一月共和」❿的另一種基本選擇。1933 年之前，國社黨僅在例外的情況下——在圖林根及奧登堡（Oldenburg）——同意與國家國民黨共同籌組聯合政府。在圖林根邦擔任內政與國民教育部長的威廉・弗立克（Wilhelm Frick, 1877-1946），藉由極端反猶太的立法草案以及關閉著名的「包浩斯」（Bauhaus），成功打造出個人形象。但類似的聯合政府無法持久，終究受到選民的懲罰。

倘若國社黨份子欲向前邁進，就必須在不做出遭人非議的妥協讓步前提下，嘗試在國家政策方面走出政治孤立。國家國民黨主

威瑪與包浩斯

1919 年，建築師瓦特・格羅培斯（Walter Gropius, 1883-1969）在大文豪歌德的城市威瑪成立了包浩斯藝術中心，內部計畫網羅所有的藝術風格與流派，許多著名的藝術家均名列其中。不久，這座包浩斯藝術中心便成爲享譽國際的現代藝術中心。然而，這卻引起威瑪市民階級的攻訐，全力反對這類現代的「文化布爾什維克主義」，造成包浩斯先被驅趕至德紹（Dessau），1932 年再遷往柏林。1933 年 4 月 11 日，柏林的包浩斯中心遭警方大肆搜索，幾個月後，終於難逃關閉的命運，一些最重要的包浩斯藝術家遂移居國外。

❿指的是因 11 月革命而成立的威瑪共和。——編注

席胡根貝格利用國社黨參與反楊格計畫❶公民投票案的機會，使得右派市民陣營和由胡根貝格所操控的右翼媒體開始重視國社黨 ❷，此舉讓希特勒可同時扮演既是局外人，又是右派市民陣營盟友的雙重角色。

> ## 無償債能力
>
> 　　楊格計畫將凡爾賽和約中所訂定的德國戰敗賠款支付內容重新規劃。鑒於其支付年限過長（直到 1988 年），燃起德國人民的怒火，國社黨、鋼盔隊（Stahlhelm）及國家國民黨遂發起公民投票，反對戰勝國「奴役德國」。1930 年 3 月 12 日，楊格計畫終究仍被國會接受。

　　為對抗來自中央黨（Zentrum）的共和總理海因希・布魯寧（Heinrich Brüning, 1885-1970）的政策，胡根貝格積極動員包括國社黨在內的所有右派力量，於 1931 年正式宣告成立「哈茲堡陣線」（Harzburger Front），此乃「在野國家主義者」（Nationale Opposition）的大串聯，使希特勒終於能踏入市民階級的圈子。事實上，希特勒自始便決定伺機擺脫胡根貝格的熱情擁抱。

選舉宣傳機制開始運作

　　即使一次世界大戰結束已超過 10 年，德國仍陷在經濟危機的泥沼當中。如今，經濟危機更引發了超乎想像的空前大規模失

❶德國因無力履行戰勝國所訂定的道威斯賠款支付計畫（Dawes Plan），遂由美方的歐文・楊格（Owen D. Young）在巴黎主持會議，重新審議德國賠款問題，並通過楊格計畫（Young Plan）。該計畫確定德國戰敗賠款總額約為 1140 億黃金馬克，償還年限定為 59 年，平均德國每年應支付約 20 億黃金馬克，較道威斯計畫每年減少 4.5 億黃金馬克。但該計畫實施不久後，德國在 1931 年 6 月即由總統興登堡聲明因經濟情況惡化而無力償還。同年 6 月至 7 月，德國再次與戰勝國舉行洛桑會議，決定德國應支付 30 億馬克做為最後一筆賠款，但德國從未支付，楊格計畫遂告終結。
❷媒體大亨胡根貝格旗下擁有 53 份德文報紙，並利用媒體的力量大肆攻訐共和政府及猶太人，將其視為「叛國賊」。

業，失業人口的數字已超越 6 百萬。甫實施不久的失業保險僅能讓人民暫時將就度過難關，幫助並不大。英國記者克尼克包克（Knickerbocker）在其《德國這樣或那樣》（*Deutschland so oder so*）一書中便描述到，柏林一家工人酒館裡的人全都呆望著那位唯一有錢點杯啤酒的客人，那種黯淡絕望的氣氛。

均貧的情況已屆恐怖之境，而國家的社會救濟金不過是杯水車薪，無濟於事。四處可見挨餓的人身上掛著牌子，上面寫著：「任何工作我都願意」。共產黨與國社黨雙雙利用這個困境累積黨的實力。由於飢餓與失業，人民已對政府和政治失去信心，而將希望寄託在如希特勒這種承諾給大家一個重新開始機會的人身上。

自 1929 年初以來，國社黨先是在地方選舉、區域選舉，最後在國會大選中，皆有顯著的選票成長。對於這個結果，由希姆萊與戈培爾從黨中央的國家選舉指揮中心所操控的廣大選舉宣傳機制功不可沒。從某些角度而言，他們已經預先運用了現代的民意研究方法，例如，地方上的負責人必須個別向黨中央報告民眾對選舉宣傳的接受度。至於大筆宣傳經費的來源，則由黨員所繳交的黨費來支付。

縱使處於經濟危機的年代，國社黨仍嚴格徵收黨費。在公開集會的場合亦收取入場費，並按照等級制度來支付演講者酬勞。黨內更特別舉辦演講訓練，目的便是在如此密集的造勢活動中，確保演講人才不虞匱乏。經費來源中雖然也有來自大企業方面的資助，但仍屬次要地位。

年輕的新時代政黨

1930 年 9 月至 1932 年 7 月這段期間，國社黨已獲得 37.3% 的選票，如此不尋常的選舉成功不僅要歸功於他們完美的選舉機器，同時也歸功於他們爭取到新的選民族群為黨動員，特別是年

輕人，或從前的不投票族群，並且有效集結因不同動機而持抗議態度的人民。國社黨以一個值得信賴的年輕世代政黨的姿態出現——除了同樣亦是青年政黨的共產黨之外，黨員的平均年齡要比其他所有黨派來得年輕許多。「讓開，你們這些老頭們！」便是希特勒黨內最精明幹練的次級領導人格瑞戈・史特拉瑟一再提出的口號。

其他親共和制的政黨確實無法拉攏年輕人，因為年輕人對老舊過時的黨機器形式甚為反感，與其傾聽無聊冗長的演說和決議，不如來個充滿鬥爭意味的政治辯論。同時，象徵性的事物如旗幟與標誌、公開的隊伍遊行和集會亦扮演重要的角色。國社黨全部掌握了這類工具，並成功地以代表年輕人及一個「新時代」的戰鬥先鋒之姿，呈現在大眾面前。尤其當時的社會結構，25歲以下的人口比例非比尋常地高，這點對國社黨產生更具決定性的影響。

雖然國社黨無法提出一個值得人們認真思考的黨綱內容，但他們仍在這充滿低迷危機氣氛的時間點上，將自我包裝成一個似乎比「威瑪制度」——此乃右派對共和制的貶抑之詞——更為可靠的選擇。藉著承諾要消除朋黨藩籬，超越階級鬥爭並創造出一個真正的「人民共同體」，國社黨獲得所有與其他黨派並無關聯、或對後者徹底失望轉而離去的群眾支持。納粹在宣傳中毫無顧忌地誹謗中傷社民黨是所謂的「十一月叛國賊」，並嚴厲抨擊共產黨。更故意製造衝鋒隊與共產黨支持者的衝突，以便強化人民反共產主義的怨恨情緒，同時將國社黨化身成為能夠抵抗可怕「布爾什維克政變」的救星。

他們亦試圖吸收企業勞工轉移到「國家主義」的陣營，設法掠奪社民黨與共產黨對勞工的影響力，這方面的努力卻幾近完全失敗。不過，他們仍在1930年9月至1932年7月的國會大選中，大舉削弱市民中間黨派的實力，唯獨天主教陣營還能屹立不搖。

自1920年起，選民的傾向開始向右移動；在1923年通貨膨

> ### 國社黨黨員
>
> 　　即使國社黨在 1935 年傾全力爭取勞工階級的認同，但若與其他社會團體相較，仍舊成效不彰。例如，每 3 位老師當中便有 1 位是國社黨黨員；但每 20 位工人中，方有 1 位是國社黨。
>
> 　　1933 年 1 月 30 日，希特勒被任命為國家總理之後，許多人紛紛申請入黨，期望能從中獲得個人利益。鑑於有太多所謂的「三月陣亡者」❸ 在 1933 年 3 月 23 日授權法案❹ 通過之後，蜂擁申請入黨，國社黨於是宣布了為期數年之久的入黨禁令。
>
> 　　雖然國社黨並未強迫人民入黨，卻經常施壓公務人員及擔任重要職務的職員。
>
> 　　至 1945 年，國社黨已擁有 850 萬名黨員。

脹的影響之下，自由黨派陣營幾乎完全瓦解，人民普遍對政黨惱羞成怒，利益團體與抗議黨派趁勢滲透人心。這個情勢亦助國社黨一臂之力，使其在 1930 年 9 月的國會大選中贏得 18.3% 的選票。除了一些市民階級的游離選民之外，他們尤其能動員年輕選民，以及先前的拒絕投票者；同時，1924 年之後的農業危機，也促使農村的抗議選民倒向國社黨。

仰賴忠臣與信徒的政治運動

　　這股在 1930 後翻騰起來的政治氣氛，同時也為希特勒所要求的無上領導權創造了有利的環境。他成為黨內團結無可取代的人

❸ 「三月陣亡者」的概念原出自於 1848 年的德國三月革命。革命在 3 月 18、19 日的柏林街壘戰達到高潮，數百位平民喪生，在歷史上被稱為「三月陣亡者」。該名稱後被納粹黨人挪用。1933 年 1 月希特勒奪權後，群眾蜂擁加入國社黨。1933 年 1 月，國社黨擁有約 849000 名黨員；至 3 月更有超過 1644000 名的新增黨員——尤其是公職人員和國家行政人員。黨內的「老戰友」們便嘲諷這些為升遷而入黨的新人為「三月陣亡者」。

❹ 1933 年，國社黨在未獲得三分之二絕對多數的情況下，便和國家國民黨共同提出一項「授權法案」（Ermächtigungsgesetz），並於 3 月 23 日通過該法。這項法案的有效期限為 4 年，要求將國會的立法權與修憲權完全交付內閣，無需帝國參議院和議會的參與。此外，警察亦不需經過法院同意，即可拘禁人民。

物，黨的機制完全是按照他的需要而量身打造的。希特勒將日常
的政治事務交給下屬，僅干涉有關黨的威信問題。除此之外，他
大多時候都流連在慕尼黑的咖啡館裡或其資助人處，如出版家族
布魯克曼（Bruckmann）。其身為黨領導人的權威不容侵犯，下屬
的高度忠誠將納粹運動緊緊結合在一起。

　　希特勒盲目地相信成功，因此拒絕妥協。他不顧一切，投入
所有賭注，決定不與其他政黨聯合組閣，而使黨的行動自由受
限。希特勒並非如戈培爾在宣傳中所描述的，是一位決斷力強、
目標明確的政治人物；事實上，他絕非一位冷靜的估算家，他的

群眾煽動者戈培爾

　　約瑟夫‧戈培爾雖然出身平庸，卻能飛黃騰達。擁有文學
博士學位的他在完成學業後，曾擔任記者和舞台戲劇顧問闖蕩
度日。1924年，他成立了一個國社黨的地方組織，之後以柏
林地方黨部主委及《攻擊》週報（Angriff）發行人的身分，成
為納粹運動的領導人之一。

　　他所精心安排的黨造勢場合對群眾產
生不小的效應，也因此對國社黨的成功具
有決定性的貢獻。他在國社黨掌權後，擔
任國民啟蒙暨宣傳部長，並逼迫猶太人與
一切文化活動斷絕聯繫。他自始至終都無
條件服從「領袖」，並與其一同在柏林帝國
總理辦公廳地下室裡面對戰敗事實。1945
年5月1日，亦即希特勒自殺後一天，戈
培爾偕同妻子瑪葛達（Magda）先殺死他
們的6個孩子之後自盡。

所有行事乃出自於一個幻象，的確，他將一個強迫性想像設為出發點，而投身於一個信仰當中，相信絕對的意志亦能帶來成功。歸根究柢，他仍然只能完全依賴那些傾向實際的追隨者的忠誠。

這些信徒當中包括了來自藍茨胡特（Landshut）的格瑞戈·史特拉瑟。他是個卓越的演說家和出眾的組織人才，將原本支離破碎的運動，重新組織成一個領導階級強而有力的完整政黨。但他始終無法成功駕馭那些地方黨部主委，原因是希特勒一再鼓勵他們我行我素。1932 年 12 月，史特拉瑟辭去職位後，整個黨便分裂成 36 個獨立的黨部聯合會。

由於共和國長期處於危機狀態，加上持續不斷的選戰紛擾，這兩個外在的環境因素讓希特勒證明，自己是個極為成功的群眾煽動者。從 1933 年 9 月起，戈培爾就確知要精心策劃每場出席活動，並利用現代化的媒體如廣播和影片，藉以增強領袖崇拜的效果。然而，國社黨不間斷的宣傳造勢活動並未使他們更向權力邁進；況且，究竟這個選舉機器能維持多久的高速運轉，而支持者又能堅持多長，在在令人懷疑。憂心的戈培爾因此寫道，國社黨必須儘快掌握權力，否則「我們都會葬身在這些求勝的選戰當中」。

寧為玉碎，不為瓦全

初次的實力較量便是在 1932 年 3、4 月間的總統選舉。總理布魯寧原本不打算透過憲法規定的人民選舉，而欲讓興登堡直接經由國會選舉連任總統。此計畫遭希特勒拒絕，但出於直覺和對這位年邁陸軍元帥的敬重，卻又使希特勒猶豫是否要出馬競選總統寶座。然而另一方面，來自黨內殷切的期盼亦迫使他箭在弦上，不得不發。

事實上，他並非德國公民，本無競選資格，但在他被任命為

布朗史威格（Braunschweig）邦政府參議後，這項阻礙便被排除掉
了。納粹領導階層將所有賭注都放在這次極為驚險的競選上，推
舉希特勒出馬，把他視為「我們最後的希望」。國社黨對於在第二
回合選舉中僅獲得 36.8% 的選票結果相當失望，因為他們早已做
好「接掌政權」的準備了。

　　這次失利並未讓希特勒退卻。 7 月選舉之後，總理巴本
（Franz von Papen, 1879-1969）試圖延攬他擔任副總理一職，並用
幾個職權搪塞他，使得希特勒十分震怒，還進一步要求「全部的
國家領導權」。總統興登堡非常藐視這個「波希米亞的二等兵」
（他將因河畔的布勞瑙 ⓯ 誤認為波希米亞的布勞瑙），遂拒絕其無
理要求。在公開聲明中，他以希特勒「只想片面利用」所爭取來
的政治權力為由，拒絕了希特勒的要求。希特勒的聲望因此受到
嚴重損害。

　　在國社黨內，8 月 13 日的事件亦被認為是一次相當大的打
擊，戈培爾記載：「黨內同志間瀰漫著一股絕望的氣氛，衝鋒隊
弟兄也喪失信心。」許多市民階級的支持者無法理解，希特勒為
何不肯接受上述提議，在總理巴本之下擔任政府要職。因為截至
目前為止，國社黨依然扮演著「在野國家主義者」的先鋒角色。
國社黨內強硬派反對胡根貝格與巴本的態度，讓溫和派支持者相
當不以為然，因此導致這些人又重新回歸國家國民黨及德國人民
黨的懷抱。不久，希特勒對波坦帕（Potempa）謀殺案的辯駁，更

波坦帕謀殺案

　　1932 年，5 名衝鋒隊隊員因為在上西里西亞 ⓰ 的波坦帕殺
害 1 名共產黨籍礦工而被判處死刑。希特勒發了一封患難與共
的同情電報給這 5 名隊員，並對該判決發動抗爭，總理巴本將
原來的死刑改為終生監禁。納粹奪權後，兇手即被釋放。

⓯ 希特勒出生於奧地利因河（Inn）畔的布勞瑙（Braunau）。

加劇了社會輿論的驟然轉向。

同時，國社黨內亦對希特勒這種遵循絕對的在野政策，掀起一股反對勢力。此時，格瑞戈‧史特拉瑟提出了一份創造就業機會的政策規劃，此項規劃甚至也獲得工會圈子及社民黨的廣泛支持。希特勒卻命令將這份已經印刷出來的小冊子撤回，並予以銷毀，因為他要避免任何會使黨綱明確化的動作。許多人再也無法理解這個策略而紛紛退黨。同時，部分的衝鋒隊也開始叛變，他們不願再透過議會的方式來獲得政權，而要求直接行動。國社黨頓時面臨前所未有的危機，僅僅靠著領袖崇拜，還能勉強維持這個運動的凝聚力。

現在，國社黨唯一的曙光便是仰賴赫曼‧戈林❶競選國會議長。 1932 年 9 月 12 日，總理巴本經歷了一次慘痛的表決失敗。他嘗試著不去理會這次危機，還孤注一擲，將全部的希望寄託在一個全面的經濟與社會改革方案上，即便工會團體已經強烈攻擊該計畫中的薪資與社會福利縮減方案，結果依然失敗了。巴本於是積極推動修改憲法，欲使政府擺脫國會的監督。國會再度被解散，但情勢終究無法挽回，他的期盼不過是一個幻想罷了。

鑒於社會上普遍對選舉產生倦怠，史特拉瑟憂心，國社黨恐怕在新選舉中會大量流失選票。相對地，雖然黨內已空無經費，衝鋒隊也拒絕繼續擔任集會堂衛兵的任務，希特勒與戈培爾卻仍將所有賭注放在新的選戰上。史特拉瑟的預測是對的， 11 月 5 日的國會大選給了國社黨重重一擊。 1932 年，在短短數月的時間，他們從 7 月 37.3% 的得票率跌落到 33.1%。

---

❶ 上西里西亞（Oberschlesien）位於今波蘭境內，原屬德意志帝國領土。

❶ 赫曼‧戈林（Hermann Göring, 1893-1946）在一次大戰時曾任戰鬥機飛行員，後為納粹德國空軍元帥，亦是希特勒指定的接班人。同時，他還是在「猶太人問題最後解決辦法」上簽字的納粹最高級別官員，並向帝國保安總局局長萊因哈德‧海德里希（Reinhard Heydrich, 1904-1942）發出具體施行步驟的備忘錄，後來在紐倫堡大審中被判處死刑，行刑前在獄中自盡。

　　在這種情形下，史特拉瑟從黨的絕境中獲得一個結論：邁向權力之路只能經由參與聯合內閣的過渡階段方式來達到目的。他企圖說服希特勒，認為有必要參與庫特·馮·史萊赫（Kurt von Schleicher, 1882-1934）將軍，即巴本的繼任者所籌組的總統內閣政府。史萊赫還提供史特拉瑟一個部長的職務，希特勒卻依然堅持那個毫無希望的要求──自己擔任總理。史特拉瑟因此在 12 月辭去所有黨內職務，在他看來，希特勒這種「寧為玉碎，不為瓦全」的策略，簡直就是自殺。

史特拉瑟遇害

　　格瑞戈·史特拉瑟在納粹運動早期，是希特勒最重要的競爭對手，1927 年成為國社黨的組織負責人，曾要求銀行與重工業社會公有化，之後仍遵循希特勒的路線。唯與希特勒不同的是，他願意加入內閣政府，但遭希特勒反對而失敗。史特拉瑟於是辭去所有黨內職務，並在 1934 年 6 月 30 日遭到殺害。

　　希特勒認為史特拉瑟的行動是企圖要分裂國社黨，懷疑史特拉瑟有背叛之心，故要求所有國社黨國會黨團成員親自宣誓忠誠。同時，他亦撤銷史特拉瑟的黨務改造計畫，並賦予各地方黨部主委渴望獨立自主、任意發展不受拘束的自由。就此，史特拉瑟企圖將國社黨導向建設性政策的方向也終究完全失敗，他從此未再積極參與政治。

保守派的錯誤布棋

　　另一方面，為了將國社黨納入政治責任的範圍，試圖結束危機，總理史萊赫在盡了最大的努力之後，也終於無計可施。根據憲法，必須在 1933 年 1 月 31 日召集新國會。種種跡象皆顯示，史萊赫將會拒絕賦予新政府信任，並強迫政府總辭。沒有國社黨

的參與，一個如巴本和胡根貝格所力圖的右翼政府，根本沒有希望在國會超過半數，只能透過軍事政變取得權力。

史萊赫的保守派對手不願將好不容易爭取來的權力與成就做為賭注，欲不計一切代價阻止議會制的「復辟」。此外，他們也幻想著身為一個政黨的國社黨，在勞工階級的大眾黨派被擊潰後，其黨性特徵就會慢慢蛻變，朝向正常的領袖菁英萃取原則。他們也認為，擊潰勞工黨派的任務非希特勒莫屬。在「國家主義」政府上台後，希特勒即應明白是非，將治理國家的事務交給市民階級的專業人士來處理。

已下台的巴本利用這個情勢，背著史萊赫與國社黨交涉有關參與籌組政府之事，因為他仍舊受到年邁總統的信任。但此事並不容易，對人極度不信任的希特勒被下屬強拉至談判桌，他仍堅持要求總理人位，同時國社黨應擁有 3 個部長職位。談判數度瀕臨破裂，希特勒絲毫不為所動。最後，巴本終於讓步，然而他卻面臨一個難題，究竟要如何讓興登堡同意，雖說這是他們長期以來所追求的「集結國家主義者的內閣」，並有「可靠的保守派」護航，但總理卻是希特勒？因為才在幾星期前，總統對希特勒明白表示，「由您所領導的總統內閣必定會發展成為一個政黨獨裁」。

在接下來激烈喧囂的年底談判過程中，各地開始流傳著一個謠言，說國防軍在必要時會扶持一個軍人獨裁政權。巴本並蒙騙總統，佯稱中央黨事後亦會加入他所籌劃的總統內閣，如此一來，內閣便能擁有過半數的席次，但這只是巴本虛晃一招罷了。鑒於可能爆發內戰的威脅，促使興登堡終於同意任命希特勒為總理。1 月 30 日，內閣在尚未與部會首長深入交換意見之前，便倉促宣誓就職，而這些部長大都是前任內閣所留任的。

至此，希特勒的保守派夥伴們，尤其是胡根貝格，也放下原本對於希特勒接下總理職務的疑慮。他們違背自己的心意 ⓲，同

⓲意指遷就希特勒的願望，因為他希望在國會重選時，國社黨能獲得絕對多數。

意再度解散國會，於 3 月 5 日重新舉行大選。興登堡亦認爲必須
要給予德國人民一個「對新政府成立表達意見」的機會。如此一
來，重新選舉與籌組內閣政府兩者之間的正常程序完全本末倒
置。如果這個公開選舉之前，沒有「集結國家主義者的內閣」任
命，也許共和派的政黨就有可能獲得過半數的席次，而將國家帶
回議會體制的路線。正由於希特勒的保守派同盟夥伴們不計一切
代價要阻止國家回歸議會制，也因此，希特勒內閣的產生絕非民
主意志所構成的結果，其合法性亦至少是有待商榷。

媒體沙皇

艾爾費德・胡根貝格是希特勒登上總理寶座的「馬鐙
架」，他曾任克魯伯鋼鐵公司[19]董事。他在 1920 年代打造了一
個勢力強大的媒體王國，因而在社會輿論
界具有高度影響力，其中亦包括最大的電
影暨新聞週報製片公司——德國宇宙電影
公司[20]。

自 1928 年起，他擔任德意志國家國民
黨主席，曾組織策劃反楊格計畫的公民投
票案，並串聯「哈茲堡陣線」。 1933 年，
他成為經濟兼國民營養部長，但不久後，
在同年 6 月即被迫辭職。

---

[19] 克魯伯鋼鐵公司（Krupp）在二次世界大戰結束前，是世界主要鋼鐵生產與軍火製造商之
一。
[20] 德國宇宙電影公司（Universum-Film AG，一般簡稱爲 Ufa）成立於 1917 年，最初的成
立目的是爲了戰爭政令宣傳。該公司在威瑪共和期間，發展成爲除好萊塢之外的世界第
二大電影工業王國，擁有全歐洲最好的片廠設備，曾吸引不少年輕的外國導演加入，如
年輕時的希區考克。

從左至右：兩位非國社黨的部長胡根貝格、巴本，以及希特勒。

　　希特勒必須掙脫以巴本及胡根貝格為首的保守部長團隊的束縛。尤其在德國社會大眾的眼中，胡根貝格算是內閣強人，他個人就占據了經濟與農業兩個部長的職位。希特勒做出鄭重承諾：無論這次選舉的結果如何，絕不會影響先前所協議的內閣組合，藉以迫使胡根貝格同意再度舉行選舉。胡根貝格雖然同意，卻承認：「這是我一生中所做過最愚蠢的事。」

　　幾星期後，希特勒立即食言，他將原本只有內政部長威廉・弗立克與航空交通部長戈林兩位國社黨成員在列的內閣名單加以擴大，又命戈培爾、黑斯及羅姆擔任閣員。為了能在即將來臨的重新選舉中獲得絕對多數，擺脫市民階級的同盟夥伴，戈培爾企

圖將建立「集結國家主義者的內閣」重新詮釋為「國家民族的起義」，並安排十分戲劇性的街頭行軍、火炬隊伍和示威遊行，來慶祝一個「新時代」的誕生。從第一天開始，戈培爾就利用所有國家廣播媒體的管道，發動一個聲勢浩大的選舉造勢活動。

帝國議會縱火案

為籌措活動經費，亞馬・沙赫特（Hjalmar Schacht, 1877-1970）與戈林向企業界保證，這將會是往後百年內的最後一次選舉，並向企業界榨取大量的金錢資助。選戰的首要目標，放在打擊那些「馬克思主義」政黨。戈林——當時擔任普魯士警察總長，逕自將衝鋒隊調用為警察機關的援助部隊。同時，藉由媒體禁令、禁止集會以及逮捕行動，來縮小反對黨自由活動的空間。 1933 年 2 月 28 日，隨著「保衛人民與國家法令」的通過 [21]，剷除左派人士的行動也達到高峰。

> ### 支持納粹的銀行家
>
> 亞馬・沙赫特在威瑪政府接受楊格計畫後，便辭去國家銀行總裁的職務。後以「經濟之友協會」成員的身分，替希特勒任命為總理之事奔走說項，並在 1934 年成為經濟部長以及戰時經濟的總全權代表。他成功地籌措到財務資金，來推行創造就業計畫與重整軍備。他在 1937 年辭去部長職位；戰後在紐倫堡大審中獲判無罪。

這項法令背後的導火線，是由於帝國議會在 2 月 27 日晚間遭人縱火，事件是由一名荷蘭的工農兵議會共產黨員馬利努斯・

---

[21] 「保衛人民與國家法令」（Verordnung zum Schutz von Volk und Staat）幾乎把威瑪共和憲法中人民的基本政治權利完全廢除。

1933年12月23日，荷蘭人馬利努斯‧范‧德盧貝（左一）因帝國議會縱火案而被判處死刑。

范·德盧貝（Marinus van der Lubbe）獨自一人所爲，其目的是爲抗議勞工階層的困境。雖然縱火元凶事後立刻被逮捕，但無人相信，甚至連負責偵訊的警察也不相信此案爲單獨一人所犯。希特勒與納粹黨內高層確信，此案乃共產黨人所爲，目的是要陰謀破壞國會大選。希特勒隨即要求，無論任何事情發生，大選都應立刻舉行，他在火災現場即建議以位在帝國議會對面的克羅歌劇院做爲國會的臨時開會場所。

　　納粹領導高層對帝國議會縱火案的反應極爲緊張。他們無法理解，爲何共產黨對納粹的反共挑釁行動採取如此小心謹慎的守勢。他們未料到，共產黨主席恩斯特·泰爾曼（Ernst Thalmann, 1886-1944）及該黨中央委員會預估並深信，國社黨會因爲經營不善而迅速下台，而後形成的革命情勢將有利於共產黨人。然而，這是共產黨自殺式的錯誤判斷。相對地，納粹高層研判，最遲在選舉日當晚，共產黨將會試圖暴動，而陷入火海的帝國議會被認爲是起義的信號。因此戈林下令，所有的公共建築，包括他自己的別墅，應連夜由軍隊及警方駐守，並即刻逮捕所有的共產黨幹部。

　　帝國政府認爲，共產黨的暴動會嚴重危害到他們費盡心機的奪權策略。因爲在政府部會的計畫當中，一旦共產黨企圖叛變，政府將不得不宣布全國進入軍事戒嚴狀態，把行政權交付給國防軍。在此情形下，選舉將被迫中斷，而內閣想經由授權法案擺脫

帝國內政部長

　　1930/31 年時，威廉·弗立克成爲第一位在邦政府（圖林根）中擔任部長的納粹黨員，1933 年後，他擔任希特勒的帝國內政部長。他企圖建立一個組織嚴密的一統國家，卻遭各地方黨部主委的反對而失敗，導致他在 1943 年被降貶爲波希米亞及摩拉維亞（今捷克境內）的帝國榮譽主席。

國會束縛的計畫將會受到阻礙。在內政部長弗立克的參與協助之下，他們找到一條出路，亦即以宣布民事戒嚴來取代軍事戒嚴，這樣做的結果是──人民的基本權利幾乎被剝奪一空。

2月28日早上，內閣急忙通過「保衛人民與國家」的緊急法令，並立即交由總統興登堡簽署。這項法令給予納粹政府放手行動的自由，藉以鎮壓共產黨與社民黨，規範懲戒中間的市民政黨，並使邦警察單位歸帝國政府管轄。他們在授權法案尚未通過之前，便先大規模執行該法。直到二次世界大戰爆發後數年，納粹仍以這項法令為藉口，迫害政權異議人士或猶太人，因此，這項法令又被稱為「第三帝國基本法」。

帝國議會縱火案發生後，國社黨人馬上歸罪於共產黨，並利用這次事件來為國社黨的國會大選宣傳。
宣傳海報內容：
「帝國議會陷入一片火海！
是共產黨人幹的！
假如共產黨與盟友社民黨獲得權力，即便只是區區數月，整個國家將會宛如帝國議會一般！
守法的國民們會被當作人質槍斃！
農民們的房子會被燒得精光！
全國人民必須齊聲吶喊：
踐踏共產主義！
打垮社會民主黨！
投給1號希特勒」

利用國社黨剷除左派勢力

由於共產黨與社民黨兩個勞工政黨之間的疏遠程度頗深，不可能再彼此結盟。況且，當時大多數的共產黨幹部已遭逮捕，其組織亦被迫轉入地下。因此，共產黨要求與社民黨建立「由下而上的統一陣線」，也不過是口頭說說罷了，尤其社民黨高層被共產黨方面批評為支持「市民帝國主義」力量的「社會法西斯主義者」。所以，社民黨說來亦是共產黨的「主要敵人」。

姑且不論兄弟鬩牆的問題，雖然社民黨所領導的「鐵之陣線」（Eiserne Front）──對抗「哈茲堡陣線」的組織──舉辦了令人印象深刻的大規模集會遊行，與納粹黨人抗衡到最後一刻，然而左派工人運動在德國內政上已經不再扮演決定性的角色。當納粹黨人有計畫地不斷蔑視法制的存在，而社民黨與自由工會仍堅持遵循憲法的規定，這就已經顯示出社民黨的弱勢。況且，自由工會組織本身也極力撇清與社民黨之間的關係，以便能與政府協商，保障工會組織的後續生存空間。

希特勒為避免社民黨從中獲利，遂拒絕聯合內閣夥伴胡根貝格查禁共產黨的要求。雖然國社黨極盡能事，運用了超越當時想像極限的宣傳手法，在 1933 年 3 月 5 日的選舉中卻只獲得 43.9% 的選票。共產黨則遭受重創，僅能保住其核心選民；相對地，社民黨的支持率只略為下降。

為了達到使授權法案通過所需要的三分之二絕對多數，帝國政府還需要那些已經融為一體的市民階級右派政黨，以及中央黨的選票。仰仗中央黨的護航，國會議長戈林讓一項議事規則修改案表決通過，根據這項修改案的內容，國會如果因為議員的缺席而無法對法案做成決議，「未請假」的缺席議員可被視為如同在場。

3 月 21 日，這場決定性的國會開議便在戈培爾一手導演的

「波茨坦日」中開鑼。全體國會議員均聚集在駐防隊教堂，藉著開議紀念儀式讓保守派與新政府，「舊德國」與「新德國」之間相互和解，讓普魯士精神與國家社會主義彼此融合。年邁的興登堡總統以一襲陸軍元帥的軍服現身，新任帝國總理希特勒不尋常地身穿燕尾大禮服，站在腓特烈大帝的陵墓前。爲了表示對流亡國外的德皇威廉二世的崇敬，還特地爲其空出一個座位；該教堂則以新教與天主教的共同禮拜儀式給予祝福。普魯士的統治旗幟及宴會制服，還有那充滿了傳統象徵的第九步兵團閱兵儀式，塑造了整幅畫面。

在新教的教堂鐘聲裡，戈培爾讓整個慶祝「國家再度復興」的儀式透過廣播傳遞出去。如此，讓希特勒的市民階級夥伴誤以爲，一旦「公社」——右派在宣傳中對社民黨與共產黨人的謾罵詆毀之詞——被肅清之後，政府便會回歸到法治國家的制度。

這個致命的錯誤判斷，致使市民政黨傾向於同意希特勒的要求，授權內閣爲期 4 年的單獨統治權，無需事先經由國會同意。畢竟早在 1923 年，當通貨膨脹危機發生時，已曾有短暫逾越國會的先例。雖然如此，中央黨仍對內閣侵犯公務員權利、損害邦政府的獨立性，以及廣泛限制國會權力等提出抗議。希特勒爲安撫拖延中央黨，承諾將定期召開國會委員會，報告政府的施政。幾天後，他再度收回該項承諾。最後，中央黨國會黨團也終於同意授權法案。其餘的市民政黨亦屈服於政府的壓力之下，因爲依照他們對希特勒的認識，害怕如果拒絕該法，可能會導致整個法制蕩然無存。

唯獨社民黨仍鼓起勇氣，反對希特勒的無理要求。早在踏進國會臨時場所克羅歌劇院時，他們就受到衝鋒隊成員的叫囂威脅。社民黨主席歐圖・威爾斯（Otto Wels, 1873-1939）在多次被迫中斷的情形下，發表了一篇令人印象深刻的拒絕授權法案演說，當中他呼籲人民應具有權利意識，並重視社民黨被迫害的問題。

希特勒則以嘲諷的口吻駁斥威爾斯的批評，還強調工人運動自此確定大勢已去，不起作用了。

　　1933 年 3 月 23 日所通過的授權法，給了納粹政府放手行動的自由，原先還讓國社黨及衝鋒隊的激進核心份子有所顧忌的一切障礙，自此完全排除。甫上任巴伐利亞警察總長的希姆萊早在 3 月 20 日即宣布，於達浩建立一座集中營 ❷。同時，國社黨也在所謂的「基層黨革命」行動中，逼迫原來的基層政治人物去職，並

納粹帝國黨衛軍總司令

　　在納粹運動早期他便參與其中：海因希・希姆萊出生於一個嚴格的天主教家庭，大學主修農業經濟。他曾參加 1923 年的希特勒政變，後於 1929 年被任命為納粹黨衛軍總司令（Reichsführer-SS）。

　　1933 年 3 月，他下令於達浩鎮建造集中營。在黨衛軍與警察合併後，希姆萊就成為整個納粹恐怖統治及鎮壓機器的首腦，並以「鞏固德意志民族精神國家委員」的身分，在占領區

負責執行日耳曼化政策。 1943 年，他被任命為帝國內政部長，並對外宣稱「消滅猶太民族」是自己所肩負的困難義務：「如果將這個任務堅持下去，且讓自己仍然維持高尚正直的人格，我們就會變得剛毅不拔。」1945 年 4 月，當希特勒得知他意圖與西方盟國秘密談判停戰協定後，即被免除所有職務，後於 1945 年 5 月自殺身亡。

---

❷達浩（Dachau）集中營位於慕尼黑近郊，為納粹所建立的第一座集中營，其建築設計、管理模式與組織營運，都成為日後建立其他集中營的標準。

大規模強制撤換人事，圖利國社黨支持者；更安排衝鋒隊特派員在工廠與企業進行監督，控制管理機構。

帝國內政部試圖以任命邦總督——直接受內政部管轄——的方式，來約束地方及區域黨機構的占有慾。但面對國社黨幹部爭相奪利的強烈慾望，邦總督的監督效果不彰，尤其希姆萊與海德里希把對各邦政治警察的命令權據為己有，這些政治警察即是後來的蓋世太保。

反猶運動出現

另一方面，納粹運動中也掀起一波由尤利歐斯・施翠謝爾（Julius Streicher, 1885-1946）所策劃的反猶太浪潮。施翠謝爾是紐倫堡黨部主委，同時亦是反猶太煽動刊物《衝鋒者》（*Der Stürmer*）的發行人。藉由戈培爾的協助，他創立了所謂的「防禦猶太人抵制及恐怖教唆中央委員會」。在德國發生猶太機構設施被攻擊的事件後，引起美國社會的公開抗議，納粹高層原想以更大規模的抵制猶太商店活動來回應，但一星期的抵制計畫最後因內閣的反對而縮短為一天。戈培爾原本希望能藉由該活動來激起反猶太的全民運動，卻無法如願，多數的德國人民仍拒絕抵制猶太行動。

然而，隨著 1933 年 4 月 7 日「重建職業官僚體系法」的頒布，納粹政府又開闢了一條合法迫害猶太人的途徑。最後，許多命令紛紛按照該法的內容實施，目的便是「緊縮猶太人的生活領域」，並在 1935 年 9 月的紐倫堡法（Nürnberger Gesetze）中達到最高潮。同時，亦透過宣傳向德國猶太人加強施壓，逼迫他們移民國外。而那些持續不斷的「違法」攻擊猶太商店及機構事件，更使四處散布一種無盡的恐怖氣氛。行政官僚與財政上的刁難，例如課征「逃難稅」（Reichsfluchtsteuer），亦阻礙了猶太人的移民路途。

逃難稅

　　任何想移居國外的人，自 1934 年起，個人應課稅財產如超過 5 萬帝國馬克者，即必須上繳其中的 25% 給國庫。此外，再加上所謂的「猶太人財產稅捐」以及原本的移民費用。

　　對社民黨進行鎮壓後，納粹政權一方面也因爲本身黨內的工會，亦即納粹企業基層組織在人數上完全不具影響力，便轉而對付自由工會與基督教工會。即使自由工會願意與新政權妥協，並與社民黨脫離關係，卻仍舊難逃厄運。戈培爾宣布 5 月 1 日爲「國家勞動日」，並在柏林的坦培霍夫廣場上安排了一個超大型的群眾集會。希特勒在會上宣布要建立一個眞正的人民共同體，消弭階級之間的對立。次日，衝鋒隊與輔助警察占領了自由工會的辦公處，沒收其財產，接管工會的出版刊物，並對領導幹部施以保護性拘留（Schutzhaft）的懲罰。只有基督教工會還暫時爲納粹當局所容忍，未遭查禁。

「保護性拘留」

　　「保護性拘留」爲納粹政權用來消滅反對者最有力的工具之一，只要「因爲他們的行爲可能危害到國家與人民的生存及安全」，當局即可無限期拘禁人民。所有遭到逮捕之人毫無法律機制的人權保障，第一批犧牲者主要爲共產黨人、社民黨人與工會成員，還有猶太人。至 1933 年 7 月底，已經有超過 25000 人遭到納粹「保護性拘留」。

左右派勢力的併吞整合

在所有工會組織被強迫一統化之後，納粹當局成立了「德國勞工陣線」（Deutsche Arbeitsfront，縮寫為 DAF），不僅勞工與職員，甚至連企業雇主也應被納入該陣線。然而，這個在羅伯特·賴（Robert Ley, 1890-1945）積極推動下所成立的新大眾組織，並非是代表工會的利益團體。工資的訂定被轉交到所謂的「勞工受託管理人」手中，直接受經濟部管轄。先前的企業勞工代表則被解散，企業職工利益的代理轉由「信託委員會」負責，該會既無實際的影響力，亦不受到勞工信任。隨著 1934 年 1 月 20 日「國家勞動秩序法」的通過，企業管理人的功能便授權給企業雇主，同時禁止所有職工的共同商議權。

帝國醉鬼

羅伯特·賴原本為地方黨部主委，後因酗酒而被解職。他在 1933 年負責打擊工會組織，並成立擁有 25 萬名會員的「德國勞工陣線」，與其附屬的休閒社團「力量源自喜悅」（Kraft durch Freude）。後來，他更創立了「阿道夫希特勒學校」，做為納粹新生代領導菁英的培育選拔場所。他在一次演講當中提到：「打死一隻使我們痛苦萬分的蟲子，對我們所有人來說，是再平常不過的事了。這正如我們要解決猶太人一樣。」紐倫堡審訊開庭之前，他在監獄內上吊自縊。

打擊工人運動組織及成立德國勞工陣線，等於毀滅了企業勞工的所有抗議管道。由於經濟景氣的復甦，失業人口開始逐漸減少，終於在 1936 年轉為全民就業，並開始出現勞力短缺的現象。雖然實際的工資仍低於經濟危機前的水準，但因為工作的時間加長，兩者相互軋平，致使廣大的勞工群眾也因此甘心接受新政權。

　　此時，納粹領導高層也開始積極與改組爲「德國全國工業階級」的大企業家協商，催促他們將其前身組織「德國全國工業總會」董事會名單中的猶太裔成員剔除；而資方則可獲當局擔保，德國勞工陣線將不許介入薪資政策問題。相反地，中產階級企業對薪資政策問題則所獲有限，雖有國社黨黨綱的保證，他們仍迅速喪失了影響力。另一方面，國社黨「農業政策機制」的創始人瓦特·達勒（Walter Darre, 1895-1953）在胡根貝格去職後，隨即接任農業部長的職位，並成功整合所有的農業利益團體，也使得納粹當局在戰爭開打後，得以順利控管民生物資。

　　這段納粹在 1933 年 1 月 30 日之後所上演的驚人奪權戲碼，將希特勒的市民階級盟友逐漸排擠到權力的邊緣。當初籌組政府之時，巴本還誇下海口，要利用這個保守內閣來馴服希特勒：「我們已經把他擠到角落去，他只有哀嚎的份。」然而，當 2 月 28 日內閣同意帝國議會縱火法令的同時，保守派夥伴就已經毫無反抗地將重要的權力位置拱手出讓了。而巴本與希特勒之間原本協議，巴本不在場時，希特勒不得私自晉見興登堡，但這項協定隨即就被束之高閣。另一方面，由於總統返回位於東普魯士諾伊得克（Neudeck）的私人莊園，深居簡出，無心再過問政事，也使得希特勒毫無顧忌。

　　至此，保守派盟友的行動空間日益狹窄，眼見其組織亦無法避免被衝鋒隊攻擊，或遭受內政部整肅的危險。已經搖身一變成爲黑白紅❷❸戰鬥陣線的國家國民黨，終於難逃被國社黨併吞的命運，大多數的黨內國會議員均投向國社黨國會黨團的陣營。6 月底，胡根貝格被迫辭職。此時，天主教的中央黨亦受到來自梵蒂岡的壓力而自願解散——甚至還早於巴伐利亞人民黨（Bayerische Volkspartei），幕後主因即是梵蒂岡急欲與納粹政權簽訂一項宗教

❷❸黑、白、紅爲納粹旗幟的顏色。

條約。而德國民主黨（Deutsche Demokratische Partei）則早在6月初就已經走入歷史。另一方面，帝國內政部長弗立克亦在6月22日查禁社民黨。

市民階級毫不抵抗便自行解散政黨的舉動，亦令希特勒大感意外，由此他認為已經一步步「完成一統化的國家」。隨著7月中旬所通過的「禁止新政黨籌組條例」，等於開始了一黨治國的時代。希特勒並藉著11月12日所舉行的單一政黨新國會議員大選之便，同時進行一項民意調查來同意他的政策。在這兩項投票結果中，納粹政權獲得了95%的同意票。一方面也特別是因為這項選舉結合了公民投票案的緣故，該項公民投票是針對1933年10月德國退出國際聯盟的同意案。人民似乎無法拒絕這項國際軍事平等地位的訴求，因此受到大多數德國人民的歡迎。

絕大部分的政黨已經解散，利益團體也都一體化了，而媒體、出版業與廣播亦全部在納粹政權的控制之下，「警察國家」把所有異議份子的口全部封死。連教會也與當局妥協，雖然「牧師緊急聯會」和「告白教會」❷❹還向極端反猶太的「德國基督徒」（Deutsche Christen）組織提出抗議，並抗議其企圖操控建立一個基督新教的國家教會，但效果不彰。天主教會也與納粹政權達成妥

帝國宗教協定

1933年7月20日，納粹德國與羅馬教廷之間簽訂了一項協定，內容是保障教會的財產權、個人宗教信仰的自由，以及教會事務擁有獨立自主的規範權；但新任命的主教必須宣示效忠納粹國家社會主義政府。1937年，教宗在其通諭中以「極為迫切的憂慮」心情，抗議納粹政權片面破壞協定，任憑無數的天主教神職人員被逮捕。

---

❷❹ 又譯為「認信教會」或「認主教會」（表示只認耶穌基督一人），英文名稱為 confessing church。

協，該項與希特勒簽訂的協議雖然完全將天主教團體壓制在宗教事務的範圍內，但似乎也保全了教會的地位——然而在往後的數年中，事實卻證明此乃嚴重的錯誤判斷。

肅清衝鋒隊，鞏固獨裁政黨的武裝力量

　　現在，只剩下國防軍在理論上有可能成為領袖獨裁政權的絆腳石。當初國防軍的領導階層強烈支持希特勒組閣，而希特勒也承諾積極推動軍備擴充，並克服外交阻力，實施普遍的義務兵役制。對於正在成形的元首國家而言，國防軍自認為是除了黨與官僚體系之外的第三大支撐棟樑。也因此，希特勒澆熄了恩斯特・羅姆急欲將衝鋒隊擴充為擁有 3 百萬名以上成員的大規模組織，並讓該隊來取代武裝力量的雄心壯志。

　　受到羅姆的政敵戈林、希姆萊與國防軍高層的煽動挑撥，公開衝突終於在 1934 年初爆發。在羅姆的敵人有計畫地散布衝鋒隊即將叛變的謠言之後，希特勒做出對他本人而言堪稱獨特的「以攻為守」的決定 ❷⑤，除掉衝鋒隊的最高指揮官與一干不受歡迎的

希特勒的眼中釘

　　恩斯特・羅姆曾於一次世界大戰期間擔任上尉，並和黑斯及魯登道夫在 1923 年共同參與希特勒政變。 1928 年，羅姆與希特勒意見不和之後，便到南美玻利維亞擔任軍事顧問。一年後，希特勒再度將他召回德國，並任命他為衝鋒隊指揮長。羅姆「二次革命」的要求 ❷⑥，使其日漸陷入與國防軍對立的狀態，由於希特勒期盼與國防軍合作，這項要求也就成為希特勒的眼中釘。 1934 年 6 月 30 日，羅姆因為被控企圖叛變而遭逮捕，隔日便被槍決。

❷⑤意指希特勒由於其個性優柔寡斷，極力避免做出重大決定。此次他毫無退路，只能以攻為守，大膽地擺脫困境。

四處凌虐並殺害納粹政敵的衝鋒隊成員（右）。

份子，來結束這場衝突。成爲一言堂的國會一致同意通過一項由政府所提出的「鎮壓謀反與叛國行動」法案，因此，1934 年 6 月 30 日的謀殺羅姆等人的行動，也就被認定爲是所謂的「國家正當防衛」而合法化了。

雖然希特勒的行爲明顯違反法治國家的綱紀，但仍舊獲得輿論的廣泛支持。他們大多認爲，希特勒終於能和國家社會主義運動中的「極端激進份子」劃清界線，未來將迎擊所有侵犯黨的舉動。然而，這著實是個十分嚴重的錯誤判斷。

隨著 6 月 30 日的謀殺行動，黨衛軍後備部隊的地位開始竄升，日後改組爲武裝黨衛軍（Waffen-SS），成爲獨裁者不可或缺的左右手。

國防軍方面十分贊同這次的「肅清行動」，前任國防軍總司令史萊赫亦在此次行動中被害。由於他們的外交與軍事政策目標在很大程度上都與國社黨一致，並特別主張以擴充軍備爲首要任務，因此也不惜在意識形態上與希特勒妥協，尤其是 1935 年企圖將猶太軍官免職的「國防軍法」。 1934 年 8 月 2 日，總統興登堡去世當天，國防軍接受希特勒的宣誓。現在希特勒集總統與總理於一身，國防軍則希望藉此來鞏固本身在整個政權中的地位。

㉖ 羅姆認爲「帝國國防軍」亦應編入衝鋒隊，成爲民兵。這項消息令國防軍忐忑不安，一些保守將領遂要求希特勒表態。

衝鋒隊隊長恩斯特‧羅姆在其辦公室內。他於 1934 年 6 月 30 日遭到逮捕，並被帶往慕尼黑—史達德海姆（München-Stadelheim）的監獄。由於他拒絕自己舉槍自盡，便在 1934 年 7 月 1 日被兩名黨衛軍士兵槍斃。

　　就這樣，最後一個可能與無限權力的元首國家相抗衡的力量亦已消失，由國民啓蒙暨宣傳部長戈培爾所積極推動的希特勒領袖崇拜，對此也有決定性的貢獻。 1934 年 6 月 30 日之後，贊同納粹主義的國家法學者卡爾‧施密特（Carl Schmitt, 1888-1985）喊出一個口號：「領袖維護法制。」然而，這根本是歪曲事實。希特勒及其黨羽無需再受法律與正當性的束縛，但這種向四周蔓延的專斷獨裁，必然會導致國家權威短期性或長期性的瓦解，甚至蕩然無存，儘管許多國社黨內人士相當失望，因爲大部分的權力依舊操縱在保守派的官僚手中。

「元首國家」的階段性奠基過程

　　納粹國家社會主義的竄起過程是分成許多階段來進行的。在經過了1919年到1923年間，僅侷限於巴伐利亞地區但成長迅速的階段之後，又由於1923年11月在慕尼黑的「前進統帥廳」政變失敗，而遭到嚴重打擊。1924到1928年間，國社黨在全國各地快速擴張，並開始成立附屬組織，如黨衛軍和希特勒青年團，黨員數量成長達10萬餘人，其他與國社黨競爭的人民組織也都被國社黨合併，但選舉結果不如預期。相反地，在1929年到1932年11月的第三階段期間，國社黨的竄升速度竟然快得意想不到，他們以出賣市民階級政黨爲手段，部分這些政黨甚至縮水，成爲分裂的小派別。

　　1932年11月的選舉慘敗，卻開始了國社黨從1932年12月至1935年夏季之間的奪權階段。此時，國社黨的選票成長已達極限，疲弱態勢明顯，這也使得希特勒的保守派盟友將他拉上船來，並相信能將他「馴養得服服貼貼」，在「集結國家主義內閣」的牢籠內嚴加管束，並讓他挨餓直到投降爲止。原本這個如意算盤也並非完全毫無說服力，因爲當時國社黨的選民結構已在快速改變當中，況且除了死硬派的核心份子之外，其餘黨員都不甚牢靠。倘若重新舉行公開選舉，國社黨可能就會大敗，並且四分五裂，一蹶不振。但市民階級的夥伴們又不願見到上述情況發生，因爲他們唯恐重新選舉，會導致威瑪的議會體制「復辟」。

　　隨著希特勒被任命爲總理，國社黨就此成爲一個支持者眾的大眾政黨。那些所謂「三月陣亡者」蜂擁入黨的浪潮，促使國社黨不得不宣布入黨禁令，直到1937年才又再次開放。1933年通過「授權法」，1934年將總理與總統職權合而爲一，禁止籌組新政黨，利益團體與公共機構的「一統化」，以及殺害渴望「二次革命」的衝鋒隊領導高層，奪取權力的過程到此大致完成，並且已

1938年2月20日，希特勒在國會演講中針對上任後的前5年發表總結感言。

經勾勒出一個純粹的「元首國家」的輪廓。

　　這個奪權過程的進行力道與速度，更受到蓋世太保與警察機制恐怖統治的支持，完全嵌制住對手及異議份子。1933年秋天，當社會輿論第一次開始清醒之時，戈培爾便利用「反對發牢騷者運動」來予以反擊。但社會輿論清醒得太遲，已無法遏阻希特勒的自大狂與權力飢渴。對當權者的信任和期待第三帝國能夠帶來對內對外徹底的民族覺醒，這兩個因素更加劇了對政治的盲目，使得許多德國人民為新的當權者歡呼喝采，並對異議份子與猶太人的迫害情事視而不見與壓抑逃避。希特勒所承諾的「人民共同體」，從一開始便是個謊言。

漢斯・蒙森

第二章

與領袖一同前進

納粹政權如何征服人民的日常生活

他們現仍健在，卡爾、安娜瑪莉和安娜朵麗。當納粹國家社會主義份子在德國掌權時，他們都還是懵懂未知的孩子——卡爾和瑪麗安妮（安娜瑪莉的暱稱）8歲，安娜朵麗才5歲。當時德國境內有將近9百萬的兒童與青少年。對他們來說，1933年是個全新時代的開始，生活也有了根本性的改變。

充滿新時代朝氣的 1933

1933年1月30日是個不尋常的日子，就連卡爾也感受到了。全家人都在等待這一天的來臨，等著年邁的總統興登堡任命國社黨領導人希特勒為國家總理。對於那些懷著一顆熱切的心、全心全意相信「領袖」的人們而言，無不盼望從這天起，一切都會與從前大不相同，開始漸入佳境。而卡爾的家人便是如此。

位於杜伊斯堡 ❶ 家中的門鈴總是響個不停，親朋好友們不時來串門子，為的就是共同舉杯慶祝納粹運動的勝利。個個滿懷著歡度佳節的心情，慶幸自己終於壓對了寶，這個國家也終於可以向前邁進。自從一次世界大戰戰敗以來，生活在這個國家的許多人，都認為自己只有當輸家的份，永遠萬劫不復。現在，大家都想聽聽收音機裡究竟給國社黨地方小組組長弗德烈·瓦特（Friedrich Walter）——卡爾的爸爸——家裡帶來什麼佳音。每個人無不渴望分享柏林街頭因為歡迎新時代來臨而舉辦的火炬遊行。新任總理阿道夫·希特勒對所有支持他的群眾講話，不多時，那個無比刺耳的嘶吼聲，就固定出現在每個家庭中。

8歲的卡爾也覺得，這個晚上是對他個人的一種證明，因為他老早就和他的死黨們「一、二、一、二」地穿梭在大街小巷，踢著響亮的行軍正步。他們就像小小軍人一般，把雙手貼在短褲

---

❶ 杜伊斯堡（Duisburg）位於德國北萊茵－威斯特法倫邦內，萊茵河與魯爾河交會處，乃西北部工業城。

的接縫處，雄糾糾氣昂昂，一步接著一步前進，同時還高聲唱著「德國必須生存／德國必須生存／即使我們因此犧牲，即使我們必須犧牲！德國必須永續生存！」

唱著如此簡捷有力的歌詞，他們完全沒有意識到，自己已悄悄對未來做了充分的心理準備。還在和平的年代，他們就讓自己習慣於戰爭時期的思想，並練習在血腥的嚴肅中尋找樂趣，為自己年輕的生命，打開一扇死亡思想的大門。他們也相信，納粹在接下來的數年裡不斷幫人民洗腦的思想，都是出於他們原本的意願：每個單一個體都有義務參與這個人民共同體——任何人皆不准置身事外。他們所練習的一致步伐，將來也應穿越全國每個角落；誰若拒絕參與，就會被排擠在社會之外。

只要你的耳朵有聽覺就無法逃避，這些年，整個德國變得愈來愈吵——無論是街上的行軍，高亢的社團歌曲，經常在廣播裡聲嘶力竭的黨內高官演說，精神抖擻的領袖問候禮，還是衝鋒隊的公開遊行。早在戰爭開打前多年，一個軍國社會便已形成。在這個的社會裡，一切事情均按照命令與服從的原則來安排，連婦孺都不例外。納粹所夢想的國度應該化身成一個巨大的軍營，對內擁有全面的控制體系，對外則是唯一的攻擊武器。

而卡爾的爸爸瓦特早就身體力行，將自我奉獻給要求無條件服從的納粹。1914 年，當一次世界大戰爆發時，這位勞工之子為了自願入伍，而中斷了他的造船學徒生涯，並且在戰爭失敗後的不確定年代裡，選擇了國社黨。他深信，只有國社黨能夠將他的國家從泥沼中拯救出來。凡爾賽和約對他而言，是戰勝國在 1919 年強迫他的祖國所簽下的談和條件，簡直是奇恥大辱，他更親身經歷了法國軍隊強占魯爾區的整個過程。

瓦特的生命如破碎的瓦礫堆一般。他並未完成他的造船學徒技藝，投效軍中也並未替國家帶來勝利。戰爭結束後，瓦特和父親合力開了一家製作畫框的小商店，靠著這份工作，勉強維持一

凡爾賽和約

　　1919 年第一次世界大戰失敗後，德國談判代表團在巴黎凡爾賽宮的鏡廳內，簽下一項和平條約。德國應放棄並退出所有的殖民地與諸多占領區，其中亦包括薩爾區（Saarland），且同意限制軍備。

　　尤其令人倍感屈辱的是，德國必須聲明承擔戰爭的罪過，換言之，身為「始作俑者」的德國，必須為「所有的戰爭損失與傷害負責」。納粹運動將凡爾賽和約稱之為「凡爾賽強迫和約」，並因此獲得人民廣泛的贊同。

　　帝國總理希特勒違背前任元首的「和約兌現政策」，並於 1935 年公然違法，開始實施普遍的義務兵役制，同時在 1936 年讓國防軍進駐已成為非軍事區的萊茵區（Rheinland）。他更藉由一項公民投票來使這些行為「受到合法祝福」：當時希特勒下令，萬一毗鄰的法國軍隊動員，德軍應會即刻撤退。 1937 年 1 月 30 日，希特勒終於宣布，以「最鄭重的態度」撤銷凡爾賽和約上的「德國簽字」。

家人的生計。正如其他的市井小民，他也希望國家命運能徹底改變，完全抹滅戰敗的不堪記憶，並因此改善個人的生活環境。

　　他經常向兒子卡爾述說一個可怕的故事：一名法國士兵如何用槍托將他的牙齒打落，只因為這個德國人不願意讓位給他。這個勝利者在戰敗者面前耀武揚威的故事，也使得他半大不小的兒子無法漠然以對，父母親沒完沒了地抱怨，說德國人民如何受到不平等的對待，讓卡爾成了忠實的聽眾。因此，他也從中學習到，如何判斷誰是朋友，誰是敵人；如何分辨好壞；誰和你同一陣線，誰又是你必須小心提防的人；還有，究竟誰該為家中的一貧如洗負責。

　　因為 1929 年秋發生致命的世界經濟危機，也讓這孩子的家庭強烈感受到其後續效應。父親在祖父去世後獨立經營的商店必須被迫關門，誰還有能力在這個時機來裱畫？人們必須為了每日的

麵包,為了月底的房租,為了孩子的鞋子而努力奮戰。零用錢對
卡爾來說,只是個遙不可及的夢。他和玩伴們在垃圾堆裡尋找舊
金屬,就為了那偶爾能換得的兩芬尼,買一袋堅果嚐嚐。

　　1933 年的德國有幾近 7 百萬的失業人口,在弗德烈・瓦特的
眼裡,民主制度實在脆弱得不足以解決如此嚴重的問題,尤有甚

身穿制服的「德國少年團」(由 10 到 14 歲的少年組成),又稱為「納粹小傢伙」
(Pimpfe),以及原來的「希特勒青年團」(縮寫為 HJ,由 14 到 18 歲的青少年組成)。

者，德國之所以淪落到如此悲慘的境地，民主制度本該負起責任。在帝國議會裡只有高談闊論，卻無具體行動。瓦特將全部的希望都寄託在國社黨的身上，這個充分展現出說服力、有著嚴格秩序與紀律的政黨。

1930 年，他開始擔任國社黨地方小組的組長，滿心驕傲的他，經常身穿棕色的制服在城裡漫步。對他來說，一個先前完全失敗的生命，隨著 1933 年的來臨，所有的夢想都將實現。他在國家義務勞動處的行政部門又有了穩定的收入，全家人也遷至更寬敞美麗的公寓。卡爾十分崇拜爸爸，希望將來也能像他一樣偉大。

青少年的夢想：加入希特勒青年團

也由於這個緣故，卡爾 8 歲就加入希特勒青年團。原本他的年紀還太小，因為在 1933 年以前，青年團團員的最低年齡為 14 歲，在納粹掌權後下修為 10 歲。但該團破例將卡爾視為特別個案，這等於是一項殊榮。雖然納粹政權亟欲掌控所有的青少年，但組織中的特例情況仍應只能做為一種獎賞的形式，不可被視為理所當然。

任何人只要加入了希特勒青年團，就等於置身在另一個世界當中，陌生人的話，會比自己父母的話來得更有力。倘若成年人也和納粹站在同一陣線，就如卡爾的父母親，便不至於太過突兀。但如果父母與納粹保持距離，或甚至持批判態度，親子關係就會變得極其複雜。究竟誰的話比較權威？是青年團的領導，還是父母親？而自己的親生孩子又可能會把什麼居家閒談的內容，報告給青年團呢？

卡爾並沒有這些問題，他的爸爸相當自豪，自己的兒子會被教育成一個規矩的小伙子、一個剛強的男子漢、一個堅毅不拔的

希特勒青年團

　　1936 年 12 月 1 日，希特勒青年團宣布改名為國家青年團（Staatsjugend）。年滿 10 歲者，可以成為「納粹小傢伙」；年滿 14 歲起，則自動歸屬原來的希特勒青年團。而女孩們在 14 歲以前可加入少女團（Jungmädel，縮寫為 JM），之後可加入德國女青年聯盟（Bund Deutscher Mädel，縮寫為 BDM）。

　　1933 年初，希特勒青年團擁有大約 10 萬名團員。到了 1934 年底，青年團與女青年團的人數便已暴增到將近 360 萬，這個數字幾乎囊括了全國所有介於 10 到 18 歲的青少年。

戰士。卡爾和朋友們練習著野外偵查遊戲、潛近、掩護藏身、守候打探以及匍伏潛行，同時還高唱一些效忠國家、決心身先士卒和發揚團隊精神的歌曲。

　　卡爾和他的朋友們要像卡爾・邁 ❷ 的冒險小說，與印地安人小說中的人物老沙特漢德和溫諾托那樣勇敢、忠誠與正直。他們沒料到，這個心目中的理想，有朝一日竟被新的當權者為了完全扭曲的目的而濫用——以機關槍的攻勢向前衝鋒、槍殺人質、轟炸城市、在嚴寒的天候下離鄉背井、躲在平地的掩護體中堅守陣地，即便這根本等於送死。

　　1933 年 6 月 17 日，巴杜爾・馮・席拉赫被任命為德意志帝國的青年團領導人，全德國的青少年洗腦教育工作，也因此都在他的監督與控制之下。席拉赫是個煽動者，對猶太人深惡痛絕，而他也知道，倘若全國除了希特勒青年團之外再無其他組織，對付兒童與青少年將會更加輕而易舉。他因而下令解散所有其他的青

---

❷ 卡爾・邁（Karl May, 1842-1912），為十九世紀最為成功的德國通俗文學作家之一。其作品被譯成 33 種語言，其中以美國蠻荒西部及中東為背景的冒險故事最受歡迎。老沙特漢德（Old Shatterhand）和溫諾托（Winnetou）是他創造出來的小說人物。

少年組織，甚至禁止其中某些團體，如天主教童子軍或基督教青年團。他毫不隱諱地陳述他教育德國青少年的想法：

德國少年團向所有唯母命是從的寶貝兒子宣戰，德國少年團的教育乃獨立自主的訓練。此刻，出現了許多前所未有的獨立青少年，他們正以鄙視的眼光去看待這個普遍被稱爲「孩子」的概念，倘若大人如此直呼他們，他們也會憤慨不已。……我們認爲，所謂的「孩子」是指那些非經制式化教育的稚齡階段孩童，還未曾參與過社團晚會或踏青行軍的小孩子……噢，一個少年團的少年已經能夠對世界有所了解！如果他在外扯破了褲子，自己也有能力把它重新縫合。……換成一般的孩子遇上類似情形，往

巴杜爾·馮·席拉赫

他年紀輕輕 20 歲就被委予國社黨帝國領導的重任，因而躋身於希特勒的心腹圈內，負責高等學校的納粹國家社會主義運動。1933 年 6 月，他被任命爲帝國青年領導，專司青少年的校外教育，這項任務的目的，是透過遊戲與冒險活動，拉近納粹思想與青少年之間的距離。自 1940 年起，他在維也納擔任地方黨部主委暨總督，負責驅離並遣送維也納的猶太人。戰爭結束後，他以理察·法克（Richard Falk）的化名試圖藏匿，但仍在 1945 年 6 月被捕，並判 20 年監禁。

往只會大哭，喊著要找媽媽；少年團成員必須一切仰賴自己。孩子只能依靠父母陪伴遠行，而納粹小傢伙則是跟隨他們的領隊上路。其他父母只能談起他們的孩子，納粹小傢伙的父母卻能以他們的兒子為榮。「我的兒子，我的小傢伙！」這句話裡，蘊藏了我們的青少年多麼深刻的轉變。

堅硬如鋼鐵，迅猛如獵狗

　　某天，卡爾的遠親來訪，他是個嚴峻的希特勒少年，也和卡爾一同參與組織在附近鄉間所安排的課外活動。一項行軍活動即將開始，亦即所謂的小旗行軍，150 名興奮的青少年即將動身出發。他們手扛旗幟，全黑的旗幟上印有白色的閃電標誌。一如往常，在行軍的路上他們高聲唱著進行曲，因為進行曲不但能控制步伐，還能控制思想。「向我們的旗幟敬禮，向我們的標誌敬禮，向創造它們的領袖敬禮，向所有為他們犧牲的烈士敬禮，忠誠地追隨他們的呼喚！日以繼夜奮勇抗敵，讓我們成為旗幟的守護者，無論我們勝利還是倒下，我們的旗幟永遠聖潔。」

　　這群少年期待從身旁經過的人們對旗幟表達敬意，對這個象徵行威嚴之禮，對他們而言，這就是納粹運動的體現——當然還有他們所獲得的新權力。他們已經不再是無知的小孩子——這些納粹小傢伙象徵著未來。路旁有人不願對這方布料行禮，但這方布料對少年們而言，卻擁有幾近崇高的宗教意義。他既不肯伸直手臂，亦不願互撞腳後跟立正。卡爾的親戚立刻毫不猶豫地反應：他重重摑了那人一掌。卡爾就在身旁，冷漠以對。他絕不會給予那些妨礙國家信念的人絲毫同情，因為這些人只會成為絆腳石。

　　該敬老尊賢嗎？對這些少年們來說，它早已不再是理所當然的禮教。誰是棕色運動 ❸ 的一員，誰才值得尊敬。隨著一次次的

---

❸ 意指納粹運動。

野外露營、一次次的行軍踏青，父母與孩子之間的隔閡被離間得更深，而新舊價值觀之間的鴻溝，也變得愈發不可跨越。又如，將心比心已不再屬於為人的美德之一，此乃孩子們在社團晚會上被反覆灌輸的新戒律。相反地，他們應該如皮革般強韌、鋼鐵般堅硬、獵狗般迅猛。這是他們口中所謂的「領袖」希特勒，在1934年的紐倫堡黨大會上，在聽眾如雷的掌聲中所要求的。他們這些希特勒少年，就是新德國的象徵。

許多人的想法都與卡爾及他的親戚如出一轍。只要是上級所說，無論是什麼，自即刻起，他們的回答總是「是的！」，而不再問「為什麼？」──「領袖的命令，我們永遠追隨」成了所有行為的最高指導原則。抗議已被禁止，即便真有異議，眾人也幾乎是無動於衷。

他們匆匆告別舊時代的價值觀，這些逐漸成長的青少年，也樂於見到一切對父母們具有重要意義的事物都消失殆盡，破舊立新。從前慣用的問候語如「你好」，或「上帝問候你」已漸漸被摒棄。早在1934年1月，各級學校便開始引進所謂的德意志問候語，就連一般信尾的問候也以「希特勒萬歲」❹做為結語──不但正式場合如此，更逐漸席捲私人生活。每一次的問候禮和每一次的道別，都成了對新時代的誓詞，這個自我，已日漸屈服於所謂的人民共同體之下。

不說「早安」，改說「希特勒萬歲」

相較於卡爾，對生活在斯圖加特❺鄰近某個小城的瑪麗安妮來說，這種日常生活上的變化令她難以適應。她出身於一個篤信

---

❹ 「希特勒萬歲」（Heil Hitler）舉手問候禮是納粹黨沿用墨索里尼之舉手示意禮。此舉表示：希特勒擁有至高無上的權威，所有納粹黨員及民眾藉此表達對他的無限崇拜與絕對服從。

基督教的家庭，對於納粹國家社會主義的意識型態，抱持極為批判的立場。有一天，班導師穿著國社黨的制服現身，當時瑪麗安妮才 10 歲。老師在黑板上以祖特林字體❻寫下「希特勒萬歲」幾個字，並以堅定的口吻宣布：「從今天起，我們見面別再說早安了，改說希特勒萬歲！」說到希特勒問候語的同時，還互撞腳後跟立正，並將右手用力向上伸得筆直。瑪麗安妮被這突如其來的舉動嚇著了。直到 1933 年，這還是一所基督教學校，而且每日開課前，他們總會先唱首讚美詩。就從此刻起，這個時代已成為過去。

> **德意志問候禮**
> 　　誰要是拒絕行這個問候禮，便會遭到懲罰。在公開的活動場合，眾人應以宏亮的嗓音高喊萬歲來迎接「領袖」。

　　卡爾在魯爾區邊緣的學校裡也有類似的經驗，但他並未受到驚嚇。一位經常帶著安哥拉貓散步的音樂老師，原是城內有名且還受人喜愛的瘋子，因故丟了飯碗。來遞補這位老師職缺的，是個不折不扣的新時代代言者，一位黨同志，就是大家口中簡稱的 PG❼。上課時，他總是以一雙閃閃發亮的皮靴和一件圓鼓鼓的軍用馬褲現身。雖然他並沒有廢掉孩子們唱慣的那首早晨問候曲《上帝問候你》，但他卻替那首曲子填上了新詞：「萬歲，希特勒萬歲」，全班所有同學也被迫從此一律改唱，每個人都得開口。

　　沒有一位老師提出抗議，誰也不敢冒險，因為這個納粹主義

---

❺斯圖加特（Stuttgart）為德國巴登－符騰堡邦首府，位於內卡河畔，是德國南部的工業大城，以汽車工業著稱，賓士汽車的總部便在此。

❻祖特林字體（Sutterlinschrift）乃是以柏林版畫家祖特林（Ludwig Sutterlin）之名而命名，約在 1915 年與 1940 年間及戰後 1952 年至 1954 年間，為學校教育所採用，用於一般書寫，故又有「德國書寫體」之稱，是從前帝國總理辦公廳公文往來之標準書寫體。

❼黨同志（Parteigenosse）的縮寫。──編注

國家要求他的公務人員要絕對忠貞，人人必須是納粹黨員，更何況是教育下一代的老師。這甚至並未造成大多數老師的內心掙扎，畢竟他們大都以無比的熱情來支持納粹份子。

仍然有人抱持完全不同的想法，卡爾的其中一位老師，就是屬於這群絲毫不帶興奮之情的國社黨入黨者——因爲當局已經明令，拒絕入黨者將工作不保。而這位曾是社民黨地方社團主席的公務員，本就由於其特殊身分備受外界監視，身爲4個孩子的父親，更不能拿自己的飯碗做賭注，因此他只有隨波逐流一途。然而，納粹當權者認爲這種人無可揣度，於是利用天眞的孩子，嚴密監視這些可能的偏離份子。

瑪麗安妮的父親亦和這個體制保持距離，他拒絕成爲該黨同志。這位屬於新教運動中基督社會人民黨（Christlich-Sozialer Volksdienst）的前任國會議員，曾爲了反抗納粹而喊出了一些預言般的口號，如：「我們要讓死亡與恐懼籠罩整個德國嗎？」他無法將自我的道德良知與納粹體制相融合，加入這個曾經是他抗爭對象的政黨。他的故事告訴我們，只要平民百姓發揮些微的道德勇氣，就能堵住納粹無限權力的胃口。

瑪麗安妮的父親之所以能在經濟部繼續擔任公務員，全是由於一位知人善任的上司替他說情，這位上司若不是看中他的動機，便是不願錯失他的專業學識能力。他竭盡所能庇護這位無黨籍人士，化解了他被解雇的命運；但其後，瑪麗安妮父親的升遷案再次遭到駁回並被減薪，他亦無力回天。

黨宣傳的最佳媒介——國民收音機

爲了壓制、甚至完全堵死這些未被一體化的行爲與思想模式，納粹政權需要採取某種手段，以便能夠全天候出現在各個角落，在每個家庭、辦公室與商店紮根，而科技提供了他們一條捷

徑——廣播。邪惡如他們，立刻機警地領悟到這個新媒介無遠弗屆的能耐，它可以將訊息毫不延遲地發送給收聽者，並利用生氣蓬勃的音樂、大眾化的通俗詼諧劇和高雅的古典音樂，來裝飾滔滔不絕的鼓動演說或杜撰的不實報導。

希特勒的國民啓蒙暨宣傳部長戈培爾認爲，廣播正是征服人心與思想之戰的新武器，一如炸彈與坦克，對整個帝國的軍備擴張同樣重要。因此整個部門卯足了勁，爲全民推動研發物美價廉又耐用的收音機，亦即所謂的「國民收音機」。未來，它應該出現在每個廚房與每個小酒館內，在每個固定餐會和工作場合上。宣傳部長戈培爾寫道：「廣播是介於精神運動與人民，介於理念與人類之間第一個，也是影響力最大的媒介。」這個國民收音機，將領袖與人民共同體連結在一起。

由於人們洞悉部長對收音機所抱持的期待，因此民間也流傳，將國民收音機戲稱爲「戈培爾的嘴巴子」。這個名稱也充分透露出納粹夢寐以求的想法：將他們的嘴貼在所有人的耳邊。1933年8月，最新型的收音機款式在第十屆的德國廣播展中公開亮相，僅要價76帝國馬克，較先前的機型便宜許多。之前的機種價格還在200至400帝國馬克之間，因此也被視爲奢侈品。

不久之後，這種平價的國民收音機有了較小的機型，價格也更爲低廉，只要35帝國馬克，隨即迅速征服市場。甫推出問世時，其數量僅有10萬台，兩年後便已增至130萬台，到戰爭爆發時，市場上約有350萬台國民收音機。因此納粹當局可估計，1935年時有670萬；1939年則有1240萬的廣播收聽人口。到1941年時，德國已有61%的家庭擁有收音機。若還有人沒有國民收音機，就可能表示他不願屬於人民的一分子，對領袖的訓示不感興趣。

納粹也公開強迫人民購買收音機，在1933年10月「納粹國家社會主義廣播協會」的呼籲當中曾提到：「此刻應該正是德國

帝國宣傳部長約瑟夫・戈培爾在 1938 年柏林的廣播展中,仔細審視著「國民收音機」。

人民向全世界強烈宣示自我尊嚴、榮譽與團結一致的時刻,為了
使每位人民同志都能隨時與領袖及其政府與黨內的戰友們有直接
的溝通管道,每個家庭更不能沒有一台廣播收音機。……而最近
發生的政治事件再度證明了,收聽廣播並非只是單純的私人娛
樂,而是涉及到國家政治的責任與必要性。」

　　按照戈培爾的想法,未來就連各地的電影院亦不應只是純粹
的娛樂。但戈培爾絕非一個愚蠢無知的宣傳頭子,他知道如何使
這個深受大眾喜愛的全新媒體物盡其用,此構想稱得上十分先

進。儘管此後每一齣劇本都必須經過宣傳部的審查，而且任何片子未經當局的允許不准拍攝，卻不能讓人民察覺出影片已經過審查：因為戈培爾深知，人們不會喜歡這種手段。他相信，只有察覺不到的東西，才有最大的影響力：「我們也同樣不願壓制人民的小型消遣娛樂，不應從早到晚無止盡地向人民傳播思想。」

無所不入的國家權力展現

但另一方面，他卻要求所有從事大型娛樂事業與文化工作者，一律加入隸屬他管轄的帝國文化協會。如有不從，即代表個人的政治忠誠度不足取信。即刻起，任何惹人不悅或遭人排擠之人，便無法在德國境內繼續從事演員、歌手、導演、舞蹈者或劇本撰寫的工作。

而影片亦為當局所利用，成為有力的青少年宣傳工具。 1934年，納粹更特別開闢了青少年電影時間，此項希特勒青年團的活動乃開放供 18 歲以下的青少年參與。單在 1934 與 1935 年間，便舉辦了 371 次類似的活動，共有將近 22 萬名觀眾；在 1939/40年，戰爭開打後的第一個冬季，已有 350 萬名青少年參與。每部影片開始放映前，他們必定會觀賞到德國新聞週報，戈培爾樂意藉由新聞週報的管道，將戰爭的進展公諸於世，讓青少年們見識德國士兵的戰無不勝，以及跪地求饒的敵人。

即便是在沒有電影的鄉村，納粹依然舉辦許多這類的活動。機動式的電影放映車駛往各地，提供午後兒童及晚間成人觀賞的影片。這個曾將無數藝術家驅離德國、送往集中營或殺害的納粹國家社會主義，如今卻妝扮成一股時髦又現代的文化力量，還把一股清新的風潮，吹進偏遠的鄉下和家教嚴苛的家庭當中。即使已經面臨炸彈落在德國本土的時刻，還能見到演員在大螢幕上活躍，如瑪麗卡・羅克（Marika Rökk）、海因希・葛歐格（Heinrich

「她知道她要的是什麼」

「一旦我們執掌政權，您可得為我們拍電影。」據說希特勒曾在 1932 年初次見面時對她說過這番話。蕾妮・瑞芬史塔爾（Leni Riefenstahl, 1902-2003）在納粹時代以電影導演的身分崛起，並自認為是一個不涉入政治的藝術工作者 ❽。然而，她那部有關國社黨紐倫堡黨大會的影片《意志的勝利》（*Triumph des Willens*）卻是一部效果非凡的宣傳電影，片中將希特勒描繪成一個超越世俗生命的神靈。

「她是個知道自己要什麼的女人。」戈培爾在其日記中寫道。 1936 年，她接獲一項任務，拍攝一部關於柏林奧林匹克運動會的電影。為了剪接這部 4 萬公尺長的《人民與美的慶典》

1938 年：領袖希特勒在新片首映會上恭喜女導演蕾妮・瑞芬史塔爾，會中放映她所執導的一部關於 1936 年奧林匹克運動會的影片。

影片，瑞芬史塔爾耗費了幾乎兩年的時間。在奧林匹克運動會上，並首度使用電視機，大約有 16 萬人在柏林、波茨坦與萊比錫的電視室，和在柏林所設立的 3 個大型電視站內，親身體驗了賽事高潮的現場立即轉播。

George）、希爾德・克拉（Hilde Krahl）、漢茲・呂曼（Heinz Rühmann）、維爾納・克勞斯（Werner Krauss）和漢斯・莫澤（Hans Moser）等的載歌載舞、踢踏蹦跳、嘻笑怒罵與愛戀情傷。

---

❽ 瑞芬史塔爾亦曾任舞者及演員，所執導的電影以對美學及電影技巧的深刻掌握著稱。因其與希特勒的關係，致使二次大戰後的作品遭到抵制，但她終其一生否認有親納粹，或頌揚納粹主義的意識形態。

戈培爾認為，維持好心情「對戰爭十分重要」：「尤其當我們肩上的擔子特別沉重之時，保持愉快的心情，就成為前線與家鄉戰爭勝利的迫切必要條件。」

納粹國家社會主義就這樣滲透到社會的每個角落，同時也利用它的國民收音機和電影工業，征服了人們的私人休閒空間。絕不能再有不含意識形態的保護區域，學校、電影院、家中的客廳，這些地方都成了納粹行軍的場所。至於在那些原先逃過國家權力宰制的機構面前：教堂，這個無所不在強權，當然不會停下腳步。

早在 1934 年 1 月 4 日，帝國主教路德維希‧穆勒（Ludwig Müller）即禁止所有新教牧師藉由講道來發表任何政治批判的言論。自即刻起，教會至少對外，甚至往往在內部實質上，也稱呼自己為忠於國家體制的「德國基督徒」。瑪麗安妮的宗教概論老師自然也非令人訝異的例外，因此當他偏偏選擇將闡揚基督教信仰溫良敦厚的登山寶訓 ❾，完全按照納粹的精神來詮釋時，大家也就見怪不怪了。他如癡如醉地述說著：倘若耶穌此刻從天國下凡，肯定也會被「冬令救濟組織」❿、「國家社會主義人民福利機構」⓫ 所感動，是的，祂甚至會對這兩個為了要成全大我而強迫人民參與義務的機構說：「你們做得好極了！」上帝之子將會對希特勒表示由衷的感激。

在學校裡，瑪麗安妮和同樣受到基督教教誨的朋友們把抗議默默吞下，噤若寒蟬；但她們仍在半禁止、半允許的狀態下聚會

---

❾ 登山寶訓指的是耶穌在山上所說的珍貴集錦，被收錄在新約聖經的馬太福音第五章至第七章中，乃新約最著名的經文之一，亦有人認為這段經文是基督教信仰的精髓。

❿ 冬令救濟組織（Winterhilfswerk，縮寫為 WHW）成立於 1933 年，是為照顧失業者與貧戶的基金會。納粹利用媒體的力量在各地募集捐款，以減輕國家的財務負擔。——編注

⓫ 國家社會主義人民福利機構（Nationalsozialistische Volkswohlfahrt，縮寫為 NSV），成立於 1933 年，主要工作是提供人民健康諮詢、社會救濟、醫療關懷。關懷的對象主要不是針對個人，而是為了強化具有種族主義色彩的「人民共同體」。——編注

——在這個已被視為是私人聚會的查經班內，她們駁斥這種納粹的聖經詮釋，不再對此保持緘默，畢竟這裡都是自己人。她們以為，在這個信仰虔誠的團體裡，總算沒有鈎型十字的狂熱份子在傾聽。

然而，必定是其中某個女孩，將大家在查經班中的言論洩漏了出去。因為就在隔日，這位身兼校長的宗教概論老師在前往教室的途中，將瑪麗安妮攔了下來，並帶到他的辦公室。他要瑪麗安妮全盤供出，「妳們在昨天的查經班裡都說些什麼？」瑪麗安妮在不使自己完全陷入危機的情況下說出實話，「我們再次把登山寶訓拿來與您的上課內容做比較。」

校長並未對她的回答做任何評論，便讓她回教室去。他確實也不需如此，因為他所要表達的，這個 11 歲的女孩已經心知肚明。至此，瑪麗安妮終於知道，沒有任何事情能瞞得過這個體制。更糟的是：她知道有人在她的面前佯裝朋友，背地裡卻是背叛她的間諜。猜忌、懷疑、寂寞的感覺湧上心頭。她終於理解，為何每當父母談論起政治或納粹時，總會緊閉門窗，並檢查是否有人在門外竊聽。她還天真地認為，這種謹慎行為誇張得多餘。她現在終於知道，每天早晨出門上學前，媽媽總會叮嚀她的一句「千萬小心妳說的話」是什麼意思了。

滿懷抱負的希特勒少女

如果父母和納粹政權保持距離，並非所有的孩子都會與父母肩並肩，站在同一陣線。安娜朵麗便是個「熱情的希特勒少女」，尤其是當她 10 歲可以加入希特勒青年團的那一刻。她的父親是個宗教信仰虔誠之人，在德國南部施瓦本山（Schwäbische Alb）上擔任教師，同樣遭到納粹懷疑的眼光。然而，安娜朵麗打定主意要成為希特勒少女團的一員，穿上與其他少女們相同的制服——

依照「青少年領導青少年」的原則，社團晚會或遠足踏青的活動不斷，對青少年而言極具吸引力——因為在這裡可以擺脫父母的管束。

黑色裙子配上白色的鈕扣襯衫，以及用一個皮結紮成領帶狀的黑色領巾。所有介於 10 到 14 歲之間、加入少女團的女孩們，一律穿著這款制服。她們與其他人一樣驕傲，卻與自己的父母親南轅北轍。

安娜朵麗既興奮又激動地迎接宣誓入團那天的到來。 4 月 21 日是希特勒的生日，在隆重的儀式中，少男少女們被納入希特勒青年團——好似象徵著這個國家將他的孩子全都送給了領袖。為了這個重要的日子，本身沒有子嗣的安娜朵麗的教父，還送給她一件漂亮的棕色登山運動服。有了這件運動服，整套制服才算完整。但這並非每個家庭都買得起，因為它頗為昂貴。在鄭重的誓言聲中，當分隊長將象徵著接納為希特勒青年團的領巾皮結向上

拉至頸部時，安娜朵麗完全陶醉在幸福之中，自己終於也成為其中的一分子了。

這個不甘寂寞的女孩原本就喜歡走入人群，現在整個人更是興奮地沉浸在多采多姿的社團當中。正如其他的同齡女孩，安娜朵麗亦覺得在這段期間內，各式各樣的活動總不間斷：在週末野營或夏令營中，青少年可以利用指南針及地圖，在野外學習尋找正確的路徑；配合著歌聲與行軍步伐穿越他們的家鄉。他們根本毫無意識到，自己正一步步落入國家的圈套之中，任憑國家將他們塑造成自己想要的模式。但他們的「領袖」卻了然於胸：

這些青少年該學習德意志的思考、德意志的行為模式。當這些小傢伙們 10 歲進入我們的組織時，往往是在那裡才頭一次獲得並感受到清新的氣息；4 年後，他們再從少年團進入希特勒青年團，我們再留他們 4 年；之後，當然不可能把他們交還給舊式的階級身分教育者，而是讓他們立刻進入黨內，上勞動線，加入衝鋒隊或黨衛軍，參加納粹汽車駕駛團等等。如果他們在單位待上 1 年半或 2 年，還無法成為一個十足的納粹主義者，就分配他們去從事青年義務勞動，再磨練 6 到 7 個月，全都利用一個象徵，德意志的鐵鍬。6 到 7 個月後，萬一某些地方還存有階級意識或身分自大狂的餘毒，就交由國防軍繼續操練他們 2 年。當他們在 2、3 年或 4 年之後回來，為了不使他們重蹈覆轍，我們馬上再次送他們進入衝鋒隊或黨衛軍等單位，他們有生之年都不會再獲得自由了！

最後一句話聽在我們現代人的耳裡如同惡魔，但對安娜朵麗來說，這卻是屬於一個「樣樣不缺」的世界裡該有的。例如，希特勒青年團的社團晚會。在某些地區，他們借用校舍；在其他地方，則利用先前被迫解散並遭沒收的青少年組織協會所在地來舉

辦活動。安娜朵麗狂熱地參與劇場的演出，只有在這裡，她才能盡情吼唱著那些激情的風花雪月歌曲，或陶醉在一個金髮貴婦的角色當中。

她也酷愛各地的野外行軍。為了增強她們的體能，即使是女孩，背包裡也被放置了沉重的磚瓦，但安娜朵麗一點也不以為意。她不認為這是折磨，甚至到今天，留存在她腦海裡的記憶仍是：「我們一路上唱著歌，不斷地唱歌。」如果碰上攸關頒發德國母親榮譽獎章晨慶會的任務，她也會帶著火一般的熱情投入。而納粹便是以這種方式，來表揚育有 4 名以上子女的女性，新國家需要更多的孩子，好讓他們能受到百分之百的「德國精神」教育。在這種場合中，安娜朵麗有時不禁會由於一股敬畏之心而猛打寒顫，一切對她而言竟然如此意義重大，而她亦屬於其中。

納粹十分精於此道，通曉如何喚起人民這種團結有愛的集體精神。他們也明瞭，為了製造效果，不惜大張旗鼓、精心策劃這些紀念會或慶祝儀式。又如冬夏至慶典，納粹為了讓人們疏遠基督教會與其信息，因而刻意追溯古老的日耳曼習俗，整個村莊的人都會為此而聚集。整個慶典儀式在震耳的銅號聲與急促的鳴鼓聲中，在耀眼的柴火堆與火炬光芒中展開。每當火焰繼續往下延燒，安娜朵麗總會和其他人一樣越過火焰──毫無畏懼之心。藉此以證明他們的勇氣，禁得起新時代的試煉。

階段式的仇恨教育

如果想在團體裡更上層樓，展現這樣的決心就顯得異常重要，特別是自己想在這個龐大的青少年組織中，成為一位小小的女隊長。希特勒青年團組織便是建立在「青少年領導青少年」的原則基礎之上，這也塑造了青少年自主的幻覺──即使頂端還有帝國青年領導在監視一切。

　　突破家庭的藩籬，以充滿刺激冒險的活動來取代日常生活中無聊的家庭作業及家務分擔，均是經過上級的嚴密監控與策劃，一切絕非偶然。納粹小傢伙、希特勒青年團、少女團和女青年聯盟該學習什麼，都有不同的教學計畫。那些年齡較小，介於 10 到 14 歲之間的青少年，在第一年就要熟悉日耳曼的神祇或英雄。第二年，他們要學習認識一些「偉大的德國人」，如契魯斯克部落首領赫爾曼 ⓬，南提洛 ⓭ 的自由鬥士安德雷斯‧霍費爾 ⓮，以及德意志帝國的第一位帝國總理俾斯麥。

　　第三年的學習內容則是第三帝國的起源，例如，李奧‧史拉格特（Leo Schlageter）的生平事蹟。此人早在 1922 年就加入國社黨，當法國與比利時軍隊因為德國延誤支付一次大戰賠款而占領魯爾區時，他更策劃了陰謀破壞活動，遂遭處死。自此，他便成為納粹國家社會主義運動中，為政治奮鬥而犧牲的烈士。

　　青少年第四年的必修課程是有關納粹運動的大人物：阿道夫‧希特勒及其戰友。重要的是，所有的主題都脫離不了「特定的世界觀走向」、「為帝國而奮鬥」、「全民族與其血統繼承」、「全民族與其生存空間」等觀念，這些就是必須學習的單元，而且幾乎是在不知不覺的情況下，藉著社團晚會就對戰爭做了情緒上的準備。

　　種族理論亦是另一項重要的思想學習，誰屬於同一種族，誰又不是。在這些課程之後，安娜朵麗重新評量她班上的男女同

⓬西元 9 年，日耳曼各部落在契魯斯克（Cherusker）部落首領赫爾曼（Hermann）的領導下，聯合對抗羅馬人，在托依托堡森林（Teutoburger Wald）大獲全勝。羅馬人遭到毀滅性打擊，3 個軍團、幾個輔助大隊共 15000 多名官兵全被殲滅，將領瓦魯斯自殺，羅馬皇帝奧古斯都為此幾個月不理髮剃鬚。赫爾曼因此被認為是第一位德意志民族英雄。

⓭南提洛位於今義大利北部，原為奧匈帝國提洛省（Tirol）的一部分，該地居民的語言為德語。西元 1919 年，奧國戰敗後割讓給義大利，提洛省因此被一分為二。

⓮奧地利因拿破崙戰爭失敗而將提洛割讓給拿破崙，安德雷斯‧霍費爾（Andreas Hofer, 1767-1810）乃為爭取提洛獨立而奮鬥的愛國者，曾於 1809 年號召提洛人民抵抗巴伐利亞及拿破崙，翌年被拿破崙處死。

學，並按其所學，將他們分為「東方種族」與「日耳曼種族」兩類。一天，其中一位小男孩因為擁有一個相當醒目的圓頭而遭她痛斥：「如果你再生一頭黑髮的話，那你就有個真正的東方圓頭腦袋，一定是匹俄羅斯馬。」

在納粹的世界觀裡，所有的事情都有罪魁禍首。1938年11月10日早晨，亦即所謂的「帝國水晶之夜」翌日，安娜朵麗在火車站前往學校途中所見到的一切景象並不令她震驚，雖然在這個恐怖之夜裡，發生了人為刻意策劃的大規模反猶太暴動 ❶。相反地：為了看熱鬧，她和其他同學特地繞道而行，因為她們聽說「前夜裡發生了與猶太人有關的事情」。她們舉目所及，滿是被破壞的商店玻璃，和插滿了玻璃碎片的櫥窗人體模型，這些中學生竟還高興得手舞足蹈。引導孩子如何仇恨的教育，終於開花結果。

1938年11月9日

在11月9日至10日的夜間，德國各地的猶太教堂皆遭人縱火，猶太人的公寓被搗毀，數千家商店遭搶劫破壞，約有25000名猶太男性及青少年被擄走。猶太居民必須籌措一筆高達1百萬帝國馬克的「贖罪金」，並立即消彌因為「人民的憤怒」而在「帝國水晶之夜」所造成的損害。

即刻起，猶太人被禁止從事任何形式的零售業、市場與商品交易行為，以及參與任何文化活動，他們的公司行號亦被「亞利安化」。如此一來，德國的社交生活等於百分之百「淨空猶太人」。接下來的措施便是職業禁忌、限制遷徙自由及行動自由，強迫變賣猶太人私有財產——漸進式地全數剝奪他們的人權。種種措施，儼然成為驅趕猶太人至滅絕營的前置作業，幾乎任何地方都不見任何非猶太鄰居起身抗議。

❶「帝國水晶之夜」（Reichskristallnacht）一譯作「碎玻璃之夜」。1938年11月9日至10日夜間，納粹黨員與黨衛軍大規模襲擊猶太人，被認為是納粹政權對猶太人進行血腥毀滅的開端。名稱由來是因為許多猶太商店的窗戶被擊碎，破碎的玻璃在月光的照射下，有如水晶般發光。

　　實際上，少男少女們不只是在希特勒青年團的社團晚會上學習到新的世界觀，就連學校裡的教學內容亦以政治為取向，甚至是數學課。在 1935 年的「教師手冊」中便已確立教學任務，藉此讓數學為「國家政治教育」服務。「設立一個精神病療養機構就要耗費 6 百萬帝國馬克，」手冊中舉例，「如果將這些錢用來建設每個成本只需 15000 馬克的住宅區，則可建立多少個住宅區？」就這樣，當孩子們在苦思數學習題的同時，更順道被灌輸一個觀念，那些身體或精神殘障者對整個「民族軀體」造成何其大的負擔。難道他們不會對這個問題去思考一個其他的解決方式嗎？

　　此外，孩子們亦可藉由計算來習慣新的戰爭模式。「現代的夜間轟炸機可攜帶 1800 枚燃燒彈。如果轟炸機在時速 250 公里的狀態下飛行，並且每秒鐘投擲 1 枚炸彈，它能夠在多少公里長的

一名希特勒青年團的青少年在課堂上描述空襲一艘英國艦艇的情形。

路線上分別投下這些炸彈？」

　　如果孩子下課後，在午飯時間或晚餐桌上向家人提及這些算
術題目，整個話題肯定又會圍繞著政治打轉。但即使沒有這些數
學題，政治仍舊會是話題的中心，因為現在就連盤中飧也成為策
劃精密之人民運動的一部分。

週日什錦湯活動

　　在納粹國家社會主義的意識形態理論中，食物攝取占有十分
重要的地位。他們認為，只有能自給自足的民族才是強勢民族。
言下之意：一切必須符合戰時的需求──即便國家在對外貿易中
斷的情形下，後方的補給亦須維持順暢。但還有什麼方法比訂定
一個全國性假日，更能將食物補給的意義強化進入人民的意識當
中呢？納粹政權上台方不滿一年，希特勒就宣布將每年 10 月的第
一個週日定為「德國農民節」，由國家來策劃安排收成感恩節的時
代於是來臨。

　　今後，整個戲碼的安排就選在位於下薩克森邦的布克堡
（Bückeberg）。根據 1936 年地方日報報導，將會有「165 列專車，
較去年多出 30 列」，共有 85000 人由各地湧進威悉山地
（Weserbergland）。沒有親自去當地的人，可以透過報紙獲知當天
的任務──坐在收音機前傾聽實況轉播。「鑒於收成感恩節的緣
故，德國廣播電台週日的節目將從 12 點至 14 點，透過所有德語
電台轉播在布克堡所舉行的國家慶典暨領袖演說。」

　　對安娜朵麗而言，當天的晨慶儀式則是她首次以少女團成員
身分參與的收成感恩節。故鄉的週六報紙上刊登了一則消息：
「一如往年，收成感恩節將由全體希特勒青年團擔綱，於市府廣場
揭開晨慶儀式的序幕。青少年們將以謙遜的態度向農民表達崇高
的敬意：『土地便是我們的生命』，同時在黨員的參與下，將旗幟

升起。」

　　安娜朵麗的母親可能會在這個週日熬煮一鍋什錦湯，因爲全國從 1933 年的 10 月起，什錦湯便成爲每年冬季每月第一個週日的餐桌固定菜餚。這鍋湯只要花費 50 芬尼，相較於其他餐點，這一餐所節省下來的金錢應捐獻給冬令救濟組織。在某些地區，信念堅定的黨同志還會監督左鄰右舍，是否確實貫徹冬季的週日什錦湯政策 ❶。有時在公開的什錦湯活動中，大家亦會共聚一堂一齊享用。就這樣，國家法令的支配權竟然深入到民眾家中的爐灶與菜單上。

　　只要領袖演講，傾聽便是每個國民的責任。「今晚 8 點，領袖將在德國館 ❷爲 1936 年至 1937 年的冬令救濟集會活動揭開序幕。」收成感恩節後數日，安娜朵麗的故鄉報紙上這樣寫著。即使是安娜朵麗的父母，也會在這類日子的晚間安分坐在收音機前，雖然她的爸爸經常由於過度激動與內心的反感而流鼻血，有一回甚至嚴重到安娜朵麗必須立刻奪門而出，延請急診醫師。但父母親仍不敢違反當局的規定，否則將招致危險，況且他們的親生女兒總是興奮地聆聽「領袖」喋喋不休的狂吠與吼叫。

一切都是爲了祖國

　　冬令救濟對安娜朵麗而言是一件大事。納粹在 1933 年 9 月發起了這個急難救助活動，以便將捐獻所得集中應用在社會最貧窮的人身上，例如失業者及退休老人。然而，這項社會福利活動最主要的目的也是要教育那些救濟義工。兒童及青少年可以從中學習如何爲黨與人民服務，並要求其他同胞服從追隨。這些年輕的

---

❶ 週日什錦湯政策實施期間爲每年 10 月至次年 3 月，每月的第一個週日。

❷ 德國館建於 1935 年，是爲 1936 年柏林奧運會而建。該館僅費時 9 個月便完工，整棟建築爲鋼架結構，長 117 公尺，寬 83 公尺，可容納 1 萬名觀眾，乃世界上同等規模體育館中最早的一個。該館當時的首要功能爲納粹黨舉行大型集會的場所。

「永續生存的必要人種繁衍」

　　隨著時代需要，民眾捐獻給「冬令救濟組織」的錢亦逐漸應用在希特勒青年團及「生命之源計畫」❶。「生命之源計畫」乃 1935 年所成立的黨衛軍協會，在黨衛軍內推動「孩子即是財富」的計畫。1943 年 1 月，地方黨部主委保羅・基斯勒（Paul Giesler）在慕尼黑大學的校慶典禮上演講，公開呼籲所有的女大學生獻給領袖更多的孩子。為了迎接「最後勝利」的來到，希特勒甚至鼓勵人民婚姻三人行，提高「永續生存的必要人種」生育率。

援助義工也經常以糾纏不休的方式向鄰近居民募捐，向同胞販賣冬令救濟組織的徽章。那些木製或銅鐵製的胸針上，刻滿了「防空設施是必要的」、「領袖由衷感謝您」、「每個孩子一張床」、「保障戰勝飢寒的成果」、「運用自身力量往上爬」這些字句。

　　安娜朵麗滿腔熱情地帶著大約 100 枚胸針、徽章及募捐箱動身，一路上不斷向人敦促著搖晃箱子。她絕不錯過任何一個過往行人，不例外地上前打招呼。而大多數的人也不令她失望，都會向她購買商品。有些人是衝著行善的目的，有些人則稱許她的兜售天賦，也有些人是因為害怕如不購買徽章，就會被人視為對納粹政治事務不感興趣。

　　因為一項競賽而激起了這些募捐女孩的好勝心。最後，安娜朵麗交出最好的販賣成績，還因此獲得一趟在她家鄉城市環繞飛

❶ 從 1935 年開始，希姆萊即鼓勵那些所謂的黨衛軍菁英與金髮碧眼女性發生性關係，為領袖創造優秀人種。因為德國不久即將擁有更遼闊的疆土，需要更多人口去占領這些地方，而這些人必須是符合亞利安人種的條件。符合條件的女性可在生命之源（Lebensborn）協會得到最優質的生產照顧，必要時還可提供經濟資助，或安排收養。

行的旅遊做為獎賞，而且只有她和駕駛兩人坐在這架單引擎飛機上。在一個飛機旅行還不稀鬆平常的年代裡，這堪稱是一次真正的冒險。安娜朵麗因而相當引以為傲──即使在飛行途中，她難受得直想嘔吐，以致於飛機著陸後，只能直挺挺地躺在滑行跑道邊的草地上。不過在眾人眼裡，她的勤奮與投入有了回報，這才是最重要的。

瑪麗安妮和她姊姊也替冬令救濟組織募捐，但非金錢，而是每週一會在學校裡進行分類、過磅，然後一一登錄表格的回收紙。而家中的廚餘可以製成「東方前線士兵所需的肥皂」，這是學生們習得的知識。因此，每當學生們從家中帶來剩餘的菜飯時，教室裡總是瀰漫著一股煮熟大骨高湯的味道。青少年們交出自己的滑雪板，貢獻他們的玩具，收集廢棄金屬──一切都是為了他們的祖國。他們還收集野芝麻、款冬、問荊草、蒲公英、洋甘菊、木賊、毛地黃、雛菊、花楸果等和樺樹葉、月桂葉、接骨木葉、懸鉤子葉與草莓葉等藥草，有時交給販售商，有時交給納粹婦女會（NS-Frauenschaft），然後曬乾製成所謂的「德國茶」。全國人民無不在攫取、節儉和收集──畢竟戰爭需要大量的原物料。

資源收集亦成為孩童的工作，因為整個國家正逐漸自我掏

獻給領袖的豬隻

一個住在哈廷根（Hattingen）的女孩，收到地方小組組長以下的書面證明信函：「謹此向收件人表示感激，向令尊令堂傳達敬意，向國家民族證明，我們證實以下事項：蘿絲瑪麗於1936年至1937年間冬季，在其所分配到之區域內收集可製成豬飼料的廚餘。因其行為使公眾得以獲增92隻飼養肥美的豬隻。唯有父母深切體認到資源收集的重要性，能不顧自我的身分與地位而竭盡心力，確實成為一個社會主義者，方可獲得如此豐碩的成果。」

空。父親、兄弟、兒子和男友們全都消失了——1939 年 8 月底，全國共有 450 萬名男性被徵召入伍。9 月 1 日德國突襲波蘭——學校的班級被迫合併，因爲有愈來愈多的老師被拉上戰場。從現在起，只有在前線的男人偶爾獲得休假時，一家人才得以團聚，前線官兵和留在「祖國陣線」❶家人之間的聯繫，也僅止於包裹與家書。爲了這些人的消失，納粹早在數年前就讓孩子們做好心理準備，一切都是爲祖國挺身而出。據估計，二次大戰期間，有 30 萬的信件往返於士兵與其家人之間，正如 10 歲的歌蒂露在 1941 年 9 月給父親的信上寫著：

　　我親愛的爸爸！望你一切安好。這場戰爭逐漸向前挺進，我們在學校裡持續關注德國士兵的腳步抵達何處。學校在 8 月 28 日已經開學……。只剩下 3 位男老師和 2 位女老師上課。我們的班級人滿爲患，共有 58 個孩子。我會努力用功，好讓明年再度升級。在……可以看見許多軍人及軍車。你大概不久便可以休假了吧。……已經有許多士兵爲國捐軀。我們老師說，在俄國已經有 27 人犧牲性命。這兒的天氣已經轉冷許多，幸虧學校的暖氣設備改善，冬天就不必再受凍。……我們倒不至於挨餓。英國人的飛機有時會隆隆作響，越過我們的屋子上空，但他們並沒有扔炸彈。在下伯爵領地囚禁了不少俄國犯人，聽說他們看起來笨頭笨腦地。其中 1 人不久前還越獄，在囚營附近殺害了 1 名婦女。但人們已逮到他了，一定也早將他槍斃了。明天我們要去布萊梅。你的小蒂露獻上由衷的問候。

　　不多時，即便不在前線，人人也都開始感受到戰爭之苦。從

---

❶祖國陣線（Heimatfront）有別於戰爭前線（Kriegsfront），是爲了凝聚前線士兵與後方人民力量所想出的宣傳用語。隨著戰事漸擴大，祖國陣線遂成爲後方人民支援前線工作的代名詞，工作內容主要是從事軍備物品的生產。——編注

「國防軍之日」。

1939 年 8 月 27 日起,納粹當局便開始實施各項生活必需品的限量配給政策。

肉類、麵包和油脂類只能經由食物配給卡才能取得,隨著戰

生活必需品配給卡
　　攻擊波蘭前 4 天，納粹當局宣布，紡織品、菸草以及特定的食品必須受到「德國民生必需品暫時性保障」的管制。但許多地方直到戰爭即將結束時，才由於來自占領區的補給中斷，又無法透過黑市交易達到供需平衡，而出現必需品匱乏的情形。因此，那些強迫勞役工人、戰犯與集中營囚犯簡直就是「被逐漸餓死」，尤其波蘭和俄國強迫勞役工的食物配給量，更因為所謂的工作成效「太差」而遭縮減。

爭的持續進行，獲准購買的食物量也日益緊縮。 1939 年 9 月底，一個普通消費者每星期還能購買 2400 公克的麵包；到了 1945 年 3 月中旬，僅剩下 1778 克。肉類的配給量從原先的 500 克降至 222 克。油脂的份量亦然，由原來的 270 公克縮減為 109 克。因此自 1939 年起，卡爾、瑪麗安妮和安娜朵麗的媽媽們上街購物時，不再只是需要帶錢。她們的荷包裡還得裝著食物配給卡，憑藉這些配給卡，她們才有購買 1 塊肉或 1 個麵包的權利。所以，家裡也只能臨時湊合著做出一些膳食，比如聖誕節時，媽媽和祖母們利用燕麥片做出應景的榛果三角蛋糕；或把蘋果煮軟，代替果醬，當成麵包配料，使得喉嚨奇癢無比。這也是戰爭期間，留在祖國陣線的後方人們所能享有的聖誕饗宴了。

維繫前後方的流行歌曲：《莉莉瑪蓮》

　　學校裡，孩子們將一些迷你國旗插在歐洲地圖上，希望至少能在精神上與德國官兵共同分享勝利長征的喜悅。他們還製作戰爭日記，將報紙上關於德國國防軍的捷報剪貼其中。例如， 1941 年 3 月 2 日的報上刊登著「空軍擊中 11 艘貿易商船」的報導；或者，當德軍在 1941 年 6 月進駐蘇聯國土後不久，瑪麗安妮 7 歲的

> **對全國家庭主婦的呼籲**
>
> 「可想而知，如果想要擁有更多，就必須先忍受一些限制與不便。因此，本人在此呼籲德國的家庭主婦，一項重大的責任正扛在她們肩頭。首先，她們必須得按季節的限制，選擇現有的食物來安排每日的菜單。……如果我們硬要購買和擁有當下大自然所無法生產出來的東西，那就是一種罪過。」
>
> ——戈林於 1936 年 10 月 28 日的談話

妹妹麗莎就在她的日記中以大寫的印刷體，用了兩頁以上的篇幅來紀錄「東方戰事的重大行動斬獲」。在這些收集來的報紙消息背面，還可看見西洋棋單元、漫畫，以及地方足球比賽的結果，好似這是個一如往常的 6 月；只有那則從晚間 9 點半到清晨 5 點 24 分的預防性燈火管制警告，才會讓人產生不祥的聯想。

孩子們和母親一同收聽廣播裡的「國防軍點播音樂會」，自從德國突襲波蘭後，這個節目就成為家鄉與前線之間真正的聯繫。「國防軍的弟兄們！注意聽了！」1939 年起，戈培爾宣傳部內的廣播負責人開始以部隊官兵為目標：「在過去數星期中，我們……收到許多你們從戰場上的來信，從這些信件當中，我們發現一個共同點：那就是你們的對音樂的渴望。你們中間有多人請求我們播放你們最愛的樂曲，我們非常樂意竭盡所能來達成你們的願望。因此，泛德意志廣播電台將在 1939 年 10 月 1 日星期日下午 4 點至晚間 8 點，播出第一個專為國防軍所製作的大型點播音樂會。我們將共度 4 小時的時光，透過我們的點播音樂會，將後方家鄉與前線的心連結得更為緊密。」

光是針對第一次的節目播出，就如雪片般湧入了 23117 封的戰地郵件，向音樂會登記點播歌曲。許多當時著名的演員亦對這個點播音樂會貢獻良多，包括那位特別受歡迎、戈林也十分推崇的演員古斯塔夫・格林根斯（Gustaf Gründgens, 1899-1963）。所有

與當權者結盟

　　由於工作機會不再，或擔憂生命安危的緣故，他的許多猶太同仁紛紛離開德國。古斯塔夫・格林根斯留了下來，且因受到戈林的提拔，而登上他的演藝事業高峰。他雖非國社黨員，卻以劇院總監與演員的雙重身分替納粹政權增添了藝術領域的光輝。他的前內弟克勞斯・曼 [20] 為逃離納粹魔掌而走避國外，並於 1936 年在流亡地阿姆斯特丹發表著名小說《梅菲斯特》（*Mephisto*），其內容顯然是以格林根斯與當權者之間的結盟為基調所寫成。戰後，格林根斯在其「去納粹化」[21] 的過程中，由於諸多藝術家為其說情而得以減輕刑責，並於 1946 年從俄國的拘留營中獲得釋放。

前線的官兵均可聽見熟悉的《故鄉之音》（*Stimme der Heimat*）：

　　故鄉的國界已擴展至此，／士兵們，有你們在捍衛祖國。／宛若活生生的銅牆鐵壁般高高挺立，如同用你們的心和鋼鐵砌成的一道雙層防護之牆——一條休戚與共之帶將你們全部圍繞。故鄉，你們為它挺身而出，為它守護／故鄉日夜與你們同在／……倘若這個聲音喚你們一聲兄弟／你們就會明白，這個聲音究竟是誰：這是來自故鄉的問候之聲／任何一個孩子都不會遺忘的故鄉。如果這個聲音觸動了你們的心弦，挑起你們的返鄉思緒／無論何處，當寂寞湧上心頭，你們在穿越時空的剎那間／可以感受到故鄉的執著與關愛。

---

[20] 克勞斯・曼（Klaus Mann, 1906-1949）乃德國大文豪暨諾貝爾文學獎得主湯瑪斯・曼（Thomas Mann, 1875-1955）之子，其胞姊艾莉卡・曼（Erika Mann, 1905-1969）為格林根斯之前妻。

[21] 「去納粹化」指二次大戰後，盟軍對納粹德國所進行的大規模「清洗」行動，除納粹一級戰犯必須在紐倫堡接受審判外，德國四分之一的人口都經歷了去納粹化的思想改造處理。其政策的主要目的是在公共生活裡，尤其在政治、法律制度上，徹底消除納粹對戰後德國的不良影響。

此後，每週三和週日 17 點至 20 點，便成為繼續滿足官兵點
播音樂的時段；持續一段時日後，僅存週日的時段。該節目當中
的「出生登記」單元也相當受歡迎，透過這個單元，在前線的官
兵可以比信件更快速地得知自己已為人父的消息。這個節目到
1941 年 5 月便被停播，取而代之的節目名為「人民音樂會」。但從
未有任何一首二次世界大戰期間最受歡迎的流行歌曲曾在這兩個
節目當中播出。唯獨貝爾格勒軍中廣播電台曾於 1941 年 8 月，持
續一星期在節目尾聲播放一首當時還不甚風靡、由女歌手拉蕾·
安德森（Lale Andersen）所主唱的流行歌：《莉莉瑪蓮》（*Lili
Marleen*）──直到戈培爾認為這首歌「毫無英勇氣概」而被禁播
為止。因為歌詞中提到，一個堂堂男子漢險些為了對莉莉瑪蓮的
愛而棄祖國於不顧，這完全不符合納粹份子的世界觀。

不料他們仍舊打錯如意算盤，因為從希臘、克羅埃西亞、克
里特島及北非不斷傳來德國士兵的抗議聲浪，並要求恢復播放該
曲。納粹當局十分清楚，何時必須讓步。《莉莉瑪蓮》也就從此
刻起，固定在晚間 9 點 55 分節目的尾聲中播出，並傳遍各個戰
場。這首歌曲述說了人們心中對再次相聚的渴慕與希望，但對大
多數士兵而言，卻仍然遙遙無期，其中許多人更是再也等不及那
一刻的來臨。

祖國之名的夢碎

卡爾後來也從軍了，安娜朵麗最愛的大姊夫亦然，瑪麗安妮
的哥哥和姊夫也同樣被徵召入伍。就連當初那些滿懷信心者，亦
慢慢惶恐不安起來，因為她們一個個逐漸得不到丈夫、兄弟和姊
夫們的來信。相反地，收到的卻是一紙官方發給父母的公文，告
知兒子已經為國捐軀的噩耗。「在此轉達您一個明確的不幸消
息，弗利茲已經在邁向泛德意志的路上，將他年輕活躍的生命獻

給祖國與領袖,這是在您所遭遇的嚴重打擊中,唯一的小小安慰。」此乃一位連隊司務長在 1942 年 3 月所發的公函。弗利茲才只有 20 歲,兩年前剛通過高中畢業會考。

這個國家的人口逐漸在消失當中,當局開始擔憂勞動力的銳減,因為缺乏男性勞動人口。故早在 1938 年 2 月,納粹即開始對 25 歲以下的未婚女性實施 1 年的義務農業或家務勞動政策。參加勞動與否,便被視為日後個人進入職場的前提條件。不僅對於瑪麗安妮,更包括其他女孩,這表示她們必須離開熟悉的居住環境,被迫去一個陌生、且大多是孩子數目眾多的家庭中幫忙——同時也證明她們不會為鄉愁所苦。自己肩上的重擔乃是要向人顯示,他們早在少女時代就已經學會如何吃苦。

就這樣,瑪麗安妮在 1941 年來到萊比錫一個因為擁有 6 個孩子而無力雇用女傭的大家庭中,負責為時好幾個月的義務勞動。瑪麗安妮的工作便是代替女傭的角色,這對她來說倍感艱辛。每日天尚未破曉,這個 15 歲的女孩就必須起身,收拾自己的房間,接著為這 8 口人的家庭準備早餐。然後幫孩子們洗澡、穿衣,購物、打掃,一星期 6 天,只為換得每月的 10 帝國馬克。瑪麗安妮強烈思念自己溫暖的家。

安娜朵麗則與她的朋友們在一個遭受盟軍轟炸而摧毀的大城市中清除瓦礫廢墟。對於觸目所及的死難者與破壞,她們隻字不提。假期時,安娜朵麗進入一家彈藥生產工廠幫忙,她必須在那裡替手榴彈頭絞線圈,在金屬上面銑上榫槽。在被安排去從事戰爭服務的工作之前,有人已事先告誡過她,無論在任何情形下,絕不可與同在廠內工作的俄國外勞交談——安娜朵麗認為這個勸導是多餘的,因為對她而言,他們是敵人。她在那裡從事武器製造,為的就是能消滅這些敵人,畢竟她不願意淪落到「在世界最大的奴隸農場工作」,這是戈培爾對民眾一再描繪的黯淡前景,萬一德國戰敗的後果。

在戰爭生產線的行列中，婦女與少女們亦從 1943 年 1 月開始大舉投入軍備武器的生產製造。

　　在安娜朵麗看來，眼前的機器就是她的戰爭武器，她完全不理會那些被俘的俄國人。直到有一天，她出了差錯。她的銑刀心軸從托座上掉了下來，安娜朵麗出於本能地往機器裡抓——剎那間，她的血立刻和滿是油漬的潤滑液混合在一起。她的手指已被機器撕裂，但她又不能將手指抽回，整個人處於驚嚇狀態，完全無法動

由於與「外勞」之間有一段不被允許的愛情而遭公開譴責。（圖中的德國女孩被掛上寫有「波蘭小情人」字樣的示眾牌。）

彈。此時，在她身旁工作的俄國人立即反應到是怎麼回事，他跳到安娜朵麗面前，壓下主操縱桿，讓這台絞肉機停了下來。

　　當機器停止運轉時，他整個臉上洋溢著喜悅之光。就在此時，安娜朵麗才頭一回意識到，原來這個被俘虜的「劣等人」──納粹對俄國人的侮辱之稱──也是和她一樣的人。他以一口不靈光的德語笑著安慰她說：「真是不幸中的大幸。」從那天以後，她每天都會帶一個蘋果給這個俄國年輕人，當然是違反規定，偷偷地。

　　經歷了這次事件，安娜朵麗的世界觀出現了第一道裂縫。就在不久前，她還為了看熱鬧，特地與少女團的朋友們來到縣城，一個年輕女孩因為據說和一個波蘭人曾有愛戀關係而遭到公開羞辱。安娜朵麗與那些都是14歲的死黨們站在街旁觀看，人們如何

剪掉那女孩的頭髮，並在她身上掛一個告示牌：「我褻瀆了德國血統。」旁觀的女孩和其餘路人一同發出震天巨響的怒罵聲，驅趕著這個女孩四處遊街示眾。正當男人們為了保衛祖國而在前線奮戰時，他們也要確定後方故鄉一切安然無恙才行。倘若強迫勞役工及戰犯被懷疑與德國女性有曖昧關係時，一律會被處死，而參與其中的女性甚至經常被處以集中營監禁。

　　對這個女孩，安娜朵麗當時絲毫沒有同情之心。然而，卻由於他人的友善之情，促使她開始懷疑多年來的信仰──這機會並非人人皆有之，安娜朵麗抓住了這個機會。而瑪麗安妮原本就在不情願的情形下順從這個體制，當 1945 年 5 月，法軍解放她所居住的小城市時，她才鬆了一口氣。地方小組組長終於無法再威脅她那個不斷反對納粹當局的爸爸，要將他「吊死在家門前的梨樹上」。還有那個變成軍人、遭敵軍射中頭部卻大難不死的卡爾，被囚禁在美軍戰俘營中數星期。當他在返鄉路上，穿越滿是斷垣殘壁的土地時，方才恍然大悟，這些他從少年時代便唱慣的、以祖國之名所發生的一切，結果竟是在他小時候的滿腔熱情下所不敢想像到的。

希爾可・羅倫斯

第三章

天堂與地獄

從德國萊比錫到捷克特瑞辛市

　　那年她剛滿 14 歲，卻已和將近 70 個青少年在阿倫斯村 ❶ 的猶太人海外移民訓練營 ❷ 裡共同生活了 3 個星期，這是一個猶太復國主義青少年組織所策劃的活動，目的是要藉著農業的學習訓練，為移民巴勒斯坦做準備。漢娜蘿蕾被分配到一個十分龐大的少女團隊中，這些女孩分別來自萊比錫、德勒斯登、馬格德堡、哈勒以及其他城市。

　　所有人中就屬她的年紀與個頭最小，身材也最瘦弱，起初甚至無人相信她已經 14 歲了。其他人總戲稱她為「我們的小娃娃」，相較於「漢娜」，她倒覺得這個小名相當親切，雖然人們告訴她，擁有一個猶太名字是多麼重要的事，但她自始便對「漢娜」這個名字頗為反感，因此也較能接受「小娃娃」這個暱稱。另一方面，她的小雛鳥角色也為她製造不少優勢：領餐時，往往能比旁人多得一份食物；或者當別人認為這工作「對孩子來說太過粗重」時，也會自動免除她的負擔。

忘記與母親說再見

　　一個酷熱天裡，當他們正忙著採收蘿蔔時，少年隊隊長薩米來到田裡，「大家注意，」隊長高聲喊了 8 個人的名字，包括漢娜蘿蕾在內，「你們必須在今天之內立刻返家，」他告知，「我們另外在丹麥幫你們安排了位置。回去準備妥當，等候通知啟程。」

　　「但為何要去丹麥？」薩米的胞妹米拉抗議。「我們要去巴勒斯坦。」

───────

❶ 阿倫斯村（Ahrensdorf）位於德國柏林西南方近郊。

❷ 希伯來文「Hachschara」，乃一猶太人移民巴勒斯坦的訓練營。有意移民巴勒斯坦的年輕人必須學習一技之長，他們通常要具備手工業、農業或園藝方面的知識與技能。但納粹當局自 1934 年起，便禁止猶太青少年從事農耕方面的學徒訓練，於是這類專門提供猶太人學習訓練的農業工場便應運而生。

　　薩米滿臉不悅地瞪著她，「你們非去丹麥不可，別再多說！」他稍有猶豫，然後補了一句：「能脫離這個該死的國家，應該感到高興才對。你們是被千挑萬選出來的幸運兒，可別人在福中不知福！」

　　「可是我就想去巴勒斯坦！」米拉憤怒地說，幾個其他女孩也挺直了肩膀，握緊拳頭，點頭附和。

　　「妳只能乖乖聽命，」薩米大聲斥責他的妹妹，「即使我要親自把妳痛揍送到火車站，妳還是得去。」米拉緊閉雙唇，不發一語。雖然漢娜蘿蕾也同樣不曾幻想過丹麥，但她選擇保持沉默。

　　他們在晚間便抵達萊比錫，17 歲的米拉和拉荷兒還護送這個「小娃娃」回家，總不能讓她獨自一人在漆黑的夜裡四處遊走。

　　當母親見到女兒歸來的那一刻，不禁啜泣起來。「我已經知

> ## 猶太復國主義
>
> 　　「猶太民族沒有祖國，沒有自己的政府，更沒有象徵他們的代表。他們四海為生，卻無以為家。」這是一位年輕的俄羅斯醫師里昂・平斯克（Leon Pinsker）在 1882 年所寫下的觀感。對於猶太人而言，只有在「屬於自己的土地」上，才能獲得自由與安全的保障。
>
> 　　然而，直到在一位維也納報社《新自由雜誌》（*Neue Freie Presse*）的通訊記者提奧多・賀爾澤 ❸ 的努力奔走之下，才成功將此一問題推為國際性的政治運動，其目標是盡一切力量在巴勒斯坦建立一個屬於「猶太人自己的國家」。
>
> 　　1897 年，第一次的「猶太復國主義者」會議在瑞士巴塞爾舉行了。錫安──耶路撒冷──應該成為未來的家鄉所在地。「我在巴塞爾，」賀爾澤在其日記中寫到，「建立了猶太人之國。倘若我今日如此宣告眾人，必會引來全天下的恥笑。但也許 5 年後，或者肯定在 50 年後，人人都會理解我所說的。」

❸提奧多・賀爾澤（Theoder Herzl, 1860-1904）出生於匈牙利猶太富商家庭，為維也納名作家與記者，乃第一個提出猶太復國主義的猶太知識份子，並成立世界性的猶太復國運動組織，故又被尊為「猶太復國之父」。

道了，」她說：「組織裡的人有告訴我這個消息。」稍後，當母女兩人並躺在大床上時，她對著黑暗說：「我實在不該讓妳和荷蓮娜去參與這個社團活動。現在，這些猶太復國主義者還要帶走我的第二個女兒。」

「妳要我留下來嗎？」漢娜蘿蕾問道。「他們無法強迫我去，妳要我留在妳身邊嗎？」

「不，」母親回答，「妳還是去吧，荷蓮娜捎信來說，我應該設法讓妳逃離德國。如果妳爸爸現在仍在人世，他同樣會這麼做。現在睡吧，晚安。」母親翻過身去背對著她，不再說話。不過，漢娜蘿蕾聽見媽媽不規律又受到壓抑的呼吸聲，顯然她正努力克制哭泣的聲音。

幾天後，漢娜蘿蕾背著背包站在火車站內，面前這班車將要帶她前往漢堡。拉荷兒的神情興奮無比，滿心期待這趟旅程。米拉的面色比往常更蒼白，臉上特有的叛逆氣質完全消失殆盡。

「拜託妳，米拉，請幫忙照顧我的小寶貝。」漢娜蘿蕾的媽媽說著便開始哭泣。米拉點點頭，手臂摟著漢娜蘿蕾的肩膀，將她推進三等車廂內，拉荷兒已經坐在一張長木椅上等著她們。米拉的一個手勢讓拉荷兒靠邊挪了過去，空出靠窗的位置。米拉幫漢娜蘿蕾把背包放在上方的行李架上，然後把她推往窗邊的座位。漢娜蘿蕾看著窗外的月台，人群中，母親的身影顯得比平時更加矮小蒼白，充滿孤獨與失落。

當火車開始滑動後，漢娜蘿蕾舉起手向媽媽揮別，媽媽也同時舉起手。看著母親愈來愈渺小的身影，直到她再也認不出母親的那一剎那，漢娜蘿蕾才恍然大悟：我根本沒和她說再見；一切都快得令她來不及反應，沒機會好好向母親道別。她蹲坐在角落裡，好像準備睡覺似的，將整個臉龐埋進手臂當中，讓自己沉浸在憂傷的情緒裡。

「為何偏偏是我們呢？」她聽見拉荷兒這麼問，輕聲細語地，

波蘭行動

大約有 17000 名波蘭籍的猶太人在 1938 年 10 月遭納粹秘密警察逮捕，並遭送出境。當他們抵達德國波蘭邊境時，許多人被迫棲身在環境極其不堪的馬廄或廢棄的軍用木造營房內，其中亦包括來自漢諾威的格林史潘（Grünspan）一家人。他們 17 歲的兒子黑爾舍後來在巴黎暗殺德國大使館秘書恩斯特‧馮‧拉特❹。當時，納粹正在策劃一項猶太居民集體迫害行動，而苦於無適當藉口，該事件簡直就是得來全不費工夫的最佳理由。果然，隨即在 1938 年 11 月 9 日，德國各地的猶太教堂便陷入一片火海當中。

以免打擾到其他乘客。而米拉同樣小聲地回答：「我們 8 個人都沒有國籍，既沒有德國護照，也沒有波蘭護照。」

「感謝上帝，」拉荷兒說：「否則我們就會和其他人一齊被送回波蘭去了！」

說完便默不作聲，漢娜蘿蕾知道，她此刻正想著那些幾個月前就被驅逐出德國的好姊妹們，所有波蘭籍的猶太人。漢娜蘿蕾班上的許多同學也在短短數天內消聲匿跡。

在哈勒和馬格德堡又上來另外 3 個移民訓練營的女孩，現在獨缺羅莎和貝菈。幾小時後到達漢堡，米拉帶著她們上了另一班火車，繼續前往基爾，再搭乘渡輪到丹麥。頓時間，米拉顯得成熟許多，她的角色就如同女孩們的哥哥一般。

她們終於在渡輪上與羅莎、貝菈，還有組織中的其他人員會合，一共是 25 位青少年，大都比漢娜蘿蕾年長。有些看起來幾近

---

❹1938 年 11 月 7 日，黑爾舍‧格林史潘（Herschel Grünspan）為抗議自己的父母及其他逾 15000 名猶太人被強迫驅離德國，因而採取報復暗殺行動。恩斯特‧馮‧拉特（Ernst von Rath）遭槍擊，11 月 9 日傷重不治。

成年，但米拉說：「他們都還不滿 18 歲。」此外，同行人中還有
一位年輕男子與一位年輕女子，這兩位小隊長對漢娜蘿蕾以及其
他人說明必要事項，漢娜蘿蕾只有默默接受一切。之後，這趟旅
程在她腦海中的記憶只剩下大海，原來海洋是這麼浩瀚，如此一
望無際，而且並非如她所想像的湛藍，而是灰濛濛的。

漢娜才是妳的名字

　　當渡輪在丹麥靠岸時，夜幕已漸低垂。幾個女孩開始唱起歌
來，但那位人高馬大、面容嚴厲且有著難受高分貝音調的女隊長
碩曦卻命令他們保持肅靜。「我們不一定非得引人注意不可。」
她說。碩曦來自荷蘭，她和家人在奧地利與德國合併後才逃往該
地，因此滿口奧地利腔的德語，聽在漢娜蘿蕾的耳裡格外彆扭。
　　一輛巴士將他們帶到一個滿是孩子的露營區，最小的也許 10

不受歡迎的猶太移民

　　歐洲猶太人逃離納粹恐怖統治之路，又因為不受大多數國
家的歡迎而更加充滿荊棘。同時，由於移民潮的壓力日益沉
重，即使是那些少數同意接納猶太人的國家，亦紛紛訂定更嚴
格的接納標準——尤其是財務方面的條件。連移民巴勒斯坦亦
然，當地的託管政府大英帝國自 1937 年起，將移民數目限制
在每年 1 萬人以內。因此，1933 至 1941 年間，一共只有大約
55000 名的猶太難民經由移民巴勒斯坦而獲救。

　　當 1941 年納粹宣布禁止出境時，大約尚有 17 萬名猶太人
留在德國境內，其中絕大多數都生活在柏林，約有 73000 人。
直至 1941 年，有 15000 名左右的難民在遠東的中國尋獲庇護處
所：上海的租界區儼然成為最重要的避難地。他們經由海路或
西伯利亞鐵路抵達，而必要的旅行證件，只需旅行護照以及有
效的過境簽證。

1933 年 4 月。猶太裔的醫生遭到納粹抵制。

歲或 12 歲，年紀最大的有 18 歲。漢娜蘿蕾就像一隻小雞般緊跟
在米拉身後，唯恐跟丟了人。而當她被分配到米拉旁邊的睡鋪
時，心中的焦慮與不安才暫時放了下來。

　　幾個星期過去了，那兒的生活和在移民訓練營裡沒兩樣。她
們必須幫忙打掃、做飯，漢娜蘿蕾最厭惡的工作便是削馬鈴薯
皮。不過，她們有時也玩遊戲，天晴時她們會在晚間點燃營火，
載歌載舞。如果碰上雨天，則待在營帳內上課，學習猶太復國主
義史和希伯來文。

　　漢娜蘿蕾雖然積極參與所有的活動與課程，但她整個人似乎
只有部分在此，似乎只有部分的她在歡笑歌唱，而另一部分還留
在萊比錫，留在那個狹窄又有些陰暗的兩房公寓裡。她經常偷偷
從背包裡拿出母親給她的信，凝視著照片。特別是晚上，在她的
穀草堆上，總會想起她那個老是鬱鬱寡歡又病奄奄的媽媽，如今
她再也無法實現答應荷蓮娜好好照顧媽媽的承諾。大姊荷蓮娜在
3 年前便移居巴勒斯坦，住在一個距離海法不遠的移民區的集體

107

農莊裡。

偶爾她也會捎信回家，簽上她的新希伯來名字蕾亞，雖然這個名字和漢娜一樣令她難以適應。她時常幻想，如果荷蓮娜沒有離家的話；然而卻從未想過，如果蕾亞沒有離開的話……

所有丹麥的孩子都已經離開夏令營，週遭頓時安靜許多。9月1日，德國偷襲波蘭，英、法兩國隨即在9月3日對德國宣戰。不僅女孩子們反應沮喪，男孩們也變得沉默，彼此間無言以對。漢娜蘿蕾明白，所有人都在掛念著故鄉的家人，現在他們可能久久無法再見到家人了。晚間他們早早便上床，也不再唱歌了。

「你們別老是愁眉苦臉的，」碩曦說：「你們能夠及時逃出來，應該感到高興才對。希特勒會開啟戰端，早是預料中事。」米拉惡狠狠地訓斥她：「說得倒輕鬆，妳的父母和兄弟姊妹也不在德國。」

白晝漸短，夜晚也開始略帶寒意，然後，大約是開戰以後兩星期的事，他們被告知必須解散營地。所有人要前往哥本哈根，在當地被分配到不同的猶太家庭中去。「我們每個人要單獨前去？」漢娜蘿蕾驚恐問道。「難道我不能和米拉在一起？」

碩曦搖搖頭說：「不行，但妳會經常見到米拉。我們也會繼續在哥本哈根舉辦社團晚會。」

哥本哈根真是大到足以讓人迷失其中，漢娜蘿蕾亦步亦趨，緊跟在碩曦背後，碩曦的速度快得令她幾乎趕不上腳步。當她們終於停下來，在一張長椅上稍事休憩之時，碩曦說：「如果被人問起妳的名字，就說漢娜，懂嗎？只有漢娜兩個字。對丹麥人來說，漢娜蘿蕾聽來太像德國名字。那麼，妳叫什麼名字？」

「漢娜‧雷姆伯格。」碩曦拍了拍她的臉頰，而漢娜本能地抽了回來。是漢娜，不是漢娜蘿蕾。

接納漢娜的家庭一定非常富有，因為這棟相當漂亮的老房子

其中整整兩層樓都歸他們居住。4口人住6個房間,爸爸、媽媽和兩個孩子,女傭及廚師則睡在閣樓上的小房間。高德太太以德語問候漢娜,她的發音聽來十分逗趣,惹得漢娜發笑,因此也立刻感到自在許多。

她和只有小她兩歲的布麗塔及7歲的丹尼同睡一個房間。由於布麗塔和丹尼兩個人都不會德語,於是漢娜不久便開始學習丹麥語,和他們兩人溝通。孩子們去學校上課的時候,高德太太有時亦會靠坐過來,為她上課。但這種機會不多,因為高德太太在一個猶太福利機構的工作忙碌異常,使得她分身乏術。

漢娜的技能大多是從廚師絲蒂妮身上學來的。絲蒂妮年老而且充滿耐心,她不僅傳授漢娜廚藝,還教她丹麥語。一切都要感謝她,漢娜才能如此迅速適應當地的生活;當然另一方面,除了每星期五晚間的社團聚會以外,她確實還能經常和米拉見面,這亦是原因之一。可惜米拉不如她那樣幸運,因為米拉必須在接待家庭辛苦工作,內心總是期盼著組織能為她找到另一個新住所。

漢娜整個冬天都待在高德家,甚至1940年的前幾個月。她參加了一個手工才藝班的課程,為她的生活帶來一些調劑,同時她的丹麥語也日益精進。如果不是因為戰爭,如果不是因為母親獨自一人坐在廚房裡凝視牆上父親照片的身影不斷浮現在她眼前的話,這裡的生活還幾乎算是讓漢娜過得十分愜意。

她一點也不像猶太人

1940年4月9日這天終究來臨了。飛機在市區上空呼嘯,高德先生和太太不准孩子踏出屋子一步。不斷有人上門來,坐在客廳和高德夫婦研商對策,或收聽廣播。

德國軍隊就這樣開進丹麥,未遇任何阻力,便占領了這個小國。數天後,直到確定不會發生戰爭行動且政府仍繼續行使職權

之後，漢娜才再度外出上課。然而，每回遇上身穿軍服的德國士兵時，她總會心生恐懼，但仍舊強自鎮定，裝作若無其事地與他們擦肩而過。同樣地，聽見德文時，她也必須強迫自己不做任何反應。

　　2、3個星期後，碩曦在一次團體晚會上通知她們必須離開哥本哈根，因為過多的德國軍隊使得情勢日漸危急。「漢娜，我們已經為妳在一處農莊尋得棲身之地。」碩曦說：「妳現在已經長大，應該能夠獨立賺取自己的生活費。在過去幾個月中，妳成長許多，也強壯不少。」

　　的確，高德太太已經必須為漢娜添購新服裝，因為她從德國帶來的衣物都已經太小也太短了。「況且，米拉就在妳附近，妳們的農莊只有3、4公里的距離。」碩曦補充說。

　　告別高德家並不令漢娜難受，雖然他們的確十分善待她，但即將來臨的農村生活對她更具吸引力，畢竟這是她長久以來所嚮往的。更何況還能待在米拉附近，米拉已經逐漸成為一個大姊的角色。漢娜有時會思索，她是否真的喜歡米拉，或者只是習慣成自然？她捫心自問，她並不喜歡年長者稱王，老是對她發號施令。但換個角度來想，她也從未問過自己，是否真心喜歡荷蓮

占領丹麥

　　丹麥甫於1939年5月和德國簽訂了一項互不侵犯條約，卻未阻止希特勒要占領這個小國的野心。丹麥政府與國王仍舊在位，但在1943年8月發生罷工行動與破壞活動之後，納粹宣布實施戰時法令，維納・貝斯特❺於是成為所謂的「德意志帝國全權代表」。1949年，他在哥本哈根被判處死刑，卻在2年後被特赦，釋放到德國。

---

❺出生於1903年的維納・貝斯特（Werner Best）擁有法學博士學位，早年即熱衷政治，曾一度活躍於德意志國家國民黨。1951年被釋放到德國後，又經歷了數次審判，但始終未獲重刑處分，1989年於魯爾區的穆爾漢（Mühlheim）逝世。

娜，姊妹之間是不該如此做的。

她搭乘渡輪前往菲英島（Fünen）的那一天，是個相當晴朗的 5 月天，如同上次，漢娜又再度背著她的背包，只是這回還多了個麻袋。她的財產增加了，為慶祝她 15 歲的生日，高德太太還在她出發前 3 天，送了一套新的運動衣、兩件睡衣和一本德語丹麥語字典。除了漢娜與米拉外，同行的還有拉荷兒、貝菈以及其他來自德國的青少年。有些人她並不認識，但有些則在上次的渡輪旅途中見過。

接待漢娜的農莊主人姓安徒生，她喜歡這個名字，因為這讓她聯想起最鍾愛的童話故事。每個家族成員都務農，男主人魁梧有力、蓄者紅色絡腮鬍，而他那個矮胖的妻子讓漢娜想起她的姑媽羅莎；兒子畢昂跟著一位叔叔在塞蘭島（Seeland）上學習農業。農莊裡還有一位女僕本特，和那個好奇打量漢娜的雇工葛藍。「她看起來完全像是一個人，」打量片刻後他終於說話了，「一點也不像猶太人。」

安徒生太太笑著問：「那麼在你想像中，猶太人應該長得什麼模樣？」

葛藍抓了抓頭，聳聳肩，嘟噥著說：「另一種樣子，和我們完全不一樣。」

漢娜該和本特共住一個房間，她聽見這話大吃一驚，因為本特是個年紀較大而粗獷的女人，嘴角老是不高興地往下拉。但漢娜不久就發現，在本特令人厭惡的外表下，其實隱藏了一顆溫暖善良的心。

比起同胞的苦，這裡是天堂

工作對漢娜來說並非頭一遭，她每到各地就必須幫忙各種任務，但她仍舊對農莊生活難以適應。每天清晨，天色幾乎還未

111

亮，她就必須起床幫忙本特升火，準備早餐，而雇工葛藍此時也
已在牛棚裡餵食並擠牛奶。早餐後，在幫忙本特料理家務或完成
菜園工作之前，漢娜要在大廚房裡照顧雞群。偶爾，她也會被派
去田裡割草或鏟土。她的背部有時疼到索性將鋤頭一扔，真想躺
在地上痛哭，但此時她又會想起那個同樣在巴勒斯坦做著農田粗
活的姊姊荷蓮娜，於是她又咬著牙再度拾起鋤頭。工作之初，每
晚睡前，本特總會幫她在手上塗一種十分刺鼻的軟膏，治療水
泡。水泡果真痊癒了，之後便不再出現。

每個星期，同一團的女孩與其他幾個人會在碩曦居住的城市
尼堡（Nyborg）聚會。一個丹麥女孩將地下室騰出來，供他們舉
辦社團晚會，她們把那裡稱作「中心」。每個人都騎著自行車來參
加晚會，漢娜必須先學會騎自行車，這是她的第一次體驗。當安
徒生太太得知漢娜還不會騎車時，不可置信地笑了，而葛藍說：
「也許猶太人不會騎自行車。」漢娜已經懂得如何不去理會葛藍的
評語。當她終於能夠不再老是跳下車來時，騎自行車已成為她的
樂趣。

偶爾她完成工作後，也在晚上騎著車出去拜訪米拉，或者米
拉來找她，只要白晝還夠長、夠亮。

她們極少談到德國，還能談些什麼？因為她們幾乎得不到任
何訊息。安徒生家的收音機放在客廳裡，而且只有晚間就寢前才
會打開，通常此時漢娜必須和本特清理廚房。當然，她在中心會
聽到希特勒前進西歐，以及令人驚訝的勝利消息，她們也討論美
國是否會參戰的問題。雖然不多，但她們也提及有關英國空軍自
5月份起空襲德國城市的情事。想當然爾，炸彈並不能區別猶太
人或納粹份子。

漢娜還是會寫信給母親，但她不知道這些信件是否真的能送
到她手裡。偶爾她也會收到明信片，上頭總是千篇一律的句子：
「我很好，要乖乖聽話，我最心愛的孩子，上帝保佑妳。」漢娜將

空襲之夜

1940 年 5 月，英軍的轟炸機開始對德國魯爾區展開空戰。攻擊行動幾乎全部在夜間進行，而且來自相當高的空中，避免遭德國戰鬥機和高射砲部隊射擊。因此，較小型的目標是無法從這個高度被擊中，故英國人將目標集中在德國城市的大面積轟炸，以動搖德國平民百姓的士氣。總計共有 60 萬公噸的炸彈落在「德意志帝國」的領土上。

這些明信片都和照片一起放在信封裡。要乖乖聽話，好像她曾經有過逾矩的行為似的。她收到明信片的次數愈來愈少，漢娜也極力避免經常回憶過去，因為這會令她憂傷。有一回她夢見媽媽並哭著醒來，本特輕撫她的頭髮，同時將她擁進懷裡安慰她，而她母親從未這麼做過。

「戰爭會過去的，」本特溫柔地說：「妳會看到這場該死的戰爭結束，然後一切又會恢復平靜。這些納粹真該讓魔鬼擄走。」而當她繼續喋喋不休地咒罵時，撫摸漢娜的手仍舊沒有停止。

隔天早晨，本特依然如往常板著臉，但那一夜卻令漢娜永生難忘。因此當幾星期後，本特染上病毒性腸胃炎時，漢娜也竭盡所能地照顧她。

那個冬天既漫長又寒冷，社團聚會也提前到星期日下午舉行，因為無人能夠禁得起酷寒在黑夜裡出門。如果不是米拉，漢娜肯定會完全感到失落。米拉不准她抱怨，每當漢娜滿腹牢騷時，她總會說：「打起精神來，振作一點。與我們同胞所遭受的痛苦相比，我們在這裡要算是天堂了。」

漢娜沉默不語，這是她每回被年長者訓斥時的一貫態度。有關家鄉的事更是談論禁忌，若是漢娜一不留神從嘴裡溜出有關萊比錫的字眼，米拉總會說：「我們現在生活在丹麥，而且我們以後就要移民巴勒斯坦，這才是最重要的，其他的都毫無意義。德國已成往事，記住這點。」

> **剝奪人權**
>
> 就在德國各地猶太教堂遭人縱火的數天後，德國猶太人隨即被禁止造訪音樂會、戲院與劇場；自 1938 年 11 月 15 日起，猶太兒童不准進入公立的「德國」學校上學；12 月 3 日起，所有猶太人必須要上繳個人的駕駛執照及汽車文件，兩個月後則是首飾、餐具與貴重金屬。他們被迫財產充公及抵押房屋貸款；1939 年 4 月，他們更喪失房屋承租人的權利保障，隨時都有被逐出居所的可能。

只有唯一的一次，米拉那牢不可破的盔甲也出現了裂痕，當她談到寄宿農莊家庭的兩個男孩，只為了芝麻大小的事便大打出手時，「不知為何，我從前總是和薩米吵個沒完，」她此時的聲調突然變得如小女孩般，「我真感到抱歉。」不過接著，她又立刻恢復平時原有的口吻：「真是愚蠢至極的多愁善感，我們今後得提防這類情形再度發生！」漢娜也心知肚明，往後絕不可再提今日之事。

漫長的冬季終於過去，隨著春天的降臨，田裡和菜園的工作再次展開，漢娜享受著戶外的日子。她並未慶祝 16 歲的生日，也壓根兒忘了這回事，直到幾天後看見報紙上的日期，她才驚覺 1941 年 4 月 29 日這天，早已和其他日子一樣過去了。

遺忘母親的面容

1941 年 6 月底，德國國防軍罔顧希特勒在 1939 年與史達林所簽訂的互不侵犯條約進占蘇聯，使得中心的社團晚會上瀰漫著一股低氣壓，所有女孩都鴉雀無聲。即使在猶太新年的前晚，這年正好是 9 月 21 日星期天，女孩們亦絲毫沒有節慶的歡娛。直到米拉將手中的葡萄酒一口氣喝光，並高喊：「妳們別再擺出這張臉

了！納粹不可能會勝利的，即使現在情勢尚未明朗，但俄國會讓納粹沉淪下去的。妳們等著瞧吧，俄國一定會讓納粹沉淪的，拿破崙不也敗在俄國人手上嗎？」所有人不禁鼓掌笑著叫好，漢娜這時真以米拉為榮。

漢娜在工作上愈發駕輕就熟，學會了擠奶，大鐮刀也運用自如，好像她自小便是從事這類工作似的。她也知道要運用多大的力道來翻草；而她在馬鈴薯收成時的優異表現，促使農場主人特地從市場上給她帶回一條新的彩色頭巾做為獎勵。當葛藍在晚秋要離開農場去幫忙生病的父親時，漢娜便接手了那個有 6 頭牛的牛棚工作。

雖然如此，她還是幾乎無法忍受那裡的冬天。她覺得那年的冬季似乎比去年還更加漫長、寒冷，也更灰暗，而戰爭卻依舊不聞尾聲。報紙上滿載著德國國防軍的捷報，無論是在法國、俄國、希臘或甚至在非洲。即使美國已在日本偷襲珍珠港之後便放棄中立的立場，戰爭還是無止境地持續著，當然，實現前往巴勒斯坦的願望也就遙遙無期。對漢娜而言，巴勒斯坦似乎已漸漸成為一個海市蜃樓。米拉說：「一切都要拜這該死的寒冬之賜，妳才會如此頹喪。」

但這個冬天也過去了。

1942 年的唯一改變是，碩曦離開了丹麥，她們也因此有了新的小隊長。艾弗萊姆還相當年輕，為人也非常親切，所有女孩都很迷戀他，漢娜亦不例外。但她不久就察覺到，米拉和他之間出現了不尋常的發展，總之，現在米拉來找她的次數少了，有時兩星期才來一次。但漢娜並不嫉妒她，畢竟自己才 17 歲，而米拉已經 20 歲了，當時許多 20 歲的女孩都已經結婚了。

夏天，她收到母親的一張卡片，說她正準備和姨媽朵拉一塊兒搬家。漢娜不知該說些什麼，朵拉姨媽是個遠親，而她突然發現，自己竟然已回想不起朵拉姨媽的模樣。而說實在的，就連母

親的面容她也拼湊不出來了。每當她憶起母親時，眼前總會浮現照片中母親的那張臉。她自覺慚愧，認為自己是個禽獸，但又不敢向米拉提起這件事。

新的小隊長艾弗萊姆試著鼓勵女孩們振作，他為 1943 年的元旦策劃了新年慶祝會。「任何一個值得慶祝的理由，我們都來者

巴巴羅沙戰役 ❻

米拉的判斷十分正確。1941 年 6 月 22 日凌晨 3 時，德軍已越過蘇聯邊界向東挺進。所謂的「巴巴羅沙戰役」業已開始，然而這次的戰役卻無法成為「閃電戰」。史達林軍隊的耐力出乎德軍意料之外，同時德軍又重蹈拿破崙的覆轍，低估了俄國寒冬的威力，致使他們在莫斯科前方 30 公里處，遭受攝氏零下 30 度的侵襲。所有的引擎和武器全數在酷寒中失靈無法運作，而坦克也深陷在冰凍的泥沼當中動彈不得。其後，在史達林格勒的一場戰役，更成為整個戰爭的轉捩點，1943 年 1 月 31 日，德軍終於被迫放棄東征 ❼。

---

❻ 巴巴羅沙（Barbarossa）乃義大利文「紅鬍子」之意，故該戰役又被稱作「紅鬍子行動」。Barbarossa 為神聖羅馬帝國腓特烈一世（Friedrich I., 1122-1190）的外號，其人雄才大略，乃神聖羅馬帝國最偉大的皇帝之一，希特勒特別將東征蘇聯的行動以其命名。
此次戰役最重要是在於戰士的心理建設。軍方對東線軍人灌輸納粹的侵略與種族政策，亦即在灌輸軍人：他們面對的蘇聯人是低等種族，德軍的任務則在於統治這些低等族類。帶著種族優越感的德軍，其占領政策非常不人道，因此在東歐遭到劇烈反抗。例如當德軍進入烏克蘭之際，當地人曾夾道歡呼，但是當他們見識到德軍不人道的行為後，便紛紛轉入游擊隊，攻擊德國軍隊。

❼ 該場戰役即是著名的史達林格勒保衛戰，始於 1942 年 8 月，至 1943 年 2 月 2 日德軍投降為止。德國第六軍團約 30 萬大軍幾乎全軍覆沒，僅存 91000 人左右被俄軍俘虜；蘇聯方面損失更為慘重，死亡的軍民超過 60 萬人，總計這場戰役共犧牲 1 百萬以上的人命。該戰役卻扭轉了整個二次大戰的情勢，德國內部亦開始體認到戰敗的可能性大為提高。

萬湖會議 ❽

　　1942 年 1 月 20 日，帝國保安總局局長萊因哈德·海德里希在柏林召集保安局人員、黨衛軍軍官以及國務秘書等人，目的是要告知所有與會人士有關歐洲猶太人的驅逐及根除計畫，並協調各個不同單位的工作。

　　海德里希手下的部門主管阿道夫·艾希曼 ❾ 對該會議做了一份記錄，並在戰後的審判過程中表示，當時的與會人士對於凶殘的屠殺計畫所發表的言論，甚至要比會議記錄中所描述的還更加坦然露骨。其他的與會者則一律在審訊中表示不復記憶，亦否認曾收到會議記錄的副本。

不拒，」他說：「難道你們從前在家時不會共同慶祝基督教的節日嗎？」

　　「除了復活節以外都慶祝，」拉荷兒回答，「但我覺得你的主意很好。」他們還邀請了其他島上的不同團隊，慶祝會上放著音樂，他們載歌載舞，正如從前在移民訓練營一般。漢娜觀察著那些她從前就認識的少男少女們，突然覺得陌生起來。不一會兒她就知道其中緣故了，原來大多數人都以丹麥語交談。「各位男女同志們，」艾弗萊姆在致詞中說：「讓我們共同期盼，1943 年能帶領我們更朝著巴勒斯坦的目標向前邁進。」

　　這一年起初仍和去年一樣無聊地渡過，在黑暗中起床、照料牲畜、早餐、工作、午餐、工作、晚餐、睡覺。在社團晚會上，

---

❽ 萬湖會議（Wannseekonferenz）是納粹討論有關「猶太人問題最後解決辦法」（Endlösung der Judenfrage）的會議。然而，有系統屠殺猶太人的決議，在更早時便已由高層做成，該會議主要討論具體施行細則，及協調各單位之工作內容。其會議記錄後來在紐倫堡法庭中被引用為犯罪證據，記錄中並未提到「大規模屠殺」字眼，但艾希曼在審訊中表示，當時在會議中，他們使用更直接的字眼，如「消滅」與「毀滅」等。

❾ 阿道夫·艾希曼（Adolf Eichmann, 1906-1962）乃萬湖會議之策劃人，後於匈牙利布達佩斯親自統籌，負責遣送 44 萬匈牙利猶太人前往奧斯維辛（Auschwitz）集中營。戰後於 1960 年被捕，次年在以色列被判處死刑，1962 年 6 月 1 日在臺拉維夫附近的監獄執刑。

在 1942 年 1 月 20 日的「萬湖會議」之後，隨即展開了遣送猶太人至滅絕營 ⑩ 的行動。圖上是符茲堡的猶太
居民被驅趕前往東歐的集中運輸火車的情景。

⑩希特勒於 1941 年 12 月決定消滅歐洲猶太人。 1942 年 1 月，納粹官員在萬湖會議中討論
「猶太人問題之最後解決辦法」後，開始有系統地將猶太人及吉普賽等少數民族遣送至東
歐，選定波蘭占領區內的 7 個營區做爲「滅絕營」（Vernichtungslager），這 7 個營區分別
是：奧斯維辛（Auschwitz）、貝爾熱茨（Belzec）、切姆諾（Chelmno）、馬伊達內克
（Majdanek）、馬利托斯提內茲（Maly Trostinets）、索必柏（Sobibór）與特列布林卡
（Treblinka）。「滅絕營」與「集中營」的最大不同處在於，集中營主要是強制囚犯工
作，讓他們挨餓受凍，或生病致死；「滅絕營」只有一個目的：不分年紀、性別、工作
能力，用毒氣立即消滅遣送入營的人。在二次大戰期間，約有 250 萬至 3 百萬人（多數
爲猶太人）在滅絕營中喪生。

她們也談及歐洲猶太人被驅趕至東歐的事，到所謂的集中營。即使她們還無法想像其悲慘的程度，但已經令她們惶恐不已。偶爾也聽到一些傳聞，德國人也要將丹麥的猶太人遣送出境，但並未發生。「在丹麥很安全，」大多數人都這麼說：「在這裡，猶太人甚至連星形徽章 ⓫ 都不需要戴。」高枕無憂是件多麼輕鬆容易的事。

漫長的路程，望不見星辰

　　漢娜在夏天被送到一個家管訓練班去，課程在尼堡附近一個從前的農村寄宿學校舉行。漢娜頓時活潑起來，她享受著學習的樂趣，也享受認識新朋友的樂趣，她在社團晚會上總是興奮地向人述說自己的經歷。

　　當重大節慶的腳步逐漸接近之時，她被一個家管學校的同學莎拉邀請到家中一同歡度猶太新年，地點在塞蘭島一個偏僻的村落裡。漢娜高興地接受邀約。

　　那年的猶太除夕是 10 月 1 日。漢娜和莎拉的家人坐在一塊兒吃著蘋果沾蜂蜜，齊心盼望新的一年也能如蜂蜜般甜蜜。接著便收聽廣播，他們從 BBC 英語電台中收到一項警告，德軍將採取一波針對丹麥猶太人的行動。但莎拉的父親安慰她們，「丹麥的地下組織正與警察及猶太組織合作，」他說。「我們會即時接到警告，以便遷往安全地點。」當晚，漢娜也頭一回聽到杜克維茲（Georg Ferdinand Duckwitz, 1904-1973）這個名字。「他是一個住在哥本哈根的德國人，任職於德國大使館，並幫助許多丹麥的猶太人。」莎拉的爸爸說，但他並未說明消息來源。不過，他如此信誓旦旦，讓大夥兒也都安心地上床就寢。

⓫納粹德國強迫所有猶太人必須佩戴象徵猶太人的星形標誌以識區別。是個六角形的星形標誌，又名為「大衛之星」，以聖經中的以色列人大衛王命名。

> ## 艾希曼審判
>
> 　　主管「猶太人事務」的納粹保安人員阿道夫・艾希曼，曾策劃遣送猶太人至集中營。他在 1946 年自美軍手中逃脫，後由以色列秘密警察在阿根廷發現他的蹤跡，將其劫持至以色列，並於 1961 年在當地受審。
>
> 　　出身於一個來自柯尼斯堡 ⑫ 的猶太家庭，且遭納粹驅離而遷往國外的漢娜・鄂蘭 ⑬ 曾以審判旁聽人的身分在場，並寫下一本備受爭議的著作：《艾希曼在耶路撒冷——關於一個平庸無奇惡魔的報導》——艾希曼所承認的罪行乃十惡不赦的滔天大罪，而犯案者本人卻是「平凡得令人感到害怕」。艾希曼最後被判處死刑。「我是一個錯誤結論的犧牲品，」他在給妻子的告別信中寫道，「我所犯的錯誤就只是因為我服從。」

　　漢娜睡在一樓客廳的沙發上。四處還漆黑一片時，她就被門前和窗前吵鬧的撞擊聲驚醒。「立刻起來！整裝！」門外丹麥語和德語大聲嚷著。

　　一切進行得十分迅速，他們只能攜帶重要衣物，一名德國軍官告知他們，半小時後將會被接走。一名士兵留下來監視，漢娜死命地往陪伴她多年的背包裡塞東西，遺憾的只是，她沒能帶走她的照片，那信封留在她和本特共住的小房間裡。其他人默不作聲地來回穿梭，尋找棉被和禦寒的衣物。在這段時間裡，那名士兵始終握槍瞄準站在一旁。接著來了一輛貨車，他們必須登上那已蹲坐了其他家庭的擁擠貨艙。

　　在一個看不見星星的多雲夜空下，他們在深夜中趕路。一路

---

⑫ 柯尼斯堡（Königsberg）原為東普魯士首府，現更名為加里寧格勒（Kaliningrad），屬俄羅斯。

⑬ 漢娜・鄂蘭（Hannah Arendt, 1906-1975）為著名的猶太裔女政治哲學家，專研納粹極權主義，出生於德國漢諾威，1928 年獲得海德堡大學哲學博士學位。曾先後受到德國哲學家海德格與雅斯培的指導，並與海德格發展出亦師亦友的關係。1933 年流亡巴黎，二次大戰開始後移居美國，逝世於美國紐約。其著作包括《極權主義的起源》等書。

救援行動

　　葛奧格・斐迪南・杜克維茲於二次大戰之初，以海軍隨員身分在哥本哈根的德國反間諜機構——亦即秘密情報單位——任職。經由他的消息傳達，猶太團體才得以獲知丹麥猶太人將被遣送的日期。而當地的非猶太居民也動員了一項史無前例的救援行動，丹麥人試圖警告並藏匿「他們的」猶太人，以漁船偷偷將他們運送到中立國瑞典——7900人因此逃出德國人的魔掌。

　　戰後，當這些猶太人再度返回故鄉時，竟赫然發現——完全不同於許多其他國家——他們的房屋、花園、寵物都被照料得無微不至，井然有序——是他們的鄰居。杜克維茲後來成為德國駐丹麥大使。

上的交談並不多，每個人似乎都沉淪在恐懼中，害怕即將發生在他們身上的一切。偶爾有幾個孩子在哭泣，但隨即又被他們的母親安撫下來。貨車終於停靠在火車站前，他們被迫進入牲畜車廂內。混亂中，漢娜和莎拉一家人失散了，她最後上了一節擠滿陌生人的車廂，和這些人的唯一關聯是：他們都是猶太人。

　　這趟運輸路途漫長無盡，火車有時會暫停，車門再度被打開，他們可以得到一些水止渴，然後繼續旅程。一個男人設法弄到一個水桶，那水桶就被放置在角落，做為內急之用。但水桶不久便溢滿出來，整個車廂臭氣熏天，令人難以忍受。漢娜總算占據了一個角落，就在木牆上的縫隙下，少許新鮮空氣可以經由這條縫隙透進來。週遭的呻吟與哀怨聲時大時小，與車輪的喀噠聲混合成一種特殊的嘈雜聲，使漢娜逐漸進入昏睡狀態，但也許飢渴也是原因之一。總之，她對時間已毫無概念，只有當她抬頭仰望木牆的縫隙時，她才知道是白天或黑夜。但究竟是哪一天呢？還是哪一夜？

在遣送途中。許多人已禁不住路途折磨而喪生，而幸運活下來的，便等著進集中營，甚至毒氣室。

從天堂跌落地獄

　　不知何時，火車終於停了下來，門開了，新鮮的空氣與光線
滲透進來。漢娜像被麻醉般，任人擺佈，她爬過遍地是人的車
廂，蹣跚地上了月台。「我們在保休維茲（Bauschowitz）」，她聽
見一人以德語說：「保休維茲距離特瑞辛市❶不遠。」

　　特瑞辛市是個猶太集中區，一座集中營，它和其他漢娜耳聞

---

❶特瑞辛市（Theresienstadt）位於今捷克布拉格西北60公里處，納粹德國占領該地後，即
　建立猶太集中監獄和集中營，並從1941年11月起，成為專門囚禁猶太人之地。

過的名字如達浩、奧斯維辛 ❶ 、拉文斯布魯克 ❶ 、貝爾熱茨❶等
相提並論。她本想詢問那人，特瑞辛市究竟位於何處，在哪一國
境內，卻突然聽見有人在呼喚她的名字：「漢娜！漢娜！我們在
這裡！」原來是米拉，她和其他社團成員就站在距離她20、30
公尺遠處。漢娜費了九牛二虎之力才往米拉擠過去，緊抓著好友
不放，又哭又笑。從這一刻起，只有她，米拉，才是她的精神支
柱與庇護所。

　　行進到猶太集中區的路途相當遙遠，並且處在德國黨衛軍的
監視下，倘若他們認為步行的速度太慢，便會以槍托惡狠狠地往
人身上重擊。精疲力竭、又飢又渴的漢娜，只能任由米拉拖行，
抵達集中區時暮色已悄悄降臨。

　　整個特瑞辛市是由圍牆與障壁環繞而成的堡壘，四處滿佈柵
欄和鐵絲網。街上可以看見一些人異乎尋常地緩慢移動，另外有
些人則拉著拖車或推著手推車，幾個孩子在垃圾堆上玩耍。他們

集中營

　　早在戰爭爆發前已有7座納粹集中營。至1945年，德國境
內及所有歐洲占領區恐怖滅絕所的數量更增加到22座，並有超
過1200個戶外營地與指揮區。納粹的軍備工業需要大量的勞動
力，便直接從集中營來調度。

---

❶奧斯維辛（Auschwitz）集中營位於今波蘭境內克拉科夫（Kraków）西南60公里處，在
納粹建立的所有集中營裡規模最大，共有3座主要營地及39座小型營地。據統計，約有
110萬人在此慘遭殺害。奧斯維辛集中營如今已成為納粹對6百萬猶太人、吉普賽人、波
蘭和俄國強迫勞動者、同性戀者及其他被納粹視為敵人者，進行大屠殺與迫害的象徵，
現為國家紀念博物館。
❶拉文斯布魯克（Ravensbrück）位於柏林北方100公里處，為德國境內最大的女子集中
營。根據現有史料顯示，約有25000名至4萬名女性與小孩死於該地。今在原地設立了
紀念碑，以警示後人。
❶貝爾熱茨（Belzec）在今波蘭盧布林省，乃東歐第一座完全以消滅猶太人為目的的集中
營與滅絕營，1942至1943年間，約有60萬人在此遭屠殺。

123

被帶到一個內院裡，男性須與婦孺分開，接著納粹黨衛軍將他們帶進一個被稱爲「隔離室」的地下室。所有人一一登錄姓名，並且要求交出身上全部的金錢及貴重物品，然後婦女必須進入一個房間內接受觸身檢查，以確定身上未藏匿其他物品。

漢娜永遠不會忘記這次令她極震撼難堪的經歷，一位女檢查員命令她彎腰曲身後，便直接以手伸向裙內，並把手指伸入肛門內。頓時產生的羞辱感和震驚，幾乎立刻讓漢娜昏死過去，亦無勇氣將眼光移往旁邊，窺視其他人是否也遭到同樣對待。一陣晴天霹靂閃過她腦際，她意識到，一個天壤之別的生活即將開始，從現在起，一切都將與過去大不同。

在隔離室前，他們又被領著經過不同的大院及狹窄通道，終於來到一口有抽水唧筒的井邊喝水。然後，他們踏進一幢看來像是軍營的建築物，經過走道與階梯來到閣樓。那裡已經有許多婦女躺在光禿禿的石板地上，米拉牽著漢娜與貝菈，走到一個可以容納三個人的位置，拉荷兒和羅莎稍後也擠了過來。她們抵達的時間太晚，已經沒有食物可果腹，但至少還有水喝。漢娜緊貼著米拉哭了起來，往後好長一段時日她都未再哭泣，這是最後一次。

像蒼蠅一樣大量死亡

第二天清晨，她們與其他婦女一同下樓，到咖啡配發處。她們拿到由鐵片製成的餐具和湯勺，還有爛泥狀的棕色湯水，惡臭得難以下嚥，漢娜喝了一口隨即吐了出來，但米拉命令她：「喝下去！」接著，她們又領到一塊灰色的硬麵包，在丹麥菲英島上，這種麵包充其量會拿去餵豬，米拉立刻說：「吃！」飯後，她們走在集中區裡，嘗試著認識環境。漢娜認爲最糟糕的就是公共茅廁，首先得排隊久候，當終於輪到她們，卻瞧見婦女們一個個蹲在整列的坑洞上，她恨不得立刻奪門而出。但米拉一把抓住

特瑞辛市

自 1941 年 11 月起，特瑞辛市就開始拘留來自波西米亞及摩拉維亞的猶太人。 1942 年，所有非猶太居民均得遷出該市。由於年紀較大的體弱猶太人大都被送到此地隔離，因此特瑞辛市又被稱為「老猶太人集中區」。他們被迫讓出所有的家當——以換取所謂的「特瑞辛市照料與看護」。對這些老人而言，隔離區內的生活條件乃致命地惡劣。

大約有 14 萬人被遣送到特瑞辛市，之後又有 14000 名來自其他集中營的囚犯被遣送到此。據統計，共有 118000 人在特瑞辛市集中營被害，23000 人獲救。

她的手臂，牢牢地制止她。

「其他人怎麼做，妳就得做。」她嘘了漢娜一頓。「別想在這裡當小公主。」漢娜咬著牙去了，但方才腹部的壓力卻已消失不見，而且好幾天之後，她的腸道功能才恢復正常。漸漸地，她也學會在使用茅坑時不去胡思亂想。

然而，要熟悉特瑞辛市得花費更長的時間。這些街道全都稱為「L」與「Q」，也就是「長街」與「橫街」，而且每個區塊都有編號，所有房舍看來都十分破舊。那些廢棄的軍營都有 2 到 3 個內院，由一些寬闊的大門連接在一起，且以德國地名來稱呼，例如「漢堡」、「馬格德堡」、「德勒斯登」或「霍恩易北」❶❽等營區。每棟建築又被隔成上百個小房間，到處都擠滿了人。

漢娜心想，這彷彿是人群形成的螻蟻堆，全都毫無意義、漫無目標地亂竄。但她也注意到，這裡有不少孩子在垃圾山爬上爬下，將垃圾翻來覆去，玩著自創的遊戲。他們說德語，但更常聽見其他語言，漢娜思索著這些孩子究竟打那裡來，當她瞥見幾個女孩分明在玩著一種類似天堂與地獄的遊戲時，終於忍不住抓住

---

❶❽霍恩易北（Hohenelbe）位於今捷克蘇台德區。

其中一個女孩的手臂問：「你們的父母在哪裡？」這女孩掙脫後，鄙視地打量漢娜說：「這裡不該問如此愚蠢的問題。」然後就繼續忙著玩遊戲去了。

後來漢娜才得知，集中營裡有許多老師與藝術家正私底下為部分孩子上數學、語言、音樂和美術課。所有課程都必須小心翼翼地秘密進行，因為這是被嚴厲禁止的。除了小孩以外，這裡也有許多老人，而且截肢的男性比例明顯偏高。一個名叫葛瑞塔的女人是漢娜在大湯鍋前的冗長隊伍中認識的，她向漢娜解釋，除了來自德國與捷克——現在更名為「波西米亞暨摩拉維亞保護國」——的知名猶太人士之外，被遣送到特瑞辛市來的大多是從前的大戰士兵，以及 65 歲以上的老人。

「他們就像蒼蠅一樣大量死亡。」葛瑞塔說。

不多時，漢娜便證實了葛瑞塔的話。死亡在這裡成了家常便飯，不時可以看見平常用來運送食物鍋爐的木板手推車，也在運送死者的屍體。因為手推車的長度不足，有時屍體的腳或頭顱，會從遮蓋的布塊下方裸露出來。漢娜還曾見過一個女人的頭，從車上一直滑落到街上，顛簸地在石子路上磨蹭著，她趕緊別過頭去。

她學會了視若無睹，因為如果做不到這點，就很難在特瑞辛市生存下去。視而不見、聽而不聞，是此地新生活的兩大要素；每回黨衛軍用那絕不離身的警棍或槍托，狠狠毒打囚犯和那些年齡足以當他們祖父母的老人，老人們血淋淋地癱在地上，還一面以沙啞的聲調苦苦求饒時，精神上如何能承受得住？

漢娜第一次目睹這場面時，米拉立刻硬拉著她繼續往前走。漢娜不久就發現，自己逐漸變得麻木不仁，而且還不止是她的感官知覺而已。囚禁之初，她還充滿渴望地緬懷菲英島的歲月，回憶安徒生家的日子，再不能理解為何當時的一切會令她感到枯燥難忍。但如今，這些思緒已鮮少再有，就連母親和遠在巴勒斯坦

位於波蘭羅茲（Lodz）的猶太集中區。

的姊姊荷蓮娜亦然。所有過往之事都如泡沫般逐漸消逝，更包括
所有對這個地獄之外的未來憧憬；此地的日子，已演變成她從前
萬萬料想不到的日常生活。

直到哀嚎停息爲止

即便是一成不變的生活，也會被重大事件打斷。在她們來到

當地約 4 、 5 個星期後，在 1943 年 11 月 11 日這天早晨，她們和所有囚犯一同被趕到營區外，上千人，甚至上萬人就像一列永不停靠的火車往前移動，被看管的黨衛軍驅趕前進，倘若有人步伐太慢或跌倒，就會遭到無情的痛打。走在她們團隊邊緣的拉荷兒的肩上也重重挨了打，她呻吟著跌在地上，漢娜和米拉將她扶起，然後幾乎是背著她繼續趕路。

那天陰雨綿綿，寒風凜凜，讓人凍得直發抖，他們被趕到一個山谷凹地，無人知道究竟何故。全體站著枯等，只偶爾聽到黨衛軍的咆哮和囚犯的驚叫聲，接著又是一陣死寂。一種不尋常的寧靜，數千人的呼吸聲聽來如風的呼嘯般起落。有人竊竊私語，說發生了犯人越獄，其他人則揣測他們可能要被遣送到東歐去，這是最後一次的點名集合。接著又有人說：「這純粹是故作刁難，別無他意。他們若想惡整我們，還需要原因嗎？」

她們努力撐著拉荷兒，她只能忍著劇痛默默流淚，並將目光避開不時隨機毆打囚犯的黨衛軍。倘若女孩們有人內急，她們就全部緊緊圍繞著她，以遮住男人的目光。他們一等再等，陰霾的天際出現了一方較明亮的雲塊，太陽就在雲的背後，緩緩向上移動，直到天空的最高點，然後又漸漸西沉。

他們個個又飢又渴，雙腿酸痛無比，大腿的肌肉抽筋痙攣。週遭許多老人不敵刺骨的寒風，紛紛不支倒地，雖然有些人再度被攙扶起來，但大多數人就這麼癱在地上哀嚎，直到哀嚎聲也停息為止。接著一陣大雨將他們淋得全身濕透，在寒冷中不停顫抖。當他們終於被趕回營區時，天色早已黑暗，然而並非全部的人都能踏上歸途，因為有許多人就這麼散躺一地，再也起不來了。漢娜抬起腳，避免踩到他們，心中的感觸卻僅有些許遺憾，還有一股滿意的心情，因為她們 5 個女孩又度過了這次磨難。

之後漢娜就病了，她發高燒且頭痛欲裂，躺在還因為肩傷而不良於行的拉荷兒旁。朋友們照顧了她幾天，但體溫仍然持續

上升，最後米拉建議送她到醫院。「我們這裡有許多猶太醫生，」她說：「那些好醫生一定能讓妳恢復健康。」

漢娜苦苦哀求讓她繼續留在這裡，因為再沒有任何一件事要比離開米拉、貝菈、拉荷兒和羅莎更糟的了。但是她的體溫不斷上升，頭痛症狀也愈發難以忍受，她終於進了醫院。當米拉和貝菈將她送醫後要離去時，漢娜內心突然湧現一種萬念俱灰的感覺，眼前似乎只有死亡在等待著她。

她被人抬到一張床上進行檢查，有人在她的身上按來按去，幫她灌入難以下嚥的藥劑，命她吞下藥片。她無力抵抗，只得完全服從命令。有時她會昏沉地陷入一個黑洞中，然後恢復意識，喝下熱茶，接著再度不醒人事。直到她的高燒逐漸退去，頭痛症狀減輕，雖還有些發脹，但已經能夠忍受了，漢娜才從一位醫生那裡獲知她得的是腦膜炎，而且已經在床上躺了 3 個多星期。

漢娜這才注意到自己躺在一個有許多床位的昏暗房間裡，大多數的床上都躺著兩名婦女，頭尾各一個。很幸運地，她的床位在房內僅有兩扇小窗戶的其中一扇下方，些許微弱的光線可以照射進來。她鎮日瞅著窗子，望著灰濛濛的天空，觀察窗前的蜘蛛結網。

之後，她的床又來了一個 12 歲女孩，躺在床尾，有著泛紅發炎的雙眼，全身布滿可怕的疹子。這個來自柏林的烏蘇拉，向漢娜敘述一個幾乎令漢娜無法置信的故事。猶太人被遣送之初，她的父母便將烏蘇拉送到一個鄉下農村家庭。她在那裡生活了年餘，寄宿家庭也十分友善親切，直到被人舉發帶走。

「妳說那些接納妳的是德國人？」漢娜不可置信地問。「不是猶太人？」

烏蘇拉點點頭。「是的，就是一般德國人，他們並非納粹份子。」她搔了搔喉頭，而漢娜不自覺地說：「妳不該亂抓，快點繼續說吧。」她沒問烏蘇拉父母的情況，因為她已經學會了，不

「潛水艇」

　　猶太人被禁止出境後，大約有 1 萬名猶太人決定過隱密的地下生活，其中約有半數藏匿在柏林，而在這些隱身的柏林猶太人中，約有 1400 人存活下來。這些人必須完全仰賴外人援助，設法提供證件、住處及食物配給卡。例如，愛迪特·羅森塔（Edith Rosenthal）在其長達 14 個月的躲藏生活中，便在柏林更換過 70 個不同的藏身處。

　　然而並非所有援助者的動機全是出自無私的愛心，有些人便被證實是「趁火打劫者」，乘人之危，向猶太人勒索暴利。此外，這些隱居的猶太人更時時刻刻受到秘密警察所指派的猶太「警察走狗」威脅。這些人往往本身亦曾是所謂的「潛水艇」，有過地下生活的經驗，後被納粹發現，為了保住自己的小命，便將他人推入火坑。據估計，在柏林約有 20 名這類的猶太「警察走狗」。

去問這種愚蠢的問題。

掩住悲痛的純白之雪

　　好幾週之後，漢娜才被允許離開醫院，回到朋友的身邊。在這期間，米拉終於成功搭上幾個重要關係，她讓 5 個人得以搬離荣鳥專用的頂樓，遷至大多是丹麥婦女的區塊。同時，她也幫同伴們爭取到差強人意的差事。

　　漢娜在一個孤兒院工作了 2、3 個星期。她非常喜歡這個工作，儘管她對哄騙小孩並不在行，因為會說話的大孩子都說捷克語。不久，在接連下雪的幾天後，孩子們便突然被貨車送往東歐。往後，每當漢娜回憶起那天，眼前總會浮現她從空蕩蕩的孤兒院走回自己住處的情景，整片純白潔淨的雪，將營區內所有的污穢與悲慘都遮掩住了。她感到沮喪、絕望與無助，那個傳言總在腦海裡揮之不去，死亡之營的淋浴和大屠殺的故事，不斷在眼

前閃動。

晚間，當她與朋友們坐在一塊兒時，她憂心地說：「他們總不會殺死那麼幼小的孩子吧，是嗎？沒有人能狠得下心來做這種事的。」

「心！」拉荷兒撫摸著她聳得高高斜斜的肩膀，憤恨地說：「心！妳該不會相信他們還有人心吧！」

貝菈也說：「為什麼對年幼的孩子就下不了手？年幼的孩子與老人有何差別？」漢娜本想回答說，老年人畢竟已有過一段人生了，但話到嘴邊又吞了回去。這真是個愚昧的論點，因為無論如何，殺人就是罪過，無年齡大小之分。

「而且還會輪到我們，」她聽到羅莎這麼說：「總有一天會輪到我們。」米拉嚴禁她們再這麼說下去。她拿出預藏的麵包塊分給大家，以轉移話題。

「麵包儲藏室的一個人今天說，德國軍隊在俄國被迫節節撤退，」她提起，「據說，俄國人去年在史達林格勒就俘虜了 10 萬多名的德軍戰犯。解放的日子近了，妳們要時時刻刻謹記在心。」

「那個人的消息從何而來？」貝菈問。「這裡根本沒有資訊來源，既無廣播亦無報紙。」

「消息來自一個新人，幾星期前他還躲藏在外。」

一批批新人不斷被遣送至特瑞辛市來，但也有同樣數量的人，被送離這個集中營。令人恐慌的東歐運送次數亦不斷遞增，尤其年齡較大的人，都出現在每日公布的名單上。他們當中有些人已虛弱得連到集合場的路途都無法行走，漢娜因此被分配任務去扶助他們。她幫忙打包那些不值錢的家當，背起包裹，攙扶他們，或以手推車推著那些已經無法行走的老人前往集合場地，並以言語鼓勵他們。漸漸地，她也對這項工作習以為常了。

只有一天令漢娜難以釋懷，因為她在某區遇見了她以前在萊比錫的小兒科醫師愛普斯坦。她也十分驚訝自己能一眼就認出他

131

死亡醫師

最大的死亡之營，即奧斯維辛集中營，當地還特別為來自特瑞辛市的猶太人設立了所謂的「特瑞辛市民營」。

奧斯維辛集中營的生殺大權，落在一位納粹黨衛軍醫師約瑟夫・門格勒（Josef Mengele, 1911-1979）的手中，在火車運來的大批人群當中，他可以決定誰具有工作能力，誰必須進毒氣室；此外，他更不計代價，枉顧無數人命，進行慘無人道的活體實驗。但他卻在俄軍解放奧斯維辛集中營前不久成功逃走，並在德國西部法蘭克福行醫，被捕後再度逃脫，且未遭人識破。

1959 年起，他被發以通緝令——其後更懸賞 1 千萬馬克的檢舉獎金。據推測，他可能在 1979 年死於巴西。 1985 年，他的屍體由國際法醫進行解剖檢查，以「極高的可能性」證實了他的身分。

來，畢竟她連自己母親的容貌都無法完整拼湊。或許是由於他的個頭矮小，而且有著令人側目的大頭。當她說明自己的身分時，他抬起頭，微笑著說：「妳已經長得這麼高了，孩子。」的確，當她陪著他走向集合場地時才注意到，自己已經高出他一個頭了。她開始說些例行的話，安慰他在新環境也許會好些，就算再差亦不過如此了，但他舉起手阻止她說：「別說了，漢娜羅蕾，我從不自欺欺人，即使現在也不會這麼做。」她靜默不語。

她離去之前問了一句：「您有我母親的消息嗎？」

他稍有猶豫，然後說：「我想，她和她的表妹一同遷往某處去了。抱歉，孩子。」

漢娜迅速地轉過頭去，跑向一對還需要她幫助的老夫婦。

老人們偶爾會送給她一些剩餘的煤炭或幾本書，她可以拿來在屋裡燃燒取暖，因為天寒地凍，分配到的煤炭最多只能用來拯救瀕臨凍死的人，根本不足以給屋子帶來些許暖意。所有可燃物

品全都進了火爐，夜裡睡覺時，他們總會穿上自己所有的衣物，雖然如此，清晨醒來依然全身凍僵。唯一的優點是，酷寒會使皮膚的表面麻木，對寄生蟲的叮咬便不再敏感。因為到處都布滿了臭蟲、跳蚤和蝨子，即使每天將所有衣物和被子全部仔細抖過一遍，還是除之不盡。

有時他們會把衣物丟在一個桶內，用令人作嘔的惡臭液體消毒，但下一批的跳蚤和臭蟲已經在虎視眈眈。酷寒的天候有時會導致清晨的抽水唧筒被冰凍住，無法從井裡打水上來盥洗，她們只得放棄，直到貝菈找到其他更耐寒的水源，然而，她們總要耐心等待數小時才能輪到她們。

飢餓讓大家成為一家人

漢娜的心中不時有所感，似乎日子永遠只是排隊與等待，在茅坑前，在餐點發放處前；早晨等待咖啡，正午和晚間則等待大多只有湯的熱食。她們所喝的湯，充其量只能說是一種無法形容的液體，時而濃稠，時而稀薄；經常是索然無味，不然就只有鹹味或葛縷子的味道。儘管如此，這些湯仍舊是所有的夢想與渴望。湯代表了生命，而最快樂的事情莫過於分配者把勺子深深地往鍋底一撈，舀出鍋底那最令人嚮往的濃稠湯底，或者甚至成功弄到第二碗。

漢娜、米拉、貝菈、拉荷兒與羅莎忍受著飢餓的煎熬，尤其當米拉失去了不久前才獲得的麵包儲藏室工作。所有特瑞辛市的居民都在挨餓，如果他們不是在伙房、餐點發放處或麵包儲藏室工作的話。大家可以立刻認出這些坐享特權的人，因為他們沒有鼓脹的腹部，雙眼並未深陷在眼窩中，臉頰也不如其他囚犯那樣凹陷。隨著時間，那些挨餓囚犯的容貌愈來愈相似。

「飢餓讓所有人看來好比自家兄弟姊妹。」漢娜說著，貝菈便

薩克森豪森（Sachsenhausen）集中營的營區集合。

開始哭泣。

　　據說人們可以買得到食品，那裡有許多骯髒的交易，但必須先將金錢或首飾走私進猶太區，或是與猶太自治會的重要人物有交情才行。漢娜和她的朋友們一條門路也沒有，況且米拉也不會允許她們做出違法之事，每個被逮著的人，都會被送進特瑞辛市小碉堡的懲戒營去。

　　她們屬於必須仰賴公開配給來應付生活的一群人，但是當她們和其他丹麥人一樣，從丹麥的紅十字會得到第一個包裹時，這種情況便大為改觀。此地鮮少收到這類包裹，這包裹成為她們的救命物資。一塊硬香腸就可以換取所有東西，也包括麵包；而

且，每回她們當中有人收到包裹時，都會將部分珍寶拿來換取雙份的湯。從現在起，她們也成為特權階級了。

冬去春來，天氣也暖和許多。5月裡突然出現一些不可思議的傳言，據說納粹將同意國際紅十字會的一個代表團造訪其中一個集中營，而且，雀屏中選的竟是特瑞辛市。

但第一件事便是再次增加遣送東歐的人數。如此一來，集中營裡雖然仍是人滿為患，但已沒有不斷被活人或死人絆倒的感覺。接著，不尋常的活動也陸續展開，清掃市中心的幾條街道，粉刷建築物外牆，更換原先商店居民的住處。各種傳言甚囂塵上，還聽說要成立一個小型歌舞劇團，設立商店，佯裝這裡人人都可自由進出商店購物。同時，也要粉刷裝飾一些獨立的公寓，擺設家具，挑選一些囚犯入住，以供展示。甚至孩童也必須參與任務，熟悉特定的角色；而所有參與其中的幸運者，將可自即刻起獲得額外的餐點配給。

起初，漢娜與朋友們並不相信這回事，她們也不認得任何一位活動參與者。然後，她們竟親眼看見一家咖啡屋裝修完成，並有桌椅擺設；而那些剛粉刷完畢的房屋外牆，也被安裝上街道名牌。漢娜甚至發現一個標示學校與兒童遊戲區的路牌，而這所學校當然是虛構的，更遑論兒童遊戲區了。

1944年7月23日，所有與這項精心策劃及完美排練的無關閒

布景城市

　　為了國際紅十字會代表團來訪，特瑞辛市被改建成為一個布景城市，內有咖啡廳、商店、銀行——目的是要隱瞞事實真相，矇騙訪客。納粹當局更以這個布景城市拍攝了一部宣傳影片，虛構「猶太人集中天堂的日常生活景象」。

雜人等，一律被禁止踏出屋外一步，那天就是國際紅十字會代表
團來訪之日。

　　事後聽說德國人還拍了一部影片，各種荒謬古怪的故事亦流
傳了好長一段時間。人們幫孩子們穿上像樣的服裝，給他們夾心
麵包，一切只為了在來訪者面前向可恨的指揮官說一句：「噢，
拉姆叔叔，又是沙丁魚。」一副他們已經吃膩沙丁魚到極點的模
樣。有些人認為，不值得為這種戲犧牲，但漢娜心想，就衝著那
夾了油漬沙丁魚的麵包，她寧可照著劇本說。但是當大家慢慢發
現，大多數「表演者」在接下來的數星期當中都被遣送到東歐去
後，有關代表團訪問的話題也就此打住。至 1944 年底，特瑞辛市
就「完全沒有藝術表演家」了。

　　冬季再度來臨，米拉卻病了。最後，除了將她送醫之外別無
他法。「肺炎。」醫生說，他是一位和藹可親的老先生。「情況
看來不甚樂觀。」每晚工作完畢後，她們總是先去醫院報到，詢

在威瑪郊區的布亨瓦德（Buchenwald）集中營裡，一群集中營小型樂隊正陪伴一名囚犯前往絞刑架。

問米拉的病況。一天晚間，護士告訴她們：「她已經去世了。」

漢娜頓時感到一陣晴天霹靂，全身麻痺，卻無絲毫傷感，沒有從前祖母過世時有過的憂傷。「我想再見她一面。」她說。但護士搖搖頭並聳聳肩，「不行，她已經進了火葬場了。」

漢娜、貝菈、拉荷兒與羅莎沉默地回到她們的居住區。往後幾天，大家都無言以對，也彼此避不見面。當她們又逐漸回到現實生活後，也小心避免提到米拉，漢娜亦然，但她們每做一件事，就會考慮到米拉是否也同意如此。

1945 年 2 月，據稱有上千名的囚犯被紅十字會接走，並帶往瑞士。拉荷兒對這種愚蠢的謠言不屑一顧。羅莎與貝菈反駁她，而漢娜心中卻悄悄同意拉荷兒的看法。

終曲：被偷走的青春

數星期後，她們那個區塊的所有丹麥婦女均得到一項指示，在隔日前往某個特定軍營等候紅十字會，包括漢娜、貝菈、拉荷兒與羅莎在內。她們個個緊張萬分，但又不敢過度期望。大多數人都說：「肯定是個騙局，我們會被送到東歐去。所有被遣送的人都收到了這樣的字條。」雖然如此，她們仍然收拾了身邊僅有的家當，包括餐具在內，並約好一個時間前往這個軍營。

此事傳開來了，就連其他並非來自丹麥的人士也嘗試混入其中。但他們全都被仔細檢查身分，直到晚上，共有超過 400 名丹麥猶太人在營內，男男女女，還有幾個小孩，莎拉和她的家人也在場。漢娜訝異地說，她為何從未遇見過他們，但莎拉的爸爸說：「集中區內約有 7 萬名猶太人，相遇的機率並不高。」

接下來一整天，她們全都坐立不安，商討辯論著往後的命運。「我們會被送到滅絕營去。」許多人這麼說，但依舊有些無可救藥的樂天派，例如莎拉的爸爸便說：「我們會被營救出去。」

137

漢娜在希望與懷疑之間左右為難。第二天上午，他們被要求離開軍營。一切都完了，漢娜心想，這回終於輪到我們了。

不過，就在他們踏出軍營的那一刻，卻瞧見一整排車身漆著紅十字會標誌的白色巴士，那些樂天派人士說對了。他們被再次清點人數，審查身分，確認是否屬於名單上所登記的 413 名丹麥猶太人，然後才允許上車。

而此時，其他囚犯也在附近集中，嘗試著靠近巴士，但都被黨衛軍擋了下來。他們尖叫著要求被帶走，乞求的聲調愈發憤怒，也愈發帶有攻擊性。漢娜目不轉睛地凝視他們，如同癱瘓了一般，接著貝菈從背後撞了她一下。「快點，上車吧。」她內心害怕黨衛軍隨時都有可能改變主意。

她們 4 個人擠在一張長木椅上等待。當一個黨衛軍上了車踏板時，她們的巴士已經滿載，也許要再次監控他們，或許是要對他們說：這是愚人節的玩笑，一切都不是真的。但此時，兩名司機其中之一，一個身材也如那黨衛軍一樣吃得胖胖的瑞典人，以一口奇怪但還算清晰的德語訓斥他說，這巴士屬於國際區域，乃中立區域，一個該死的納粹不必在這裡閒晃，應該立刻把腳移開。

漢娜愣住了，身旁的羅莎也一臉驚慌地緊抓著她的手，力道之大，把她都給弄疼了。然而，什麼事都沒發生，那個黨衛軍並未掏出武器，也沒有將那瑞典人一槍擊斃，連手中的警棍都未舉起。他只是錯愕地望著那人，然後把腳抽離踏板，退回去。車內的囚犯們開始興奮地嚷嚷，漢娜也不禁喜極而泣。

終於到了出發時刻，車隊前後排成一列，紅十字會救難員說，會先經過捷克斯洛伐克，然後穿越德國。所有車窗均被紙張遮蓋，他們無法向外觀望，這是紅十字會與德國之間所達成的協議之一。

瑞典紅十字會的救難員分發食物、巧克力、香菸給大家。人

人幾乎無法置信，當他們被囚禁在特瑞辛市時，所有東西居然還存在著。世界並未停止轉動，生命依舊延續下去，在某個地方的某個工廠，工人們繼續生產著巧克力與香菸，而某些人也繼續享受著巧克力或吞雲吐霧。

原本車上的乘客不能下車，但司機偶爾還是會停靠在一個荒涼地帶，讓他們下車短暫休息，婦女和小孩優先，然後才是男性，讓他們稍微活動雙腿，並解決內急；夜裡也不趕路。

第二天便困難重重。巴士不斷被迫停車、轉向或倒回原路，嘗試另一條路線。他們漸漸不安起來，紛紛詢問究竟怎麼回事。「這裡是德勒斯登，」那位司機說：「已經完全被炸毀了，我們無法輕易穿越，因為舉目皆是瓦礫堆和廢墟。」

來自德勒斯登的羅莎不禁發出壓抑的喊叫，漢娜立刻閃到一邊去，讓她靠近窗子。羅莎將遮窗紙撕開一條裂縫，向外窺視。當她再度回過頭來時，已淚流滿面。漢娜將她擁入懷中，「妳的父母一定不在這裡，」她安慰羅莎。「妳知道的，他們將所有的猶太人都送走了，炸彈只會讓德國人遭殃。」羅莎依舊泣不成聲。

「也許他們藏匿在某處；也許鄰居幫了他們。想想烏蘇拉的例子，並非所有的德國人都是納粹。」

也許並非所有的人都是納粹，漢娜心想，卻有太多的人是納粹。她大聲說：「如果妳的父母藏身在某處，那一定是在鄉下。」羅莎仍舊無法獲得安慰。巴士早已轉了一大圈，繞著已被摧毀的德勒斯登行駛，她還哭個不停。

這段路途十分漫長，有時他們只能緩慢前進。幾天之後，他們聽到炮火的聲音，而且愈往北走，砲聲就愈大，聽來像是雙方你來我往。巴士停了下來，司機下車和同仁商討對策。

「雙方的陣線已經相當接近，」當他們再度返回時說：「穿越這裡將會非常困難。」就在車上乘客露出驚慌神情時，他們又安

> **烈火地獄**
>
> 　　滿是難民而人口過密的城市德勒斯登——雖然當時該城已不再受到德軍保衛——仍然在 1945 年 2 月 13 日至 15 日遭受盟軍夜間空襲，在這期間共有 800 架飛機投下 2000 公噸的炸彈，該城幾乎全毀[19]。

慰說：「別擔心，如果我們過不去，就轉向去瑞士。」

　　但他們成功了。起先看來豐盛無比的食物存量，在抵達丹麥時，竟也全部耗盡。街頭有時會看見一些等候他們的人，他們不但獲得熱騰騰的飲料和夾心麵包，其中一夜甚至還睡在旅館裡。

　　不過，他們實在太過精疲力竭，無力分享歡娛的心情，立刻倒頭就睡在兩人共用的床上，直到第二天早晨醒來依然疲憊萬分。縱然她們不需工作，縱然她們不需排隊就有足夠的食物，漢娜卻感到頭昏腦脹，嚴格說來，感覺比在特瑞辛市還差，但她沒有勇氣說出口。

　　不知何時，巴士停了下來，大家必須下車。一艘渡輪將她們帶到馬莫（Malmö），然後在當地等候至傍晚，才又被巴士接走。一路上經過美侖美奐的城市，有著明亮的街燈和溫暖的屋內燈光。如此情景已久不復見，她們也早忘了這些事物是曾經存在過的。

　　最後，她們來到斯德哥爾摩附近的一個大型營區，一個檢疫隔離區。她們可以自行梳洗，接著消毒，除掉身上的蝨子，並且得到乾淨的衣物；然後接受醫療護理。為漢娜檢查的是一位女醫師，這個親切的胖女人說得一口不錯的丹麥語，她有個與漢娜同年的女兒。

　　接著，她開始發問。最後她說：「妳已經在外流浪 6 年，整

---

[19] 德勒斯登有「易北河的佛羅倫斯」之稱，乃德國東部的商業大城，同時亦是享譽世界的藝文之都，這次轟炸中共有逾 35000 人喪生。

個青春期都被他們偷走了。」

　　漢娜訝異地看著她。「但我還活著。」她回答，同時吃驚地望著女醫師泛著淚水的眼眶。

　　兩星期後，戰爭正式結束。

蜜爾雅‧培斯樂

第四章

為何軍人必須殺戮？

白天爭戰，夜半轟炸

戰爭並非突如其來，而是逐漸襲近，首先散布一些如「軍備」、「武裝」、「限額配給」、「兵役義務」及「防空」之類的字眼。這些最初只在報章雜誌與廣播中出現的字眼，慢慢滲入人們日常對話中。人們多半認得這些字，因爲他們對不久前的第一次世界大戰依然記憶猶新。

新厝的居民

1933 年，在杜伊斯堡與丁斯拉肯（Dinslaken）之間的小城郊矗立著一棟 4 層樓的房子，它位於一座長滿翁綠牧草小島的盡頭，屋前環繞著兩道光禿禿的灰色圍牆。房子在戰爭字眼出現前不久才蓋好，四周圍繞著昔日舊村落裡漂亮的花園農莊。有好長一陣子，鄰居們都稱呼這棟房子是「新厝」。它面向街道的那一邊，有兩扇展示家具的大櫥窗，櫥窗左邊是臥室展示區，右邊則陳列著廚房家具。但是，很少看見顧客光臨或是送貨卡車，店內的陳設也總是一成不變。

這棟房子和家具店，都是麥爾先生的。他爲人友善，沉默寡言，發亮的禿頭兩側露出灰白的捲髮。他 3 年前還在杜伊斯堡擔任律師，工作對他而言非常重要。他繼承了這片放牧草場、房子和家具店。妻子去世後，他遷居至此，以便安靜地思索法律與正義的問題。爲什麼他不結束店面營業呢？屋裡另外 5 間公寓的租金，難道不夠他過活嗎？麥爾經常去散步，總是在報攤買上好幾份報紙，也到大賣場購物，把自己的公寓打理得整整齊齊。有位鄰居太太偶爾會幫他打掃一下店面。大家對他的瞭解僅止於此。

寬敞的頂樓公寓裡，住著凱勒一家人。也就是凱勒先生艾瑞西和太太伊瑟，以及阿諾、馬克斯、蘇珊娜與安妮特 4 個孩子，凱勒太太的父母凱瑟琳娜及喬治・費德勒也住在這裡。凱勒先生是社民黨黨員，也是鐵匠，多年來都在鋼鐵廠裡擔任工頭。一直

到第一次世界大戰前，孩子們的外祖父母都在自己農場裡培育賽馬品種。戰後通貨膨脹，喬治外公失去了土地、房子、財產，以及所有血統優良的馬匹。

3 樓左邊住著史密特一家人；包括史密特夫婦奧托及玉塔，還有他們的孩子拉爾夫與安娜麗莎。一直到去年爲止，奧托‧史密特都從事著會計工作。他目前正待業中，有人推派他擔任納粹小組督察員，負責打探社區住戶的身家資料，再用蠅頭小字，把資料抄寫在檔案卡上。史密特太太之前當過藥劑師助理，現在則在印報廠員工餐廳裡擔任廚師，賺取全家人的生活費用。她一直夢想，有朝一日能上大學唸化學系。

> **小組督察員**
> 　　小組督察員負責管理及監視大約 40 到 60 戶人家。負責向黨員收取黨費、召開住戶集會、安排住戶參加政治集會與慶祝活動。小組監察員必須向蓋世太保報告「與政治警察性質有關的事件」，並且告發「有害傳聞的散布者」。

3 樓右邊住著胡柏夫婦，和他們 1 歲半的雙胞胎路德維希及小瑪麗。漢納斯‧胡柏是老師。他的太太麥荷提德原本打算從事園藝工作，但後來一唸完書，便嫁給了胡柏先生。

2 樓左邊住著房東歐根‧麥爾。不久前，理查及瑪莉恩‧梁格夫婦才帶著他們的獵狐犬芙西搬進 2 樓右邊的公寓。他們夫妻兩人都在西爾克百貨公司上班。

不要老是提起「戰爭」

對小組督察員奧托‧史密特而言，麥爾先生是個謎樣人物。世上哪有不關心自己店鋪生意的商人呢？這事總有蹊蹺。奧托認爲得去拜訪麥爾，打探些事情。大家對這位房東簡直一無所知。

聽說，艾瑞西・凱勒從前就認識麥爾了。奧托決定先向艾瑞西打探一下麥爾先生的事。他和艾瑞西結識於求學時代。一個納粹小組督察員和一個社民黨黨員，只要不談政治，兩人還挺相知相惜的。不巧的是，他們兩個人特別喜歡談政治。

奧托在頂樓公寓樓梯間遇見艾瑞西。他還沒來得及開口，艾瑞西便嚷著：「我正要去找你，我得和你談談！希特勒才剛剛拿到政權，就洩露出他心中的算盤！你聽說過最新消息了嗎？咱們倆必須帶著妻小一起遷到東歐去！」

奧托說：「這個主意倒是挺不賴！」

艾瑞西從口袋裡拿出一張紙條，走到樓梯口的窗戶旁，結巴嘶啞地唸著：「唯有戰爭方能拯救我們！鍛鍊青年，強化戰鬥意志！民主乃害人的腫瘤。必須拯救農民！推行遷徙政策！義務兵役！占領東歐的生存空間！大舉肆意地日耳曼化！」

他把紙條塞進夾克口袋裡。「這是你們領袖在2月3號對軍人發表的演講內容。你知道，這是什麼意思嗎？這代表戰爭，奧托，戰爭啊！」

奧托問：「這是官方資料嗎？你從哪裡拿到的？別這麼大聲嚷嚷嘛！」

艾瑞西低聲回答說，是同事傳給他的紙條。不透露名字！但是，那個希特勒究竟在想些什麼？他打算引發戰爭，竊取東邊的土地嗎？

「為了我們好，這些都是為了德意志！」奧托大吼。「好讓我們終於擁有足夠的土地和豐富的原物料！這樣就不會有人失業了，像我學有專精，就不必去勞工局蓋章領失業救濟金。這整篇演講稿明天肯定會上報，或許這紙條內容只是捏造的，好讓人們以為希特勒想要打仗！才不是，他絕對不會如此！他只是希望德國平安繁榮，所以才會需要東邊的土地。」

艾瑞西問：「哪些土地？」

「就是土地嘛。東邊多的是土地！」

「那就在聖誕節要張世界地圖當聖誕禮物！」艾瑞西大聲說：「那裡也住著人，東歐土地上，也到處住著像你我一樣的百姓！」

凱勒太太伊瑟走出來，請他們兩個人小聲點，而且不要老是提起「戰爭」！不然的話，外婆又會擔心阿諾而睡不著覺，因為阿諾希望能成為軍官，或是黨衛軍。

「昨天樓下的胡柏先生說他怕會有戰爭，已經把外婆弄得緊張兮兮了。」

「喔！那位老師！」奧托說：「他擔心會有戰爭，真是膽小鬼！」

伊瑟說：「我也害怕，大家都害怕打仗。奧托，老實說，你自己也害怕吧！」這時，史密特太太從樓下喊她先生奧托回家吃飯。

艾瑞西說：「奧托，別讓煎馬鈴薯變冷了。」

依瑟則對艾瑞西說：「你也是，湯快要涼了！」

寧靜的投票日

對於希特勒在 1933 年 2 月 3 日向國防軍司令演講的兵役與東歐土地的內容，報紙上當然隻字未提。但同年間已出現夠多惡兆，諸如：帝國議會縱火案、「授權法案」、焚書，或禁止社民黨活動。 1933 年 10 月 14 日，希特勒宣布德國退出「國際聯盟」，拒絕參加日內瓦限武會議。此時眾人已經瞭解，希特勒計畫引爆戰爭。

11 月 12 日，帝國議會選舉召開。選民對希特勒及其政府是否感到滿意？是或否？德國退出國聯是否正確？是或否？

週日投票日早上，凱勒太太先叫醒自己的父母，因為她知道，喬治外公今天得花平常雙倍的時間修整鬍子穿戴整齊。只有

認為在鏡中自己是位紳士，是位真正紳士的時候，外公才肯出門。對外公而言，紳士的尊嚴在於儉樸，以及剛擦得光可鑑人的皮鞋。

凱特琳娜外婆早已梳妝完畢，不僅張羅好了早餐，還為艾瑞西週日穿的大衣縫補鈕釦。但是，艾瑞西並不打算出門投票。沒有政黨競爭的投票？他才不去呢。寧可在家多睡一覺。依瑟問他：「社民黨員，你怎麼看退出國際聯盟這件事？」艾瑞西於是站了起來，大夥一如喬治外公所屬意地準時出門。

玉塔・史密特在樓梯間等著凱勒一家人。她說：「奧托去幫忙票務，一小時前就先走了。」

胡柏太太正巧走出家門。她先生還得餵雙胞胎吃飯。梁格夫婦穿著禮拜天的好衣服，站在自家門口，隔著信箱縫隙安慰小狗芙西，他們不想帶牠出門。路上麥爾先生迎面走來。他已經投完票了嗎？麥爾舉起帽子，外公喬治也這麼做，兩位週日紳士相互微笑行禮。

投票日當天很平靜。但是投票結果公布的時候，喬治外公咆哮說：「這是造假！欺騙！100個德國人裡有95個贊成背叛國際聯盟？才不會有這種事呢！」他一家一戶地去問鄰居：「國際聯盟問題，您投什麼？」艾瑞西・凱勒跟在老人家後面，為他丈人向鄰居道歉。其他鄰居都友善地答覆，只有理查・梁格回話說：「投票其實應該是匿名的吧？」

然後他倆和外婆凱瑟琳娜及媽媽依瑟一起計算了一下：這棟房子裡11個人有投票權。史密特家2票贊成退出國聯。理查・梁格投什麼，大夥不太確定。但至少有8個人投反對票。喬治外公大聲地說：「我不是說過了嗎？大部分的人民希望留在國際聯盟！他們說謊，不然就是算錯了。」

依瑟說：「大家整天只談投票，沒人提戰爭話題，讓我感覺還不錯。」

被除名者

1933 年 5 月 10 日，所有德國大學圖書館開始焚燬不受歡迎作家的著作。校長與教授們坐視納粹份子洗劫圖書館，聽著「反對非德意志精神之十二項議題」的演講、宣布作家姓名，並將其著述投入火中。

從海因希・曼、湯瑪斯・曼，到布萊希特與佛洛伊德，幾乎所有知名作家都登上「被除名者」清單。作家奧斯卡・瑪麗亞・葛拉夫（Oskar Maria Graf, 1894-1967）的名字並不在清單上，他因此提出抗議：「何以求得此辱？依吾一生與全數論述，有權要求將吾著交與純淨烈火，而不淪入褐衫謀殺份子之血腥雙手。」葛拉夫因此被褫奪國籍，著作遭禁。

焚書準備。約 1 百萬公斤被查禁的書籍，被置放在柏林的巷道內。

在地窖裡蓋防空洞

1934 年 1 月 26 日，波蘭與德國簽訂 10 年互不侵犯條約。1934 年 7 月底，人們又開始擔憂戰爭即將爆發。衝鋒隊領袖羅姆一派人被血腥謀害，使得人心惶惶，也令人儆醒。之後，帝國總統興登堡去世。原本擔任帝國總理的希特勒接掌總統全數職權，甚至還成為帝國國防軍最高司令指揮官！

如今眾人公開談論戰爭。許多人認為，1935 年 1 月決定薩爾區是否重回德國懷抱的投票，將促使戰爭爆發。因為法國於一次大戰後接掌薩爾地區，許多人憂心，法國不願接受對德國有利的投票結果。大家對一次大戰的記憶猶新，有些民眾已經開始購買囤積，準備應付飢荒與物資緊縮。

奧托表示：「囤貨居奇的人就是不相信領袖，怨天尤人又興風作浪！」但他太太偷偷地比平時多買了 50 公斤的馬鈴薯堆在地窖，又將半袋麵粉藏在舊衣櫃裡。

凱勒太太向史密特太太商借了個地窖角落，用來放置酸白菜桶，因為她自己的地窖早就堆滿了外公牧場裡的舊家具。而且，喬治外公瞧不起囤積，因為這事於法不容。但外婆還是在閣樓舊爐子藏了半袋洗衣粉；她也惦掛著胡柏家的小孩，於是給了胡柏太太一大箱布丁粉。梁格太太曾提起，百貨公司裡還有腳踏車輪胎待售；雖然自己的車胎還算牢靠，胡柏先生也採購了 4 套全新的內外胎。

1935 年 6 月 13 日，薩爾區人民投票贊成讓薩爾重新隸屬德國管轄。國際聯盟承認該項投票結果，法國也同意。戰爭並未爆發。

1935 年 6 月 26 日，有兩項重要法規公布了：原本志願性質的勞動服務旋即改為「青年義務勞動」，是為就讀大學之先決條件。這法規最初適用於所有年齡介於 18 至 25 歲間之年輕男性，不久

1939 年夏天。柏林波茨坦廣場上的女店員們正在進行防空演習。

後，年輕女性也需遵守此項規定。

　　另一項則是「帝國領空防禦條例」。這項法規是爲實施全民勤
務義務，每位國民都必須建造防空空間、爲燈火管制做準備，並
且購買消防設備。

　　胡柏先生是位勤勞的老師，只有在週日才能好好仔細地看報
紙。他反覆地把建造防空地下室與空襲危險的報導讀過兩遍。自
己有朝一日眞有能力保護妻兒躲避炸彈與火災嗎？他連想都不敢
想。現在怎麼連防禦空襲都有法令了？那麼，情況還眞是危急。

他拿起報紙，走到對門史密特家，不耐煩地按了兩次門鈴，彷彿那天不是安靜的主日。奧托來開門，胡柏先生舉起報紙說：「我們該在地窖裡蓋個防空洞！」

奧托說：「當然！」他也看到了那篇防禦空襲的報導。

奧托贊同胡柏先生的建議。一個小時之後，各樓住戶都坐在梁格家的新客廳裡，一邊喝果汁礦泉水，一邊考慮誰該去整理閣樓裡的舊東西，誰又該去張羅沙袋、水桶、消防器材、醫護箱，及燈火管制時遮暗門窗的物品。大家熱烈激昂地談論著，心情頗為亢奮，彷彿在一起談論週日共同出遊的計畫。當然，大夥心裡都害怕憂心。但是兩個小時過後，他們已經覺得自己在未來的防空地窖內會安全無虞。最後，大家高聲愉快地互相道別，胡柏先生問道：「那麥爾先生呢？」大家的笑容變得有點僵，根本沒有人想到麥爾。

第二天，凱勒先生代表所有房客去問候麥爾。麥爾同意住戶們的計畫，當然也會負責興建地窖與設備所需要的費用，這是他義務所在。但是，大家不會在地窖裡遇見他，因為他曾參加過一次大戰，不喜歡地下室。

8月底，胡柏家生了個小女嬰，取名芙德麗克（Friederike）❶。胡柏太太說：「這是個舊式的名字，但多切合當下這個年代。我們可以喚她小平安，或是和平使者。」所有房客都出席了受洗儀式，房東麥爾先生送了一條小小的金項鍊給小芙麗，並將她久久

> **備戰**
>
> 　　1935年3月16日開始實施義務兵役制。這違反凡爾賽和約在一次世界大戰後對於德國的限定。

---

❶名字前部分是「和平」的意思。

抱在懷中。大家以為，麥爾似乎很喜歡小嬰孩。

1935 年 11 月 7 日，第一批招募的新兵在希特勒面前宣誓入伍。艾瑞西的長子阿諾‧凱勒，也是新兵中的一名。

神秘的房東麥爾

1936 年年初的局勢便不太妙。希特勒推翻了羅加諾公約 ❷，這是德、法、比在 1925 年所簽署的互不侵犯邊境條約。雖然德國在萊茵河左岸不得部署軍隊，但在同年 3 月 7 日，德國騎兵與步兵橫越萊茵河武裝西進。有些人甚至大肆慶祝。當天可能爆發戰爭，只不過法國尚未準備應戰。

同年 7 月 10 日，納粹黨決定最基層的政黨組織不再僅止於黨員，應將全體國民納入其中。對奧托而言，這是個提醒，提醒他再仔細地去研究一下麥爾先生。奧托首先擬了一份書面表格，究竟大家瞭解麥爾房東哪些事情？他的年齡、家庭、過去與職業？他有哪些習慣、朋友、閱讀哪些報紙？房客們都知道麥爾先生是 63 歲。雖然，他近來時有訪客，但是沒有人知道麥爾先生究竟是哪裡人，有沒有兄弟姊妹、子女，或住在鄰近的表兄妹。麥爾的訪客都很安分，不會大聲喧嘩，也很少和鄰居打照面。奧托有一次終於向麥爾先生打聽他訪客的身分，麥爾回答說，他們只是遠房親戚。

麥爾散步時很喜歡穿過牧草地，有時也步行越過灌木林，去光顧「沼澤小館」餐廳。除此之外，他也特別鍾愛杜伊斯堡火車站、郵局及賣場。奧托曾經兩次看見麥爾先生在那些地方和陌生人交談，甚至請他們喝咖啡吃蛋糕。

---

❷ 羅加諾公約（Locarno Vertrag）是德國承認凡爾賽和約所確定之西界，德、法、比放棄以武力改變其共同的邊界。德國藉此改善與法國之關係，重建德國國際地位，並得重返國際社會。

1936 年柏林奧林匹克

國際奧林匹克委員會於 1931 年選定德國擔任地主國，這個決定並未因為國際間的反彈而改變。對希特勒而言，這是個大好機會，可以讓其他國家瞭解德國是個熱愛和平的地主國。於是，政府宣告奧林匹克為「全國性任務」。之前從來不曾有過這麼多選手來德國參賽。有「世界飛毛腿」之稱的美國優秀黑人選手杰西・歐文斯（Jessie Owens）贏得 4 項金牌。但是，德國「效忠領袖理念的戰士」奪下最多的獎項。

大家暫時卸下了「禁止猶太人」的招牌與謾罵海報，但仍然繼續迫害猶太人與反抗份子。在奧林匹克競賽期間，柏林附近的奧拉寧堡（Oranienburg）也開始興建薩克森豪森（Sachsenhausen）集中營。

1936 年 8 月 1 日，希特勒在柏林主持奧林匹克開幕儀式。奧林匹克彷彿一場五花八門的大型慶祝會，成功地為德國打響宣傳。來自 49 個國家 4000 多名的運動選手，對德國的殷勤款待倍感興奮。

8 月裡，「新厝」有了些變化。麥爾先生騰出 2 樓的公寓，在店舖辦公室及倉庫裡給自己弄了個住處。並在店門、內院大門、辦公室與地下室的窗戶上加裝鐵捲百葉窗。新房客霍普克太太搬進麥爾之前的公寓。奧托馬上為新住戶製做檔案卡。他唸給自己的太太聽：「卡羅琳娜・霍普克，53 歲，1933 年喪夫，本姓希爾雪。」他問道：「你認為這筆資料怎麼樣？」

「她的名字還挺不錯的，除此之外還有哪些資料？」

「她有 4 個孩子，最大的女兒露德唸音樂，二女兒赫塔已婚，三女兒卡拉才 14 歲，還在上中學。因為經濟因素，她的兒子沃夫剛在但澤就讀造船系。全家沒有半個黨員！不過，至少老么還擔任少女團領導人。我們家兒子拉爾夫也許得多關心她一點？」

格爾尼卡轟炸

　　1936 年 7 月，西班牙以佛朗哥將軍為首的法西斯份子，與「社會主義人民陣線」開始進行內戰；「社會主義人民陣線」多半由德籍猶太人、西班牙共產黨員、社會民主黨員與反納粹份子所組成。希特勒派遣 6000 名德軍，也就是配備最新式武器的「兀鷹軍團」（Legion Condor）前往援助佛朗哥將軍，這是一個在國外測試新型武器的絕佳機會。9 個月後，德國飛機轟炸西班牙北方的小城格爾尼卡（Guernica）。 200 名平民死於非命。畫家畢卡索筆下著名的《格爾尼卡》，因此成為象徵戰爭殺戮的畫作。

玉塔說：「他對小女孩已經沒興趣了。」

「他今年 17 歲，會對什麼感興趣？」

「對政治和人之類的東西，他每天唸拉丁文，想拚個優秀的高中結業成績。」

「拚命三郎！」奧托說：「我兒子耶！」

12 月 1 號，「希特勒青年團」更名為「國家青年團」。

拉爾夫很生氣。「這代表什麼？全是騙人的廢話！」

爸爸奧托說：「但是為什麼呢？你是青年團領袖，我很以你為傲。元首更以你們大家為榮！這哪有騙人？」

「全是謊言！夏天訓練營的時候，我們每天早上高唱『日出清晨，我們的時代』，挺不錯的歌。晚上則唱『晚安，同伴們，謹記今日在心中』，也是很美的歌曲。如果天氣不好，我們去參觀集中營。他們把一個人綁起來猛揍，那人哭得像個小娃兒，大喊：『不要再打了！一槍斃了我吧！』看守員說，他們今天只是為了好玩才把那個人綁起來，殺雞儆猴一番。這樣的行徑和那些美麗的歌詞完全不搭調，不是嗎？我覺得很不舒服！」

爸爸奧托說：「你們必須堅強，有朝一日你們是我們的青年軍人！」

> **戰力預備**
>
> 　　希特勒在 1936 年 9 月 9 日納粹黨黨代表大會中宣布「四年計畫」。在一份秘密文件中，他寫到：「德國經濟必須在 4 年內得以應付戰爭。」赫曼・戈林全權掌管四年計畫中所有的經濟問題。戰爭需要一定的軍隊數量，因此必須先計算出能夠供應的原物料數量，提高油料機器生產，並且振興化學及軍火工業。

　　「我知道。訓練營的牆上掛著一句話：『我們出生，好為祖國犧牲！』」拉爾夫說完話便跑了出去，把門甩得震天作響。

　　對新厝住戶而言，1937 年過得很平靜。大家只是從電台新聞或報紙裡得知一些戰爭前兆。例如希特勒否認德國對一次世界大戰的過錯，赫曼・戈林建議全民購買已經量產數百萬件以上的防毒面具，並且說明梅克倫堡已舉行過「閃電戰」演習。這些能代表什麼呢？

全都得感謝希特勒！

　　接著，1938 年來臨。日後回想生命中的這段時光，感覺彷若一條陡斜的下坡路，人們無助地墜入戰爭之中。

　　1938 年 2 月 4 日，希特勒首先拉起序幕。他在那一天發表了「撤換國防領袖」演說。他表示：「從今天起，我個人將親自統掌所有國防軍指揮權。」

　　胡柏太太買菜回來，她先生對她說：「我們現在有個真正的獨裁者了，上帝保佑我們！」奧托・史密特正好走上樓，聽見這段對話。

　　奧托大叫：「是領袖，上帝應該保佑我們的領袖才對！」

　　「上帝慈愛，也會保佑撒旦。」胡柏先生這麼說，並且關上自

納粹空軍元帥

　　赫曼‧戈林是一次世界大戰中著名的戰鬥機飛行官，在希特勒麾下擔任空軍元帥。他酷愛身著軍服出入公共場合，宣傳部長戈培爾表示：「對戈林而言，軍服比職務更加重要。」戈林性好奢華，喜歡與演員出身的夫人愛咪‧索樂曼（Emmy Sonnemann）共同舉辦大型宴會。艾伯特‧史畢爾 ❸ 在日記中將戈林描寫成「揮霍大王與寄生蟲」。

　　戈林統整所謂的「亞利安行動」，清算猶太人，從德國經濟體系中完全排除猶太民族。蘇聯戰役開始之後，戈林手握剝削占領區之全權決定權，是個超級大部長。他命令海德里希研擬「猶太人問題之整體解決方案」。這位愛吹牛的部長曾在若干年前與英國空軍交鋒時失利。

　　希特勒本已決定由戈林擔任接班人，卻在戰爭結束前不久廢除戈林所有職務，並將其逐出納粹黨。戈林於 1945 年 5 月為美軍所逮捕。他在紐倫堡大審中是官階最高的被告，但他仍充滿自信且挑釁地為自己辯白。在執行死刑判決前數小時，他服毒自盡。至於毒藥的來源，至今仍然成謎。

家的公寓大門。

　　胡柏太太低聲耳語說：「你不應該這樣說。」

　　1938 年 3 月 12 日，所有奧地利 24 歲以上的公民進行公民投票，決定是否贊成「自由、獨立、社會、基督文明與統一的奧地

❸艾伯特‧史畢爾（Albert Speer, 1905-1981）是希特勒的建築師，曾被任命爲「帝國建築總監」，並於 1943 年起擔任軍需部部長。

人民戴上防毒面具：有系統地進行防空演習，做好作戰的心理準備。

利國家」。但希特勒根本不想等到公民投票結果出爐。同一天，德
國部隊進軍奧地利，受到奧地利人民的熱烈歡迎。

　　所有人都聽見收音機裡傳來震天巨響的「萬歲」呼喊聲。凱
勒、史密特、胡柏、梁格與霍普克的家人，還有麥爾先生都站在
家門口，談論著要去茵斯布魯克（Innsbruck）、薩爾茲堡及維也納
各地旅遊。凱瑟琳娜外婆更打算馬上烤一些薩爾茲堡小點心。

　　「這全都得感謝希特勒！」艾瑞西說：「等著瞧，還會有什麼
好戲！」

奧托問：「你這話是什麼意思？」

艾瑞西說：「僅止於此。」當天沒有人希望想起戰爭，只憧憬湖光山水，與窗台前擺滿紅色天竺葵的小屋。

德國第三次進軍奧地利後，歐洲其他國家擔心希特勒下一步也會要讓捷克蘇台德區 ❹「回歸祖國」。那麼，英法兩國便需為捷克斯洛伐克聯盟，以防禦德軍。但是，秘密情報局早已瞭解希特勒的軍備已萬全，因此當希特勒向軸心國盟友義大利獨裁者墨索里尼建議於 1938 年 10 月 10 日前退出蘇台德區，並將該區轉讓給德意志帝國時，英法兩國亦表贊同。交換條件乃由四大國（英、法、義、德）共同防禦捷克斯洛伐克，免受外敵攻擊。

這次，新厝裡沒有人打算慶祝。戰爭近了。每個人都感受得到。

之後，11 月 9 號到 10 號的晚上，德國猶太人會堂被縱火；猶太人的房子、公寓和店面都遭到破壞；墓園被弄得遍地狼籍；許多德國猶太人被嚴刑拷打、倍受侮辱，並且遇害身亡。

那幾天拉爾夫經常很晚才回家。他的少年團隊員想和他談談那段時間的所見所聞與親身經歷，以及他們曾經被拉去一起做的可怕事情。他該如何向他們解釋，褐衫隊縱火、擅闖民宅、凌虐或致人於死，並不算犯法呢？

11 月 12 日，拉爾夫在返家途中看見 3 名男子圍毆一個人，那人倒臥在地，他們還向他猛踩。其中一人是衝鋒隊隊員，另外還有 2 名年輕小伙子。拉爾夫大喊：「希特勒萬歲！」他們看見拉爾夫身著軍服，便跑掉了。

「謝謝！」那人這麼說，並站了起來。

拉爾夫說：「我不屬於衝鋒隊。」

那人說：「我知道。」此時，兩人已站在新厝前。

---

❹ 蘇台德區（Sudetenland）位於捷克斯洛伐克的東北方，與德國接壤。其中日爾曼人占多數，當時他們要求組織一個自治政府，立即獲得了希特勒的支援。

　　就這樣，拉爾夫認識了沃夫剛・霍普克。沃夫剛在家的那段時日，兩人經常見面。沃夫剛在 1 月前往但澤之前，兩人已結成好友。

　　希特勒認為，9 月的慕尼黑會議對蘇台德區議題做出的決定過於單薄，他希望也能拿下「捷克其餘部分的國土」。 1938 年 3 月，德軍橫越捷克邊境。斯洛伐克當時已獨立建國，請求德意志帝國保護。

打仗了嗎？

　　霍普克太太在 6 月底時收到一封從但澤寄來的信。她的兒子沃夫剛表示暑假無法返家。他被徵召入伍，即時起必須待命。霍普克太太在讀信時哭了。卡拉也看了信。她問母親說：「妳害怕嗎？」

　　母親說：「妳還沒有經歷過戰爭，每個人會變得比以前更糟。」

　　9 月 1 日清晨，新厝裡還沒有人知道戰爭已經爆發。清晨 5 點

> **戰爭序幕**
>
> 　　1939 年 4 月 28 日，希特勒公布「德波互不侵犯條約」。
>
> 　　5 月 22 日，德國與義大利簽下和約，兩方承諾戰時將彼此協助。不久後應當會爆發戰爭。為了在波蘭不受到牽制，希特勒和史達林簽訂「蘇德互不侵犯條約」，英國回應此舉，遂於 8 月 25 日簽訂「英波軍事盟友條約」。 9 月 1 日，希特勒下令攻打波蘭。清晨 4 時 3 刻，德軍戰艦「什列斯威霍斯坦號」砲轟鄰近但澤的維斯特布拉德半島 ❺。

---

❺維斯特布拉德半島（Westerplatte）源於荷蘭語，意謂「西邊的沙洲」，位於波蘭最大河流支流之入海口。 1924 年，根據國際聯盟決議，波蘭在半島上建立了一個軍事轉運倉庫。 1939 年 9 月 1 日，德國軍艦向駐守在半島的波軍開砲，開啓二次世界大戰序幕。

前，送報車一如往常接史密特太太去上班，讓她能準時為疲倦的晚班編輯與早班印刷工人煮妥早餐的咖啡。奧托開始在一家藥局擔任會計。他晚一點才會搭公車進城。

在維斯特布拉德響起第一陣槍聲之際，凱勒太太正在喚她先生起床，並準備好早餐。兩個小時之後，胡柏先生到學校去。他在早餐新聞中聽見希特勒將舉行演說。所以，他又必須在體育館內聆聽兩個小時又吼又叫的演講。聽講時，學生還不得聊天或發笑。

8點前不久，卡拉・霍普克把腳踏車推到路上。麥爾先生站在店門口，他走向卡拉，彷彿有事要說。卡拉的母親在2樓打開窗戶，麥爾先生向她微微笑，旋即走回店內。之後霍普克母女都知道，他原本想告訴她們：戰爭已經爆發了。

凱瑟琳娜外婆一小時後才得知戰爭的消息。有位貨車司機到麥爾先生店裡下貨，看見外婆站在窗邊。「祝您一切平安，」他叫道，「事情已到這地步了！一切平安！」

凱瑟琳娜外婆問：「戰爭嗎？」那人點點頭。

喬治外公還在睡覺。兩個孫女兒在學校，依瑟一早就和艾瑞西及馬克斯開車進城去了。她打算到市場上買些東西。前天才領回第一批食物配給卡。外婆把配給卡放回抽屜裡，拿出大大的購物籃走到街角的店鋪。售貨員說：「這個禮拜購買麵包、麵粉、蔬果和魚，還可以不用配給卡。」

「蛋糕、糖果和巧克力也不需要！」凱瑟琳娜說：「今天報紙上這樣寫的。如果開戰，就必須要有存糧！」外婆幫自己、依瑟還有孫子們買了大家喜歡吃的東西，像是巧克力、夾心巧克力、糖果、棒棒糖、蜜餞、杏仁糖、牛乳糖和甘草糖。也幫喬治和艾瑞西買了雪茄。

外婆到家時，依瑟已回到家中。她走向凱瑟琳娜。

「妳已經知道了嗎？」

「對，打仗了。」

「妳還很鎮定？」

「現在已經開戰，我就不再需要擔心是否會打仗。值得欣慰的是，阿諾在巴伐利亞的軍隊演習場，那裡離戰區遠得很。」

依瑟說：「他已經不在那裡了。他現在有一個戰地郵政信箱。」

同一時間，卡拉佇立在教室窗戶邊。之前她在禮堂聽希特勒隆隆作響的演說：「從4時3刻起開砲還擊！」聽完演講後，老師和學生們只寥寥交談幾句。每個人都想儘快回家，卡拉心中也這麼盤算著。但她還另有計畫，辦完事情後才打算回家。

之前，沃夫剛從軍營裡捎來家書。他們叫他穿上軍服又配戴上武器，卡拉卻最喜歡看哥哥手裡握著大提琴的模樣。他是不是必須變成真正的軍人，向人開槍呢？

在車庫裡，卡拉把書包捆在腳踏車後座；工友大叔帶著大串鑰匙走過來。平常他如果在關門時還在校內遇見人，肯定會開罵。今天他說：「小女孩，祝妳一切如意。誰知道明天會怎樣呢？卡拉，再見囉！」

城裡出奇地安靜。市場上的小販比平日更匆忙地收拾著攤位。把空箱子丟回車上時，也不似平日般聊天、吵鬧和嬉笑。

卡拉騎車到體育館。紅十字會在體育館一間矮木屋裡有個分站。一位灰頭髮的胖修女坐在電話旁。卡拉說：「我想報名。因為戰爭的緣故，我想幫忙做點事情。」話才剛出口，卡拉的臉就漲得通紅，並且對自己來到這裡感到丟臉，她發現得太遲了。現在她應該陪在媽媽身邊才對。她絕對不會告訴母親自己來過紅十字會。

「妳還是學生嗎？」修女這麼問，並記下卡拉的地址。然後打電話給醫生與救護車單位。修女放下電話說：「妳看，日子還是很正常地繼續下去。」她告訴卡拉應該要趕快回家，需要她的時

候自然會通知。

下午，大姊露德從斯圖加特回來。一家人圍坐在收音機旁直至夜深，她們聽見廣播報導：「從清晨開始，德軍順暢無阻地進入波蘭。」

「順暢無阻！」這下她們該怎樣想像沃夫剛的日子？今晚他會在哪裡過夜？在帳棚裡？還是森林邊？

新厝的第一個犧牲者

德軍擁有的坦克數目是波蘭的 4 倍，軍機則近乎 5 倍之多。波蘭直到最後一刻，都還希望能按照英法兩國與波蘭所簽署的條約獲得協助。開戰 3 天之後，英法對德宣戰，卻等候在「西牆」❻後方，遠離波蘭戰場。俄軍甚至還在 9 月 17 日攻打波蘭東部。首都華沙遭受可怕的空襲，波蘭於 9 月 28 日宣布投降。

沃夫剛・霍普克隸屬德國學生營隊。他深受重傷，4 天後在但澤軍營裡過世。鄰居們感到十分震驚與悲傷。戰爭才剛開始，新厝便傳出有人陣亡的消息。拉爾夫失去了前不久才結識的朋友，2 樓霍普克一家人也因此沉寂了好幾星期。她們讀著沃夫剛

> **戰敗國**
>
> 波蘭不希望打仗，卻必須為戰爭付出代價。許多人死傷、俘虜，城市滿目瘡痍，鄉間屋舍被烈火燒毀。波蘭在歷史上第四度遭到戰勝國瓜分。蘇俄取得波蘭東部直至布格河、芬蘭、拉托維亞、愛沙尼亞及立陶宛。波蘭西部被稱為「但澤－西普魯士」及「伐爾特省」（Warthegau），戰敗國剩餘的領土則歸屬納粹德國的「波蘭占領區」。

---

❻西牆指的是二次世界大戰時期第三帝國在西部邊境與法國交界處所建之一座長達 630 公里的防禦工事。

希特勒早在 1939 年 8 月 22 日便已要求德國國防軍最高司令：「首先消滅波蘭。狠
下心來，不必同情。大刀闊斧殘酷地執行。」

捎來的最後幾封家書，全家人不再似昔日般開朗。沃夫剛曾寫信
給姊姊露德，提及自己曾經親眼目睹並經歷過許多可怕的事！但
他無法跟任何人描述，無論姊姊或母親都不行。

　　11 月，阿諾·凱勒寄來一封戰地郵件：

　　親愛的外公外婆、爸媽和弟妹們，我們已征服波蘭，領袖拓展東邊疆土的偉大夢想又向前邁進了一步。我滿心驕傲自己能為領袖與德國的未來奮戰。現在想告訴大家一些特別的事：如你們所知，我一向對黨衛軍感興趣。現在他們接受我成為黨衛軍的候補隊員，我可能很快就會參加一個特殊部隊。希望你們為我高興。我一放假就會立刻回家探望大家，並且和你們分享我在戰場上的經歷。到時候見，問候並祝福大家！阿諾敬上。希特勒萬歲！

　　凱勒先生讀信的時候，用雙手搓揉著眼睛。看完信後，他走出去，在樓梯間窗戶旁坐了下來。從那裡穿過綠地可以眺望東方。回家後，他說：「阿諾長大了。他知道自己在做什麼。」媽媽依瑟點點頭。

　　馬克斯在可可裡加了 3 匙的糖，說：「換了我，才不會告訴

犯罪菁英

　　加入「武裝黨衛軍」的納粹黨員旨在服務未來，他們自願加入，但必須符合黨衛軍規定的種族條件。他們不但將自己定義為戰鬥者，甚至必須衷心信服國社黨的世界觀，並以隸屬此菁英團體而驕傲。戰爭情勢加劇後，占領區內的男子也被收編加入武裝黨衛軍，在四處塗炭生靈。

希特勒的貼身護衛隊，是元首個人的隨扈保護部隊。之後改編，轉入武裝黨衛軍。

別人戰場上的事呢！因為是黨衛軍，他們的傳聞讓人作嘔。」

「哪些傳聞？你知道些什麼？」艾瑞西問：「你們在學校裡會談論這些事情嗎？」

「當然不會和那些大嘴巴的人講。但是我們現在在收集戰爭的訊息。」

安妮特問：「收集郵票嗎？」馬克斯說：「問外公吧！」他拿起信件，走到門口。「等等！」老爸叫住他，並跟上前去。凱勒先生在樓梯間說：「馬克斯，請把信交給我，我必須再靜靜地看一次信，並且和你母親談談。之後，你才可以把信拿走。謝謝。還有，你們怎麼收集戰爭的訊息？」

「就像收集其他東西一樣。從前收集香菸盒照片，現在我們收集打仗的圖片、照片、剪報、軍郵郵戳、軍服鈕釦，當然還有真正的戰爭經歷。我不是為了收集才想拿這封信的。你以為是這樣嗎？我只想把信拿給瞭解波蘭的朋友看看。報紙上根本沒寫什麼，我那個朋友的收音機功能特別好。瞭解嗎？」

「非常瞭解，」艾瑞西回答，「明天你就可以把信拿走。你們會收聽倫敦電台嗎？年輕人，別太掉以輕心！」

馬克斯說：「當然囉！大難臨頭之前，我們還想享受一下人生呢。」他突然臉紅起來，因為安娜麗莎·史密特正走上樓來。她的雙頰也泛起紅暈。「她真美啊！」馬克斯心裡這麼想。

麥爾先生的秘密行動

晚上，艾瑞西在麥爾先生店舖櫥窗前佇足好長一陣子，他像個感興趣的買主，仔細地端詳陳列的臥室家具。最後，麥爾先生打開店門說：「凱勒先生，我認為您想找我談談？」

「我需要一點建議，」艾瑞西說：「請您看看我大兒子寫的這封信，傳說在波蘭有另一批德國軍隊，他們完全不像之前的軍

敵軍廣播電台

1941 年，65% 的德國家庭擁有收音機。比較袖珍一點的機型，俗稱為「戈培爾的嘴巴子」，它無法收聽國外廣播節目。從 1939 年起，收聽國外廣播節目必須受罰。

人。也許這只是傳言罷了，聽說您在波蘭有親戚？」

麥爾先生看了看信。走到店門口，鎖上門，窸窸窣窣地放下鐵捲門，並且擺正廚房桌旁的椅子。

「這不只是傳言而已，」他說：「我妹妹和妹夫兩個人都是老師，這會讓他們上斷頭臺的。真的！您想瞭解全部的事嗎？您願意相信我嗎？那麼我也願意傾囊相告。我信得過您。我賭上我的項上人頭，您明白吧？」艾瑞西點點頭。

麥爾先生說：「希特勒打算占領東歐許多肥沃的土地，成立由日耳曼統治的主權國家。全數波蘭人民必須充當勞動大眾。當地的老師、教授、貴族及神職人員不適合勞動，波蘭的工程師、工匠及自耕農民也不適合，更遑論猶太人及共產黨員了。所以，希特勒必須殺死這些人，把他們全部槍斃掉。因此，他需要這支特種部隊。」

「就是阿諾信中提到的？不會吧！」

麥爾先生說：「他們的組織就像軍人，制服也和德國國防軍一模一樣。他們和軍隊一同前往當地，負責保衛軍人在國外的安全。事實上，他們還有完全不同的任務。他們槍決猶太人及知識份子，而且是在大庭廣眾之下。在鄉下及小城市裡，每個孩子都可以圍觀黨衛軍殺人。」

「我們的阿諾肯定對這件事一無所知！」艾瑞西叫著。「他絕對不會只因對方是猶太人或老師便開槍殺人！您從哪裡知道這些的？」

「逃出來的人說的。逃亡者需要護照、錢和安全的過夜地點。

我家床鋪很多。您可以問問您的夫人,此事她早已知情。她也知道通往邊境的僻靜馬道和徒步旅行小徑。」

「我家的依瑟嗎?」艾瑞西叫了出來。「而我完全被悶在鼓裡?」

「我們必須背著您做這些事。有人在監視您。」

「我才不在乎呢!」

「但您太太和孩子在意,」麥爾先生說:「我也在乎這件事。對我們來說,重要的是您不惹人注目。」

是誰在告密?

海德里希的特種部隊

萊因哈德・海德里希是納粹黨衛軍隊長海因希・穆勒(Heinrich Müller, 1900-1945)的左右手,也是隸屬於黨衛軍的保安部(SD)首領。1939年,他成立了帝國保安總局(RSHA),將蓋世太保與刑事警察之情治工作整合在一起。海德里希負責指派這個新單位,在占領區內針對平民百姓進行恐怖謀殺行動。1942年,兩名捷克暴徒刺殺他,他因此傷重而身亡。納粹出於報復,將利迪策村(Lidice)夷為平地。並槍殺村內所有15歲以上的男子❼,將婦孺送往集中營,90名孩童則交與黨衛軍家庭,進行「日耳曼化」。

希姆萊(中)及黨衛軍保安部頭子萊因哈德・海德里希(右)。1939年起,海德里希擔任起帝國保安總局局長一職。

---

❼此事件又名「利迪策大屠殺」。

　　德軍在波蘭戰爭後期必須再度擴充軍備。但是原料不足，尤其缺少鐵礦。鐵礦之前向來從瑞典經鐵路運送到挪威，再藉水路抵達德國。1940 年 4 月 9 日，為了避免英國封鎖挪威港口，希特勒出兵丹麥及挪威。兩國當時是中立國，這意味著，它們有義務不開戰，也不參與其他國家的戰役。雖然戰爭國在規定上不允許去侵犯中立國領土，但是希特勒並不理睬這一點。丹麥並未抵抗，任憑德軍占領。挪威則求助於英國，1940 年 4 月及 5 月間，挪威與德國激烈交鋒，直到德軍整個攻占挪威為止。

　　一個週日午後，奧托和艾瑞西兩人在新的防空地窖裡油漆牆壁，他問：「你在胡扯些什麼？」

　　「我們占領了奧地利、蘇台德區、萊茵區、薩爾區，幾乎整個波蘭、丹麥與挪威！我就差點忘了，我們還占領了一小塊梅梅爾區❽！」

　　「現在要打哪一場仗呢？」艾瑞西問。

　　「不打仗！」梁格先生在通往地下室的樓梯上喊著。「現在進場的是我們家芙西！」

　　梁格太太像抱孩子一樣地抱著小狗，把牠放下說：「芙西，希特勒萬歲！」芙西用後腿坐下，短短的尾巴撐直身體，舉起右前腳。大夥大笑，賞了芙西一片小香腸。

　　艾瑞西提醒大家必須完成油漆工作，明後天消防隊會派人過來檢查地下室。梁格夫婦也穿上工作褲和圍裙。當晚，地下室的牆壁變得潔白似雪。

　　梁格先生去請麥爾先生過來。麥爾該看看地下室的改變，而且也應該驚嘆一下芙西的絕技。但是麥爾先生沒有笑，連微笑都談不上。他的目光瞟向奧托·史密特。奧托笑得好開心，還說：「領袖必須看看這表演！」但是，麥爾先生搖搖頭。梁格家應該戒

---

❽梅梅爾區（Memelland）位於現今的立陶宛境內，一次與二次大戰期間屬於東普魯士。凡爾賽和約界定東普魯士疆界，梅梅爾區於 1920 年脫離德國管轄。

掉小狗的這個小玩笑，其他人可能不覺得這件事多有趣。

3天後，梁格先生收到國家情治警察局的書面傳喚。通知信紙上端出現「主旨：捍衛國家象徵之法令」等字眼。梁格先生應該立刻向警局報到。梁格臉色蒼白、心神不寧地回到家。

「我不想再看到自己的臉了。」他說：「我是個膽小鬼！他們把我嚇死了。還問是不是有其他的人幫忙馴狗？是我太太嗎？他們叫我省省，少說謊話，反正他們對我這個人早已略知一二，而且警局地下室有個很暗的禁閉室，最適合我在裡面好好地想想。我告訴他們，自己是因為敬愛領袖的緣故才訓練小狗，全是我一個人做的。我在他們面前卑微地鞠躬哈腰。但是，他們還是打算和公司經理談一談。也許他們會將我炒魷魚？」

不，梁格太太不相信。是誰告的密？一定是新厝裡的住戶！會是小組督察員嗎？不然還會有誰呢？從此之後，梁格夫婦便不

蓋世太保

國家秘密警察是個叫人聞風喪膽的權力機器。事實上，它的權力完全沒有設限。秘密警察的最高主管也是帝國頭子之一，就是黨衛軍總司令海因希·希姆萊。日後由海德里希所掌管的秘密警察總部，亦即「帝國保安總局」，位於柏林亞伯特王子路上。

帝國保安總局的任務在於「調查國境內所有危害國家之情事，並予以打擊」，而且可以「無所不用其極」，完全不需要擔心司法查核。數以千計被疑似、或是被告發的納粹反對者，被隨意地「保護性拘留」。被捕者完全沒有任何機會尋求法律途徑抵抗拘捕，一旦被蓋世太保逮捕，極少人能夠全身而退。酷刑招供是每天的家常便飯。許多招供者被施以「特別處置」，也就是不經過法律審判，而直接處以死刑。

1944年，秘密警察人數超過3萬人。日後的紐倫堡大審，將蓋世太保視為犯罪組織。

再和奧托打招呼了。奧托去拜訪梁格一家人，發誓自己沒有告發他們。他何必要這麼做呢？他很開心地欣賞芙西的特技表演，曾和同事提起此事。而且，他完全無法瞭解黨同志蓋世太保的舉動。

希特勒的下一個進攻目標，是法國以及與法結盟的英國，也就是所謂的「同盟國」。1940年5月10日，德軍進攻荷蘭、盧森堡及比利時3個中立國。9天之內，動作敏捷的裝甲部隊便抵達海岸，在法國敦刻爾克港（Dünkirchen）附近砲轟盟軍部隊。6月14日，巴黎被攻陷。6月22日，兩國達成休戰協議。法國當時一分為二：德軍占領法國北部及沿海100公里長的條狀地帶；南部及東南部，仍隸屬法國所有。

早上艾瑞西在公車站牌前問道：「喂，奧托！我們究竟為什麼需要這麼一小塊法國呢？為了讓希特勒收藏不同的國家嗎？」

「領袖絕對瞭解我們需要法國領土的原因。而且，請別再胡言亂語了，不然我要報告出去囉！我警告你，這是最後一次警告！」

「奧托，什麼叫做『報告出去』？你要去告訴蓋世太保嗎？他們早就知道了，以前還准許社民黨存在的時候，我就是黨員了。

西牆

　　西牆是從德國亞琛（Aachen）一直延伸到瑞士邊界的「龍牙」防線，藉著1400個碉堡與地下防禦據點來進行防衛。長達630公里的「西牆」，目的在於阻擋坦克。納粹帝國勞動服務者、10萬名先鋒部隊及35萬托德組織 [9] 成員，共同建造了西牆，總共耗用800萬噸水泥，共計花費350萬帝國馬克。西牆理當是用來阻擋聯軍部隊進攻，卻仍然被聯軍突破了防線。

---

[9] 托德組織（Organisation Todt，縮寫為OT）成立於1938年5月，以其組織領袖費茲·托德（Firtz Todt）為名，主要工作是軍事建築工事，成員多來自歐洲占領區內招募來的強制勞役工。

你還要告訴他們哪些關於我的新消息呢？」

「譬如說你批評我們的戰果，背叛我們的軍隊！而且我還要向他們報告說你經常和麥爾先生一起聊天。昨天你和他在草地上走來走去，究竟談了些什麼？」

「麥爾先生是我們的房東。我為什麼不能和他講話？」

「但我是小組督察員！麥爾有些不對勁，我看不透他。他告訴你了些什麼？」

「他打算給每戶房客一小塊花園用地。屋後的草地也是他的，胡柏夫婦問過他花園的事。但是，奧托，車來了，你上車吧。我情願走走路。你臭得像個間諜。」

從現在開始，連艾瑞西和奧托之間都正式開戰了。艾瑞西因為自己的不夠謹慎，失眠了好幾個晚上。他知道自己絕對不能惹奧托生氣，或讓他心起疑竇。

空襲警報響起

1940 年 8 月 13 日，德國空軍開始攻打英國。德國空軍在兩週內襲擊英國 4770 次，德國空軍雖然裝載沉重的炸彈，並使用斯圖卡俯衝轟炸機（Stuka），仍然敵不過靈巧的英軍火焰號戰機（Spitfires）、蚊式戰鬥轟炸機（Mosquito），也逃不過英國的雷達警報系統。8 月底，德方因為東歐戰場需要飛機，必須停止空襲英國。從 1940 年的夏天開始一直到冬季，德國西部幾乎每天晚上都有空襲警報。「假警報」，人們會這麼說，然後耐心地走進防空地窖。

多年以後，新厝住戶還挺喜歡回想最初待在防空地窖裡的那段時光。每個人在地下室裡都有自己放躺椅位置，孩子們則有自己的彈簧墊，大夥輪流抱著胡柏家的 3 個小娃兒，住戶們一起考慮，胡柏太太是否該帶著孩子搬回在巴伐利亞的娘家？目前胡柏

先生的教職服務被設定爲「uk」，也就是「迫切需要的」，所以他還不會被徵召參戰。但是，教職迫切性可能在一夕間生變。拉爾夫在軍隊中，差不多還有半年的兵役。卡拉‧霍普克正在等候勞動服務徵召令。安娜麗莎爲了「後方支援役」❿已經收拾妥行裝，行李內裝著很多件白制服襯衫。她準備在「兒童下鄉」計畫中，擔任少女團領袖。

馬克斯如今也必須參加勞動服務。安娜麗莎說：「那麼我們每天都要寫信。」

兒童下鄉

戰爭期間，約有 250 萬兒童及青少年被送下鄉，將他們帶離倍受轟炸的城市。有些孩子在學校宿舍、青年旅館或是帳棚裡，一住就是好多年。這段期間內，他們遠離父母，接受意識型態教育與軍事訓練。第一批遣返從 1944 年開始，使得許多孩童在返鄉時，不慎身陷大戰末期的戰場中。

地窖裡突然出現了一個陌生孩子。他約莫 10 歲左右，緊張害怕地說著外來語。安妮特問道：「他在這裡幹嘛？」

喬治外公說：「他講的是波蘭文。」

艾瑞西大聲說：「啊！他是麥爾先生的外甥啦！麥爾先生的妹妹來拜訪他！」

「麥爾，麥爾！」男孩又點頭又笑地叫著這名字。麥爾走下樓梯，他問：「傑若，你迷路啦？」麥爾向艾瑞西招手，請他過去。然後，他打開家具倉庫的門。10 多個大人和孩子，或 3 人或 2 人地躺在 7 張床上，幾乎沒有人抬起頭來，大家都睡得很沉。有個女人躺在地窖裡挑高窗戶的下方；男孩跑向她，蜷身縮進被窩

---

❿「後方支援役」（Kriegshilfsdienst）又可譯作「戰爭輔助役」，由女性擔任，支援戰爭時之後方工作。

裡。

「他們 3 個晚上沒能闔眼。家具貨車是 6 點鐘到的。」麥爾先生耳語著說：「史密特先生剛才在地下室嗎？」艾瑞西搖搖頭。防空警報解除後，艾瑞西對自己的太太說：「麥爾先生至少有一打的妹妹！」

「對啊，」依瑟說：「他甚至有 14 個妹妹和 2 個弟弟。明天早上我們要去卡未拉（Kevelaer）朝聖，和荷蘭朋友們碰面。他們會接著照顧這批人。」

來自東歐前線的信

希特勒等不及要發動下一場策劃已久的東陸戰役。對他而言，這場仗比任何其他戰爭都來得重要。這場仗即將實現占領「生存空間」的計畫，並且毀滅「猶太布爾什維克知識份子」。但是，軸心國伙伴墨索里尼只求個人功勳戰績，在時間上攪亂了希特勒的安排。

1940 年 9 月，墨索里尼攻打被英國占領的埃及遭到回擊。希特勒在 1941 年 2 月派遣艾爾文・隆美爾（Erwin Rommel, 1891-1944）將軍率領「北非軍」前往支援。1940 年 10 月，墨索里尼再一次瞞著希特勒出兵希臘。1941 年年初，德軍又須派兵進入巴爾幹半島。直至 5 月底，才透過德國傘兵部隊拿下克里特島，結束戰役。因為巴爾幹戰役的緣故，德軍延遲進攻蘇聯，而時令已近冬季。

1941 年 6 月 22 日凌晨 3 點，德軍接近蘇聯邊界。「巴巴羅沙戰役」❶於焉開始。

希特勒首先計畫攻打列寧格勒——在今日稱為聖彼得堡。希特勒發誓徹底摧毀蘇聯，並且占領土地肥沃的烏克蘭、頓河河谷工業區、高加索地區的原油田，以及克里米亞半島。蘇聯士兵被

圍困在基輔城內，希特勒表示這是「世界歷史上最偉大的戰役」。他麾下的將領們卻認為這是個致命的錯誤，因為這導致軍隊錯失攻打莫斯科的最佳時間。1941年10月初，德軍展開前往莫斯科的長征。

拉爾夫·史密特寫了封信給麥爾先生。他託一位隨戰地醫院遷移的醫護兵轉交信件。

親愛的麥爾先生，

今天我終於打算寫封真正的信給您。當然，我不能告訴您我們現今身處之地。前幾週，我們一直在路途中奔波。大部分是步行，我們必須迅速，甚至更快地前進。夜裡，虱子跳蚤讓人不得好眠。白天裡的游擊隊，也叫我們的日子很難熬。各處村裡的居民看到我們都十分害怕，直到他們察覺我們並不是特種部隊為止。您瞭解我的意思嗎？

有次經過一個墓園，墓園裡有座巨大的墳塚。我們向一位老者打聽墳塚一事。他在路上沙塵中畫了個十字架，在旁邊寫上7000這個數字。在另外一處的森林中，有條大壕溝，溝內覆蓋著沙土。但是雨水將沙土沖刷開來，我們看見溝內橫躺著數千具屍體。我們就像受驚的孩童一樣，拔腿狂奔。一位村婦用灶灰在石頭上寫下34000。我們在其他的村落裡，經歷過更多這樣的數字。數目總在千人以上。我必須記錄下這些事情，讓它們不被遺忘。

我只能和寥寥幾位同伴談這些事。「特種部隊」仿若毒藥，大家變得不相信別人，而且變得十分膽怯。將來有人會說：「特種部隊是跟著你們軍人一齊來的，你們難道沒看見他們的所作所為嗎？你們為他們張羅住處與燃料。你們是他們的幫凶。」

---

❶見第三章注6。

　　有一次在和敵軍交鋒之際，我打傷甚至殺死了2名軍人。後來，又逮捕了一群游擊隊。按理我們應該把這群人吊在樹上，我們卻更希望槍斃掉那些人，而我得幫忙扣扳機。我真得做了。軍人爲何必須致人於死地呢？因爲長官的命令？還是因爲我們變得服從？十誡 ⓬ 在戰爭的時候便不算數了嗎？您不也當過軍人嗎？請回答我的問題。請代向鄰居問候。

拉爾夫敬上

　　10月份，蘇俄的「爛泥季節」開始。唯有加裝鐵鍊的車輛才能前進，行軍部隊以及馬車只能用蝸牛般的速度繼續向前。德軍抵達莫斯科前方30公里處時，俄國時令已屆寒冬，溫度只有零下30度。德國官兵身上穿著夏日軍服，既無冬裝，更缺少溫暖的長統靴、手套和帽子。因爲希特勒預估蘇聯戰役僅需數週光景，因此並未預備冬季軍需品。

恐怖行動

　　特種部隊乃機動的特殊部隊。他們在1938年首先執行併吞奧地利的行動，並於1939年進攻南斯拉夫；之後，他們特別其在東歐謀害反納粹人士及「不受歡迎的種族」。特種部隊剷除波蘭的知識份子，並執行對猶太人與吉普賽人的種族滅絕任務，一般軍隊則會配合特種部隊的行動。在攻打蘇聯的戰役中，特種部隊被交付「執行處決」的重責大任。

⓬指的是聖經中的十誡。其中一條是：你不得殺人。

　　補給品延宕未至、燃料短缺、車輛引擎以及武器，都在低溫下失去作用，連裝甲車都凍僵陷入泥沼裡。將軍們請求由前線撤回部隊。希特勒卻下令，固守戰位直至最後的一兵一卒。陸軍總司令華特‧馮‧布勞齊區（Walter von Brauchitsch, 1881-1948）被免職，其他將領也陸續下台。希特勒因此任命自己擔任陸軍總司令。

> **珍珠港事變**
>
> 　　1940 年 9 月 27 日，德、日、義 3 國共同簽署合約。若有一方遭受攻擊，其他兩國應允彼此協助，即使需要對抗美國亦然。
>
> 　　1941 年 12 月 7 日，日本攻擊美國太平洋艦隊位於夏威夷歐胡島的海軍總基地。美日戰役揭開序幕。身為日本軸心國盟國的德義兩國，正式向美宣戰。
>
> 　　因此，對德國而言，1941 年是對美戰役的句點。當時，共有 26 個國家與德、義、日作戰。

1941 年 10 月中旬，德軍於莫斯科城前 100 公里處深陷泥沼。

　　1942 年 6 月 28 日，德軍開始夏季攻勢。由保路斯將軍指揮的
第 6 軍團抵達窩瓦河；8 月 24 日業已抵達史達林格勒前。戰爭開
始出現決定性轉變。史達林格勒城每一條街道、每一棟屋舍都頑
強抵禦著。11 月 19 日，22 萬德國軍隊被蘇聯紅軍團團包圍住。
援軍試圖進入城內，卻被紅軍擊退。保路斯將軍請求允許突圍，
這是最後一個拯救軍團士兵生命的機會。希特勒將請求駁回，也
禁止德國軍人投降：「嚴禁降敵。堅守陣線直至彈盡援絕。藉著
英雄般地堅持建立防禦前線，拯救西方國家，此功永誌！」

1944 年夏天。成千上萬的戰俘被帶上莫斯科街頭，向蘇聯人民與全世界宣告納粹德國即將崩潰瓦解。

戰俘

　　1943 年 1 月，9 萬名德軍在蘇聯境內被俘。多年後，其中只有 6000 名返回德國。被德軍俘虜的蘇聯士兵下場更加悲慘。迄至 1942 年 2 月為止，共有多於兩百萬的紅軍死在德國俘虜營內。

全面戰爭開始

　　1943 年 1 月 31 日，德軍被迫投降。兩週後，收音機傳來希特勒的宣傳頭子約瑟夫・戈培爾的大吼聲，他在柏林體育場問那些被預先挑選出來的民眾說：「要不要全面戰爭？」回答是興奮的「要！要！」

　　1943 年 6 月 19 日，奧托在防空地下室裡慶祝 50 歲生日。地下室空出了 7 個位置。胡柏太太帶著孩子搬回巴伐利亞娘家，胡柏老師在法國占領區內當兵，霍普克太太去陶努斯山區照顧她生病的妹妹。霍普克家的 3 個女兒──包括卡拉──都結婚了，3 個女婿都在戰場上。

　　幾星期以來，史密特太太和女兒為了奧托的生日蛋糕省下了雞蛋、奶油、糖的配給卡；她們從復活節特別配給物中留下了真正的咖啡粉。凱特琳娜外婆用粗麥粉、蛋白、大黃汁和代糖打出水果口味的鮮奶油。晚上史密特太太請大家品嚐真正的火腿；安娜麗莎和馬克斯在蜜月旅行之前，帶給她一些尚未紡紗的羊毛，她用一袋羊毛換了火腿。在馬克斯出發前往非洲前線之前，小倆口在結婚後到威斯特瓦德山區（Westerwald）旅行了一週。

　　安妮特和蘇珊娜還不知道自己是否會被派擔任空軍戰役輔助員，也不知道服務日期與地點。蘇珊娜則是剛結束「青年義務勞動」回到家。

1943 年 2 月 18 日。史達林格勒戰役失敗後，戈培爾於柏林體育場進行演說。

　　當地納粹黨支部領導為了表揚奧托，準備了富麗堂皇的演講稿。「讓我們展望未來！」他說著說著，打開一幅親手繪製的地圖。

　　「親愛的黨員同志們，令人尊敬的在座諸位！各位請看未來的歐洲：德國需要更多的空間，生存空間！吾等為此而戰！現在，我用藍色色筆讓諸位瞭解領袖計畫中未來生存空間的模樣。生存空間當然囊括阿爾薩斯－洛林、盧森堡，日耳曼血統的鄰國、比利時荷語區與法語區，還有比利時、荷蘭，當然也包括丹麥、挪威及瑞典。我用漂亮的藍色框出這些國家。

「而且連東歐的波希米亞－摩拉維亞地區、巴爾幹、波蘭及肥沃的烏克蘭，也將在至少 20 年之內成為嶄新的日耳曼歐洲省分！這些地方也該畫上美麗的藍色框框。

「戰後，德國農民將舉家遷往東歐，在新占領區內落戶安家。仍居住在當地的劣等斯拉夫人種必須讓出土地，只有少數的斯拉夫人會留下來，為日耳曼新移民工作。領袖希望最後留在蘇俄的人民，成為『沒有領導的勞動大眾』。奧地利南提洛區民眾，應遷移至肥沃的克里米亞半島。領袖會將半島改名為『葛登國』，烏克蘭的辛菲洛普（Simferopol）及塞華斯托普（Sewastopol）也將改名為『葛登堡』及『堤歐德瑞西港』。」

旁邊的漢森太太擦了擦眼睛。「啊，是喔！我們家的魯伯特就是在塞華斯托普要塞裡陣亡的！我不要那地方換上別的名字。」

布林克曼太太問：「這麼一來，所有的地圖不就得重新印刷了嗎？萊茵河的新名字是什麼啊？」

她旁邊胖胖的柯莫爾先生說：「萊茵河也會搬家啦！」

此時眾人大笑，支部領導趕緊說：「感謝諸位聆聽！希特勒萬歲！」

「但是，波蘭和蘇聯不單單只有工人，」蘇珊娜說，「他們還有發明家、音樂家及教授吧？蘇聯還有世界聞名的芭蕾舞團！」

「是這樣嗎？小姐，柏林和維也納也有芭蕾舞團。」壽星奧托說：「我們不需要為了芭蕾舞找上蘇聯人。」大家又再笑了出來，眼神瞄向放蛋糕的桌子。

「這位年輕的女同志還沒有完全瞭解領袖的原則！」支部領導大聲地說：「東邊的外族首先必須經過種族篩檢，挑選種族優良者前來德國。帝國領袖希特勒曾如此提過，東歐境內任何不具有德國血統的人民，最多只能接受 4 年的小學教育。他們只需要學點簡單的數字，會數到 500 就可以了。但是，他們必須學習遵從德國人就是上帝的誡命，必須誠實、勤奮與服從。這些人根本不

181

需要讀書識字。」

蘇珊娜跳起來跑開。史密特太太問她說：「去拿支舀糖的湯匙過來好嗎？」

「我去吧。」安娜麗莎這麼回答，她追了出去。蘇珊娜坐在樓梯上。

「聽到這些話，讓我覺得很不舒服。」蘇珊娜說：「我上樓找喬治外公。如果警報響了，我會跟他一起去地下室。」

「我還得繼續聽老爸和那支部領導胡說八道？」安娜麗莎說：「我一直都沒收到馬克斯的信！」

蘇珊娜問：「妳很愛他嗎？」

安娜麗莎說：「更勝言語所能表達。」

「是喔，」蘇珊娜說：「愛是不能用言傳的。」

「妳怎麼了？」安娜麗莎問。

「等以後，」蘇珊娜說：「也許以後再通通告訴妳。」兩天前她認識了一個人，她根本不知道對方的名字，只認得他的雙眸。除了聽說他來自丁斯拉肯勞動營以外，其他則一無所知。兩天以來，這個人遠比其他任何人、任何事都來得重要。

不被允許的單戀

兩天前，蘇珊娜去找麥爾先生拿家具亮光漆。店裡有位住在附近的女顧客，她買了張放在防空地窖裡的小踏腳凳，談起她外甥女在 5 月的時候，在杜伊斯堡城裡遇上嚴重的空襲。這時有個年青陌生男子，穿著爛爛的毛夾克，下面是件繡有「P」字母的工作服，他打開店門，問道：「這裡是麥爾先生的店嗎？」

蘇珊娜說：「對，這位是麥爾先生。」

陌生人說：「謝謝。」他帶上身後的門，倚著牆站著。女客人還說了很多她外甥女不幸中的幸運事。麥爾先生一面聽著，一

強制勞役工

外籍強制勞役工的數目，由 1939 年的 30 萬人，激增至 1944 年的 730 萬人。

「P」代表波蘭。強制勞役工必須在服裝上穿戴其國家代號，由警察監視著這批人。他們的薪資非常低廉，飲食也不足。不准搭乘大眾交通工具，不准進入餐廳，更禁止和德國人相愛。德國當時極度缺乏勞動人口，戰俘很快就無法滿足德國國內的勞動力需求，於是在占領區內制訂勞動義務。不自願報到者，必須考慮被捕的可能，被捕後將會被遣送德國。

面推了張椅子給陌生人。最後，客人終於結帳離開了。麥爾先生鎖上兩道鎖，放下厚重的鐵捲門。

「是他！」蘇珊娜這麼想。「就是他，沒有別人了！」她看見麥爾先生和那年輕人走進辦公室，她從架上拿了瓶家具亮光漆，跳著上樓把東西交給外婆。

「還有咖啡嗎？真正的咖啡？」當然，外婆在右後方爐灶角落裡總留著些咖啡，用舊舊的白藍色保溫壺裝著，是一半咖啡豆一半麥芽咖啡的褐色液體。

外婆問道：「妳要喝的嗎？」

「給麥爾先生的啦！」蘇珊娜撒了個小謊，邊說邊帶著咖啡壺走到門邊。

那年輕人坐在麥爾先生辦公室的沙發上。蘇珊娜幫他倒了些咖啡，他用兩手拿起杯子，一邊小口小口地啜著咖啡，一邊從杯緣上方看著蘇珊娜的眼睛，蘇珊娜也凝視著他的雙眸。麥爾先生到地下室去了一趟，很快又回來。他說，陌生人應該到隔壁床上休息，醫生馬上就會到，蘇珊娜則請回樓上去。

蘇珊娜把咖啡壺拿回廚房，放回老地方。媽媽和安妮特正在鋪桌子準備開飯，外婆嚐著湯的味道，喬治外公正在看報，大鍋裡滾著水。一切如常。蘇珊娜心想：「這怎麼可能呢？今天怎會

跟昨天一樣若無其事呢？」

麥爾先生坐在店鋪裡，彷彿在等著蘇珊娜。「那孩子生病了，醫生已經來過，我告訴醫生他是我的遠房姪孫。」

「他哪裡不對勁？」

「醫生還不知道。他正在發燒。」

「他叫什麼名字？」

「你可以叫他亞當。他是東普魯士西里西亞地區的德國人，母親是波蘭人。16歲那年，黨衛軍隊員教他學會喝酒和開槍，學會穿著黨衛軍長靴出來耀武揚威。因為他身材高大，又滿頭金髮，他聽信別人的話，相信自己擁有純正的日耳曼血統，必須替天行道，清除斯拉夫民族以及其他人種。照著這說法，他開槍殺人，也許殺了成千上萬的人，從未細數過手下亡魂。後來，他突然害怕他母親會知道他和黨衛軍的事。於是他離家出走，母親找到他後，他又再度離家到城市裡去。他故意被勞動營的人逮個正著。就這樣，亞當來到德國丁斯拉肯附近的勞動營。他說，黨衛軍又追蹤到他的形跡。不過，這只是他片面的想法。他很害怕。我想幫助他離開這裡。」

這是兩天前的事。凱勒太太計劃在奧托生日慶祝會後，把那名年輕人帶去託付給在卡爾卡的朋友，卻根本沒能做到。

奧托生日當晚，客人全都早早打道回府，因為每天晚上幾乎都有空襲警報，而且每個人都覺得還是自家地窖最安全。道別時，梁格夫婦帶著小狗芙西出現。他們還拿到蛋糕和咖啡。天色愈來愈晚。凱勒太太從門縫中張望了兩次，又再度悄悄溜回麥爾先生的辦公室。如果她現在不和亞當一起出發，那麼可能會在前往卡爾卡的途中遇到空襲警報。直到目前為止，鄰居們還沒有人看見這位麥爾先生的外姪孫。警察如果來這裡搜捕脫逃勞工，還不知道梁格及史密特兩家人會有何反應。

> **炸彈滿天飛**
>
> 　　空襲幾乎成為每天的例行公事。從 1943 年 1 月起，英國和美國分工合作：白天來的是美軍轟炸機，晚上則是英軍的轟炸機。許多武器工廠已遷移至尚未被炸毀的地區，遷往波希米亞－摩拉維亞區。像 V 武器（復仇武器），就是生產自圖林根的地底大型工廠。

新厝失火

　　芙西和蓋世太保一事發生前，梁格夫婦是對年青有趣的小倆口。現在這倆人盡量不引人注目，總是安靜友善地做大家做的事，也只講一些無須擔憂就可以放聲談論的事。

　　警報終於來了！大夥匆忙地道別。「明天見！一切如意！」鄰居們已經離開。梁格先生拉著芙西到洗衣間去，那裡有牠睡覺的小籃子。梁格太太安慰著小狗，因為牠吠得比平常更大聲。牠很害怕，但是沒有人聽牠傾訴。

　　也許今晚不會有主要警報？但是，主要警報突然響了，大家覺得尖銳的警報聲彷彿愈來愈悲嘆，並且夾雜著高射砲的巨響。接著大家聽見許多引擎轟隆轟隆的聲響，聲音愈降愈低，離房子愈來愈近。眾人在屋內等候著，祈禱著事情千萬不要發生。

　　有人用力拉開門大叫：「麥爾！麥爾！您過來一下！」大家看見一位年青男子。梁格太太後來說：「是個很帥的小子呢。」但是，他望著大家，突然拉住梁格的領帶，掐得他喘不過氣來。麥爾先生在地窖走廊裡大叫：「凱勒太太在哪裡？依瑟！依瑟！」凱勒太太在樓梯上回答說：「好了！已經好了！他走了！」

　　之後來了一聲重擊巨響。艾瑞西說：「是炸彈。」第二顆炸彈隨即轟隆而至，第三顆炸彈炸碎了玻璃。家具碎片、玻璃以及

木屑飛進地窖裡。整棟房子彷彿從地基高高舉起，然後再震回原處。一連串的炸彈發出隆隆爆炸聲，它們尖銳地飛近，爆炸時發出轟隆巨響。

轟炸聲逐漸遠離，聲音彷彿低沉的雷鳴。窗外傳來刺鼻的味道，隱約聽見外面響起救護車與引擎的聲音，摻雜著教堂鐘聲、激動的話語聲，以及遠處持續的爆炸聲響。一名婦人喊著：「救火喔！救火喔！」燈火明明滅滅，短短閃動一下之後，眾人便坐在黑暗中。

「別拿打火機，別點蠟燭！」奧托大聲地說。外頭有光照進來，紅色閃爍的光，是火光！大家都看見了，沒人敢問：「是我們這一棟房子嗎？」

梁格先生說：「我去察看一下！」他摸索著走向地窖通道。門才一開，熱氣和煙味便竄了進來。

外婆叫道：「安妮特還在樓上！蘇珊娜，快幫忙外公，我們必須出去！」

奧托太太說：「不可能！燒起來了！」

窗戶被炸破了，著火的長條木塊飛過窗外，屋瓦劈哩啪啦地掉進院子裡。梁格先生突然出現在地窖門口，手裡抱著安妮特，他大喊說：「洗衣房！快打開洗衣房的門！快一點！」蘇珊娜跳向梁格先生，看見他的夾克正在著火，安妮特的腳變得火紅！梁格太太從背後脫掉她先生身上的夾克。她接過安妮特，不僅鎮定，更加小心謹慎地把她平地放在石板地上。「別碰安妮特的腳，等醫生來再說！理查，你也得等醫生來！」

大家現在才看見，梁格先生的手起了水泡，雙手也被燒得泛紅。因為他之前幫安妮特脫掉著了火的鞋子。

「蘇珊娜！」安妮特低聲地說：「千萬別上去！地板、樓梯還有門，全都燒起來了！」

消防隊很快就到了，他們把安妮特及梁格先生送往醫院。閣

樓整個燒毀，消防隊的水栓把史密特家和胡柏空洞的公寓弄得濕答答的。

外公喬治問：「我們現在又失去了一切，又變得一無所有了嗎？」。

「全沒了。」外婆說：「失落也算一門本事。永遠都學不完！」

麥爾先生說：「我們這棟房子需要臨時的屋頂。」麥爾先生突然出現在地窖裡。「對不起，」他說：「我必須照料一位生病的年輕人。」

蘇珊娜問：「他在哪裡，亞當在哪裡？」

「我不知道。」麥爾說：「轟炸一開始，我就跑出去追他。我叫住他，他卻拿起我的手槍，轉身向我射擊，然後繼續向高射砲部隊跑過去。最後一顆炸彈炸得我趴倒在地。他們毀了他，毀了個好青年。妳還是忘了他吧！」

遠處有架飛機穿過夜空。奧托朝著天空大喊：「該死的英國人，飛回家去！不然把你們通通吊死！」

麥爾先生說：「但是，上頭那個人的年紀可能和你們家拉爾夫一樣大。」

「蠢話！」

「你知道嗎？奧托同志，你不也在一次大戰時當過兵？你也和我一樣在法國當兵吧？有天晚上，我們打算在一個村子裡過夜。周圍寂靜無聲，空蕩蕩的。有個人坐在牆頭上，開槍射中我同伴的肩膀。『讓你嚐點燙的！』我大喊，馬上連續朝地下室窗戶丟了3枚手榴彈。地下室最裡面的角落裡，坐著2個女人和8個小孩。她們全死光了，其中還有一個剛出世的小嬰兒。」

艾瑞西說：「所以，你一直都無法釋懷。」

麥爾先生說：「對，我從來不曾忘記過此事。」說完，他走進屋內。

D-Day
　　日後成為美國總統的艾森豪總司令，下令派遣 60 多萬名士兵，以及將近 10 萬軍機抵達歐陸戰場。史達林早已要求盟軍運用地面部隊來對付德國部隊，以舒緩俄軍壓力。

加入國民突擊隊

　　1944 年 6 月 6 日 ❸ ，聯軍在法國大西洋邊界海岸登陸。入侵

---

❸即所謂之 D-Day，亦即「諾曼第登陸日」。

攻勢開始。

奧托說：「上頭有事瞞著我們。」

艾瑞西問：「抱歉，你剛說了些什麼？」

「我們為什麼都看不見領袖了？他的座車穿過大街小巷，卻完全看不見任何夾道歡迎的隊伍。不透明的車窗，什麼都看不見。他搭火車的時候，也總是拉上窗簾。」

艾瑞西說：「元首也許想安靜一下。一直打仗，也是很累的。」

奧托問：「難道他已經……？所以，現在才會什麼都顯得不對勁？有位瑞典預言大師宣稱：戰爭要到 1946 年才會結束。還有兩年呢！預言大師還說，戰爭結束之前會出現一種復仇武器，V3，它可以擊退盟軍。然後，我們就可以重新將軍力部署回到東歐前線。」

艾瑞西說：「也是應該關照東歐戰線的時候了。蘇聯人已經朝東普魯士前進了。」

希特勒的奇蹟武器

飛機炸彈、火箭，以及無人操控的遠程戰鬥武器，都屬於 V 武器。許多德國人到最後還對復仇武器懷抱著一線希望。軍需部部長史畢爾讓人民像相信奇蹟一樣相信這種武器，宣稱它對戰爭具有決定性的影響。

1944 年 9 月 8 日，德軍發射第一批 V2 火箭轟炸倫敦，那批火箭搭配著超音速遠程火箭。多年之後的太空火箭與洲際火箭，就是延續這項遠程火箭技術而研發出來的。不過，V2 對戰爭的影響和 V1 一樣微不足道。三分之一發射出去的火箭，在半路上便消失無蹤。

　　那年秋意甚深，奧托、艾瑞西和 30 名上了年紀的男人，一起在學校裡學習操作反坦克手雷發射器「鋼甲拳」（Panzerfaust）。一小撮 16、17 歲的少年站在他們旁邊，他們比這群父執輩更懂得操作武器。一位白髮蒼蒼，腳上裝著兩支義肢的預備軍少尉，擔任他們的導師與長官。

　　少尉這會兒問：「兩位談話結束了嗎？」奧托替他倆回答說：「是的，少尉。」其他的人哈哈大笑起來。對大多數人而言，在「國民突擊隊」服役彷彿是當兵遊戲。艾瑞西心裡想，這總勝過每天枯坐在家，或是散步經過被炸毀的工廠，那裡可是他工作了 26 年的地方呀。艾瑞西已經兩次騎腳踏車到杜特蒙德

1945 年 5 月 9 日。戈培爾訪問從敵軍手中奪回的城市，也就是位於南西里西亞的勞邦（Lauban）。戈培爾表揚了威利‧胡柏納，嘉獎他在敵軍面前的英勇表現。胡柏納年僅 16 歲，自願從軍。

（Dortmund），再從那裡繞一大圈經過艾森（Essen）、歐伯豪森（Oberhausen）和漢姆伯恩（Hamborn）回家。他說：「只要魯爾區還有房子在，我就會騎車去繞繞。」

前天，艾瑞西在杜特蒙德親眼看見 1 名婦人和 3 個孩子的屍首，從地下室被挖了出來。從前他在這裡當學徒的時候，認識了那位太太。後來警報旋即響起，因為艾瑞西答應依瑟會小心，所以他也和其他人一起跑進防空壕。他很厭惡這種水泥建築。裡面又擠，空氣又糟，讓他覺得很害怕。

杜特蒙德居民對前幾晚的轟炸餘悸猶存；他們又緊張又疲憊地擠進防空壕入口。艾瑞西看見一個男人用手肘推開一個大約只有 10 歲的小女孩。小女孩摔倒了，後面的人無可避免地踩到小女孩的手。對孩童而言，洶湧的人潮就可能會致命。

高射砲開始射擊，炸彈落下發出尖銳的聲響，有些人尚未踏進防空壕。艾瑞西站在內側樓梯下方，他很想走出去，但是無法抵擋湧進入口的人潮。他再看小女孩一眼，她和其他小孩子們一起坐在牆邊的長椅上，呆呆地望著入口。她在等什麼人？誰又應該過來安慰她，帶她回家？

艾瑞西看見一個人，他覺得自己認識那張臉。這不就是那個男孩嗎？麥爾先生和蘇珊娜叫他亞當。艾瑞西太慢跨上樓梯，等他站在樓梯上了，後面的人又推著他繼續往上走。他根本無法轉身。防空壕的門被關上了。所有進不來的人必須在街上瓦礫堆裡找個地下室小洞，或者一堵殘牆來遮擋炸彈碎片保護自己。這一

最後徵召

1944 年 9 月，「所有 16 歲到 60 歲能操作武器的男性」皆被徵召入伍，加入「德意志國民突擊隊」。國民突擊隊必須「運用所有的武器和工具捍衛國土」。國民突擊隊的裝備差，訓練也不足，卻特別被派遣到東歐參戰，結果犧牲者眾。

次他們很走運，敵軍轟炸的是另一個市區。

艾瑞西之前把腳踏車停在一個被炸毀的院子裡。車子還在，他盲目地騎過艾森、慕爾漢、漢姆伯恩和華爾宋（Walsum），朝著新厝的方向騎去。不再這麼做了，近期內他不敢再騎車繞著魯爾區轉了。

> **群起反對希特勒**
>
> 蘇聯俘虜了 80 位德軍將領。 1944 年底，陸軍總司令保路斯以及其他 49 位將軍，公開號召「反對希特勒之拯救行動」。

1944 年 12 月 16 日，希特勒派遣最後一批德國預備軍人，連同「國民突擊隊」的男人、青少年與青少女，投入阿登地區（Ardennen）一場完全沒有希望的戰役。聯軍反擊進攻， 17200 名德國人喪生， 16000 名被俘。

艾瑞西‧凱勒和奧托‧史密特一起參加了阿登戰役，灰色的救護車把艾瑞西從戰場送回杜伊斯堡軍醫院。依瑟來探望他，艾瑞西微笑著說：「一顆子彈射穿了我，差一點打中腎臟。沒事，我下星期就可以回家陪妳們了。」

還不到一週，艾瑞西便因傷重過世。不止凱勒一家人，新厝裡的每個人都感受到喪親之痛。之前，艾瑞西總是和大家在一起。少了他，事情該如何繼續下去？現在白天響三回警報，夜裡也有一次警報。高射砲隆隆響起時，蘇珊娜總是幻想著亞當站在圍牆後面。家人已經不會提起亞當。為何自己從未和爸爸談起亞當的事呢？

反正就是殺人

近來常聽說，飛機會低空飛行攻擊火車、田裡的農人，甚至

上學途中的孩童。掠地飛行機也會開槍掃射高射砲砲台區。麥爾先生上一次就是在砲台區附近看見亞當的。但該去哪裡找他呢？自己連他真正的姓名都不知道，又該如何打聽他的下落？從麥爾先生那裡打探不到任何消息。或許，他已經把亞當送往國外去了？

有天早上，蘇珊娜走路去買牛奶，看見亞當騎著摩托車路過新厝。他也瞧見蘇珊娜，因為車速過急，又突然想轉彎，機車幾乎掉進水溝裡。他跳下車跑過來，機車倒在路旁，亞當用手捧住蘇珊娜的臉頰，這和她夢想中的重逢情節幾乎一模一樣。亞當扶起摩托車，說：「上車吧！」然後，蘇珊娜便和亞當一塊兒騎車去杜特蒙德。

空襲的那天晚上，亞當在高射砲台附近遇見了當年黨衛軍的朋友。他們有個地下室公寓，分了個房間給他，使喚他跑腿、煮飯、買菜，順便充當打掃的傭人。亞當帶蘇珊娜進去，朋友們友善地點頭問好。之後，便是兩人世界。亞當拿出一包軍用湯包，煮出美味的好湯。他們坐在一起，蘇珊娜談起學校的事，亞當則提及他在黨衛軍期間一段住在森林裡的日子。

他說：「有時候，我們一天就摺倒 100 人。」蘇珊娜問：「摺倒？倒去哪裡？」

「喲，摺平、開槍、亂幹一氣，反正就是殺人。不管他們是猶太人還是蘇聯人都無所謂。懂嗎？」

蘇珊娜說：「懂。」她放下湯匙。「當然，很清楚。」

亞當堅持要替蘇珊娜張羅些蛋糕來當飯後甜點。他拿起哨子往窗口一站，叫了聲：「魯迪！過來！」幾分鐘後，一個高高瘦瘦的男子出現在門口。

「蛋糕，」亞當說：「給這位小姐鮮奶油蛋糕。我要一杯咖啡，快去！」

那人一動也不動。他彷彿不想正面看亞當，於是轉過頭去，

對著空氣說話：「我昨天沒辦法替先生們烤蛋糕。沒電，又沒瓦斯。」

「那你去城裡買蛋糕，但是要快！」

「先生，我沒錢，也沒有配給卡。」

「你沒錢？沒配給卡？」亞當閃電般地從男人前胸口袋裡掏出一張照片，一張捏得皺巴巴的照片，上頭是 2 個孩子和 1 名婦人。

「我的孫子！」那人喊著：「我的女兒！」

亞當把照片高舉在頭上，作勢要撕掉照片，又問那個人說：「你有沒有配給卡？有沒有錢？去不去買蛋糕？」

那人小聲地回答說：「沒錢，沒卡。」

「蘇珊娜！拿剪刀給我。快啊！書桌上有把剪刀！」

蘇珊娜大喊：「不，不，我不想吃蛋糕！」她跑了出去，跨過 4 個階梯走到馬路上，又跑過兩棟房子，踏進一戶人家的走廊，關上了門。

她完全不知自己身在何處，也不認識回家的路。但是，一個男孩提著購物袋走進來。「您找哪位？」他問蘇珊娜說：「這裡的人都搬走了，我們今天也要到弗艾德去。」弗艾德！那裡離新厝很近！

「你們願意帶我一起去嗎？」

「我們要去搭車處。我去問問我媽媽的意思。」

孩子的母親很高興蘇珊娜願意幫她提行李。他們穿過廢棄的小路，走到城郊一家被火燒毀的肥皂工廠。一輛小貨車等在那裡。兩位身著暗色制服的男人躺在貨車上，睡得正是香甜。

「他們是守夜員。」司機說：「小心點，別踩到他們的頭。他們是從烏納來的，昨天夜裡那裡發生了很多事。待會兒，我會在礦區放你們下車。」

數日以來，所有的礦場不需要提貨單就可以買賣煤炭。農民

1945 年 3 月 30 日，蘇聯紅軍部隊很快便突破了戍守在帝國議會的 1500 名防衛軍。

逃亡

　　1400 萬的難民，或是被驅離家園的人，需要一個重新開始的地方。

　　躲在地底下 7 公尺地下碉堡內的希特勒，在 1945 年 3 月 19 日下達「焦土命令」。任何可能被敵軍攻下或是占領的土地，都必須事先燒成「焦土」。敵軍在占領後將無法運用任何的交通道路、物資供給系統及廣播電台。

們聞風而至，駕著馬車從敏斯特地區及荷蘭邊界前來，購買冬天裡需要的煤炭。他們很樂意讓人搭順風車。就這樣，蘇珊娜精疲力竭地回到家裡，全身被煤灰和淚水弄得髒兮兮。媽媽將她擁入

懷中。

無法反抗戰爭的人們

　　1945 年 1 月 23 日，蘇俄部隊抵達奧德河。德國人民往西方逃難，難民隊伍漫長無盡。時值隆冬，數千人在逃亡途中喪生。

　　1944 年 4 月 29 日，希特勒和女友艾娃‧布朗完婚。隔天，兩人自殺身亡。

　　德意志帝國首都柏林在 5 月 2 日開城向蘇聯軍隊投降。 1945 年 5 月 7 日，最高元帥阿爾費德‧約德爾（Alfred Jodl, 1890-1946）在位於里姆斯（Reims）的美軍總部裡，簽署了德國無條件投降書。同年 5 月 8 日，降書正式生效。 5 月 9 日，在柏林卡爾斯豪斯特（Karlshorst）的俄軍總部內，德國元帥威廉‧凱特爾（Wilhelm Keitel, 1882-1946）又再度簽署降書。

　　但戰火繼續延燒，從歐洲向東移動，朝著「平靜之海」太平洋而去。當聯軍勝利國還在為德國戰後命運進行協商之際，美國軍機於 1945 年 8 月 6 日與 9 日，在日本廣島以及長崎投下原子彈。因為原子彈的巨大威力，以及高達攝氏兩千萬度的高溫和輻射，造成近乎 20 萬人死亡。這只是個粗略數字，因為多年以後，許多日本人仍因原子彈之後續影響而喪命。

　　麥爾先生從收音機裡聽見廣島的新聞報導。他關上店門，在

攻佔柏林的勝利者

　　蘇聯朱可夫元帥（Georgi Konstantinowitsch Schukow, 1896-1974）在柏林附近的卡爾斯豪斯特接受德國投降。迄至 1946 年 4 月為止，朱可夫擔任紅軍在德國境內的最高軍事指揮官。 1955 年，朱可夫元帥擔任蘇聯國防部長。 1957 年失寵，革除全數職務。

尋人服務

　　紅十字會受理了 140 萬件尋人服務的申請。每 4 名德國人當中，就有 1 人在戰時失蹤，或找不到自己的家人。戰後四處貼滿著「走失孩童尋找父母」的海報。至 1947 年為止，單單在英軍占領區內造冊登記的失怙孤兒便將近 4 萬餘名。許多孩子只知道自己的名字。在漢堡市，便有 21000 名孩童找不到自己的家。

前線軍人於返鄉假期中尋找家人。

櫥窗裡貼上「今日休業！」的紙條，走上樓。他打算和凱勒太太談談廣島的事。但是，凱勒太太在門口告訴麥爾先生說，馬克斯即將從英國戰俘營返家。她非常興奮，以致於麥爾先生不想告訴她剛剛發生的悲慘戰事。

麥爾說：「我常常惦記著阿諾。」因為他們已經好幾個月沒有阿諾的消息了。

凱勒太太說：「我等著他。」

「什麼叫做失蹤？我要等他。」還拄著拐杖的安妮特加入他們的談話。安妮特知道拉爾夫的情況嗎？他應該被俘虜了。聽說，蘇聯很快會釋放戰俘。但這年頭傳聞特別地多。

外公外婆、梁格夫婦還有史密特夫婦站在樓下信箱旁邊。「這些炸彈！這已經不是誠誠實實地打仗了！」外公喬治這麼說：「這不是戰爭，不是有贏有輸的戰爭，不是一對一的打鬥！」

「是啊，」麥爾先生說：「數千年以來，舊式的戰爭是謀殺者，有一張滿是血腥的恐怖臉孔。我們可以恨它、詛咒它，甚至和它作對。但是新的戰爭，人們稱它為原子戰。它是個沒有臉孔的怪獸，在它面前沒有任何人能夠保護自己。又哪能做出反抗它的行動呢？」

鄔蘇拉・魏爾夫

第五章

別說這是爲了祖國

反抗納粹政權的義士

1933 年 2 月 27 日晚上，卡爾・馮・奧西茨基（Carl von Ossietzky, 1889-1938）很晚才返家。回家前不久，他還收聽了有關帝國議會縱火案的廣播新聞報導。多日來，心裡那股惴惴不安的感覺愈來愈強烈，手也顫抖得更加厲害。妻子在柏林寓所門口等他，已經晚上 10 點多了，她擔憂地問他：「現在我們該如何是好？」奧西茨基說：「先去睡覺吧！」

這位當時最有名的政論雜誌《世界舞台》（Die Weltbühne）的發行人已經煩惱了一整天，忖度著自己究竟是否應該與其他知識份子及作家一樣離開德國。許多朋友們和同事都建議他絕對不要回家，儘快搭乘下一班火車離開柏林。但是，他猶豫不決。一直到他的好友兼政治同志赫姆特・馮・嘉爾拉赫（Hellmuth von Gerlach, 1866-1935）固執地反駁那些建議者說：「別嚇唬人了！那麼，好吧，我無論如何都要留下來。」奧西茨基也決意：「那麼，我也留下來……。」

一回到家，妻子也勸他逃亡。他安慰她說再等幾天。孰料，就在當晚凌晨 3 點半，電鈴聲驚醒了這對昏沉入睡的夫婦。奧西茨基太太說：「一定得開門嗎？」先生回答說：「當然必須開門。」只見兩名警察出示身分證明，宣布逮捕奧西茨基。

奧西茨基在威瑪共和時代屬於最知名的政論家之一，直到今日，人們依然欽佩他筆下的政治分析與社論。政論家弗利茲・嘉達茨（Fritz J. Raddatz）於 1944 年如此描述奧西茨基：「他是一把火炬，照出共和國腐化的黑暗、秘密勾當與陰謀。」

不可略過的歷史幽暗面

卡爾・馮・奧西茨基，1889 年出生於漢堡，一次世界大戰後積極參與和平運動。他毫不畏懼，勇敢地批評威瑪共和的缺點，以及當時正在崛起中的國家社會主義，無人能出其項背。 1931 年

「醒來吧，德國」

奧西茨基的友人及贊助者——庫爾特・圖霍爾斯基（Kurt Tucholsky, 1890-1935）早已預見災難即將來臨，於是儘早讓自己脫離險境。圖霍爾斯基曾經與奧西茨基一同負責《世界舞台》雜誌，但他已於 1929 年移民瑞典。一年後，1930 年，他在《醒來吧，德國》（*Deutschland erwache*）一詩中再度迫切地提出警告：「納粹為你編織死亡冠冕：德國啊，你可是看不見？」

納粹政權痛恨這名詩人，於 1933 年取消其德國國籍。表面上，圖霍爾斯基身處安全之地，但內心掙扎絕望。僅僅兩年之後，他在 1935 年流亡瑞典之際自殺身亡。

攝於 1933 年 2 月。獄中囚——記者卡爾・馮・奧西茨基。

1 月 20 日，《世界舞台》週報針對希特勒寫道：「全國國民的人心究竟何等懶散，以致於將這名愚蠢的懦夫當成領袖、效法的典範？」

奧西茨基不屈不撓地為民主政治喊話，因此成為納粹的眾矢之的。希特勒走馬上任帝國總理未滿一個月，便下令逮捕奧西茨基。奧西茨基在柏林亞歷山大廣場上的拘留所、索能堡集中營，以及最後在艾斯特維根（Esterwegen）集中營裡受盡折磨。在埃姆斯蘭（Emsland）❶ 荒野沼澤裡，這位代號「562」的囚犯根本不勝負荷沉重的體力勞動，更遑論應付納粹黨衛軍看守的刁難折磨與毆打。看守們尤其把這位威瑪共和的知識份子視為眼中釘，只

---

❶ 德國下薩克森邦埃姆河下游地區，區內沼澤遍布，艾斯特維根在其境內。

不過因為奧西茨基在國際間角逐諾貝爾和平獎，保其免於一死。

1936年11月，諾貝爾委員會追封這位在埃姆斯蘭的階下囚為1935年的諾貝爾和平獎得主。迫於國際壓力，納粹政權終於釋放奧西茨基。但他早已病入膏肓。在埃姆斯蘭集中營內已身染肺結核的奧西茨基，兩年後卒於肺疾。

毫無疑問地，奧西茨基屬於德國最勇敢、最無畏無懼的反納粹鬥士。但民主德國在數十年後，才開始重視與讚揚他。有一些人不願承認他，輕易地把他認定成共產主義份子；他們指稱奧西茨基是個激進民主份子、反對暴力者、勇敢的「國家主義與軍國主義反抗者」。西德前總理威利‧布蘭德（Willy Brandt, 1913-1992）曾寫道：「我們不可略過歷史書中的幽暗面，亦不可放棄延續民主之證據。」日後擔任德國總理的布蘭德，曾在納粹時期流亡海外，同樣也是一名反對運動的鬥士。當年他流亡挪威，也曾為奧西茨基之事略盡棉薄。

每天清晨，埃姆斯蘭集中營的囚犯都扛著鋤頭，出發去挖掘墓穴及搬運沙堆。人們稱呼他們為「沼澤軍人」。1930年代傳遍全世界的「沼澤軍人之歌」，便是在1934年起源於伯格莫爾（Börgermoor）集中營。在備受國家社會主義及法西斯主義影響的地方，人們四處傳唱著這首歌曲。即使在二次大戰結束之後，這首歌仍然是最著名的抗議歌曲之一。

一些「沼澤軍人」僥倖地保住性命。從1950年代中期開始，他們在離艾斯特維根不遠處的軍人公墓中定期聚會。德籍、法籍、荷蘭籍與比利時籍的「沼澤軍人」聚在一起，紀念被殺害的夥伴們。從1989年東西德統一後，當年來自東歐與波蘭的獄囚也陸續來參加聚會。

1960年代裡，這些聚會多半由「沼澤軍人委員會」及「受納粹政權迫害者聯盟」（簡寫為VVN）舉辦。憲法維護者甚至詳細記錄下這類聚會的演講內容，以及與會者的車牌號碼。人們將

「受納粹政權迫害者聯盟」視為被共產主義份子滲透的組織。冷戰時的歇斯底里，甚至連反對第三帝國的鬥士們都不放過。這些當年的沼澤軍人、在埃姆斯蘭倍受納粹政權蹂躪的男人們，他們犧牲自己年輕的歲月來對抗希特勒政權，如今已垂垂老矣，卻被視為全民公敵。

沼澤軍人之歌

詞：約翰・艾瑟 ／ 沃夫剛・梁霍夫
（Johann Esser / Wolfgang Langhoff）
曲：魯迪・高顧爾（Rudi Goguel）

目光所及
遍野僅沼澤與荒野
鳥鳴無法讓人喜悅
橡樹樹枝彎又枯

吾等沼澤軍人
荷鋤進沼澤

在此空寂荒野
有座營區
遠離諸般喜悅
帶刺鐵絲網後，吾等站列

吾等沼澤軍人
荷鋤進沼澤

清晨人馬隊隊列
深入沼澤勞動忙
烈日灼身拼命掘
其實只是為家鄉

吾等沼澤軍人
荷鋤進沼澤

歸鄉，歸鄉
父母與妻兒，眾人渴望
滿懷嘆息
只因窒梏此地

吾等沼澤軍人
荷鋤進沼澤

上下崗哨遍佈
無人，無人能通行
逃亡代價是性命
這堡壘重重戒備嚴

吾等沼澤軍人
荷鋤進沼澤

別為吾等悲傷
冬日不久長
有朝一日終能道：
故鄉，你又屬我

而後吾等沼澤軍人
不再荷鋤進沼澤

教會人士的反納粹事蹟

　　1960 年代早期，在帕本堡（Papenburg）發行的《埃姆斯報》，開始深入探討埃姆斯蘭營區以及當地民眾對第三帝國的態度。埃姆斯蘭地區深受天主教影響，極其保守。基層與地方上的政客、天主教教會代表與傳統協會會員都強烈反對這項議題，根本拒絕參與討論。譬如教會在自我認定上原本應當保衛反納粹義士才對，但是當年埃姆斯蘭地區的教會人士偕同納粹地方官員，一起列隊舉起右手行希特勒萬歲致意禮，且留影合照。當地天主教教會在 60 年代，對這些照片十分地敏感，他們發覺自己突然備受眾人譴責。

　　不過，教會真的可以舉出一些令人感動的反納粹事蹟，例如：紅衣主教克萊門斯・奧古斯特・馮・加倫（Clemens August Graf von Galen, 1878-1946）乃神職人員之最佳勇氣楷模。這位敏斯特主教在教會講壇上以及傳閱信函中，嚴厲譴責納粹份子戕害謀殺殘障人士，完全不曾因為受到威脅而退縮害怕。透過這位主教的努力，納粹政府正式宣告停止施行「安樂死」，也就是毀滅所謂「無生存價值之生命」。但暗地裡，納粹仍然持續殺害身心障礙者。

　　或者，以耶穌會教士艾費德・戴普（Alfred Delp, 1907-1945）為例：這位神學家暨反納粹運動鬥士屬於「克萊紹幫」（Kreisauer Kreis）。這個反納粹組織以馮・莫爾特克夫婦（von Moltke）及馮・瓦騰堡夫婦（von Wartenburg）為核心。蓋世太保給他們取了這個代號，因為馮・莫爾特克夫婦的農莊就叫做「克萊紹」。這群人在農莊裡討論戰後新秩序的計畫，並且連結在瑞典與英國的人脈關係。為了反抗納粹政權，戴普教士犧牲了一己性命。

　　來自奧地利北方的法蘭斯・葉格施德特（Franz Jägerstätter, 1907-1943），則是另一個例子。基於基督信仰良知，他拒絕跟隨

希特勒、拒絕服役及使用武器。這位農夫，同時也是 3 名稚齡幼子的父親，因為「叛變罪」在柏林—特格被判死刑，斬首示眾。

反對向納粹靠攏的告白教會

還有許多信徒的事蹟可以彰顯出教會的榮耀，但這並非通論，這些教會信徒的表現，並不代表天主教教會一致反對納粹政權。恰好相反。大多數的信徒像一般民眾；他們調整自己來適應大環境，或者積極參與納粹活動。教會只在宗教課程受阻、神職人員或修女被捕時，才會稍加反抗。這就是說，教會並非全然反對納粹。對於猶太人受到迫害與謀害一事，多數天主教的高階神職人員都只是保持緘默。

埃姆斯蘭地區天主教會的最高主教——威廉·貝寧（Wilhelm Berning, 1877-1955），甚至公然站在納粹黨那一邊，而且在希特勒大權在握將德國導向戰爭之際，選擇向納粹靠攏。貝寧擔任奧斯納布呂克（Osnabrück）主教，以及納粹帝國位於普魯士地區之國事顧問。 1936 年，他前往視察埃姆斯蘭營區。 1936 年 6 月 26 日的《埃姆斯報》報導，主教在亞迅多佛（Aschendorfermoor）集中營營區餐廳內表示：「感謝諸位，讓本人看見第三帝國為各位所打造的家園。長久以來，埃姆斯蘭地區彷彿睡美人般沉睡著，直到王子降臨將其喚醒；這位王子就是我們的元首希特勒。」

天主教教會在第三帝國時期仍然能相當程度地維持其內部一致性，付出的代價就是必須調整自己，並且忍受納粹政權。新教教會則從一開始便出現兩派勢不兩立的對立主張。「告白教會」乃基督教教會內部之反納粹運動，他們嚴峻地拒絕協助納粹政權達成目的。「告白教會」的基本原則是強調將基督教教義與信仰放在生命的首位，而非一昧地服從國家。

基於這項信仰告白，「告白教會」與「德意志基督教會」完

「告白教會」的基督徒

新教神學家潘霍華 ❷ 於 1938 年寫道：「唯有為猶太民族奮力疾呼之人，才准高唱使徒新歌。」1930 年代初期在柏林擔任大學生牧師的潘霍華，一再公開批評新教教會對崛起中之國家社會主義的態度，並且警惕眾人要為「無權無勢、備受壓迫與受人譏諷者」站出來表達主張。然而，大多數的教會信眾卻未聽從他的意見。

希特勒奪權上台兩天之後，潘霍華在廣播演說中提及：「把自己當作上帝的元首與公務機關，就是在嘲諷上帝。」這段話讓他成為納粹的箭靶。潘霍華的授課資格遭到取消，他後來加入「告白教會」；直到 1937 年為止，他主持一間非法的地下神學院。他的姊夫漢斯・馮・鐸南宣（Hans von Dohnanyi）任職於國防軍總指揮部外事局，透過他的關係，潘霍華和政壇上的反對運動者取得聯繫。他結合國外的反納粹團體，偷偷將情報送往外國，但很快便引起秘密警察的注意。

潘霍華於 1943 年 4 月被捕，經過軍事管制法庭審判，兩年後被害，卒於佛洛森堡（Flossenburg）集中營。

全對立，後者承認納粹國家，教徒們更經常公開在衣服袖口配戴國社黨徽章。這一派的代表首推帝國主教穆勒（Ludwig Müller, 1883-1945），他早於 1933 年便擅自作主，將基督教青少年團契編入希特勒青年團。

穆勒打算將元首原則及亞利安條款──亦即歧視與排擠猶太人──運用在教會之內。

帝國主教以公立教會之尊，公開與納粹政權同步合一之際，馬丁・倪慕樂 ❸ 與後來成為德國總統的顧斯塔夫・海涅曼（Gustav Heinemann, 1899-1976），與一群牧師和平民信徒等，試圖

❷ 潘霍華（Dietrich Bonhoeffer, 1906-1945），24 歲完成神學博士學位。著述甚豐，包括 1933 年出版之《基督中心》、《追隨基督》（Nachfolge）及《團契生活》（Gemeinsames Leben），以及 1949 年的《倫理學》及 1951 年《獄中書簡》。

帝國主教

　　路德維希‧穆勒主教很早便開始贊助希特勒。他早已於
1931年加入納粹黨。1933年9月被封為帝國主教，並擅自決
定將基督教青少年團體編至希特勒青年團。但這計畫並未得
逞，穆勒未能成功讓德國各邦教會同步進行此事。宣傳部部長
戈培爾對帝國主教也感到失望，他在日記中寫道：「穆勒沒帶
給我們多大的幫助。」1945年7月31日，穆勒於柏林自殺身
亡。

阻撓教會附從政權。他們強烈反對將教會青年事工歸屬於希特勒
青年團之下，拼命為教會工作爭取自由運作的空間。

　　1934年，「告白教會」於烏珀塔爾─巴門（Wuppertal-
Barmen）舉行宗教討論會議，海涅曼律師協同瑞士籍神學家卡
爾‧巴特（Karl Barth, 1886-1968）擬定「巴門宣言」❹。宣言中
將教會定位為反對納粹統治，因為這場宗教會議與宣言中，決定
不苟同那些效忠納粹政權的德國基督教教徒：「吾等立場堅定拒
絕此異端，它認為吾等生命不必全部歸屬耶穌基督，而可歸其他
主人所有。」

　　許多信徒鄙視帝國主教，但穆勒卻頑固地堅守路線。「告白
教會」牧師受懲戒程序審判，不但言論遭到禁止，而且被視為國
家公敵。因此，在公立教會體制之外，一些牧師成立獨立的教
會，租用禮堂與風琴來舉行自己的主日儀式。

　　許多「告白教會」內的積極份子聚集在倪慕樂牧師身旁，他

❸馬丁‧倪慕樂（Martin Niemöller, 1892-1984）是「告白教會」發起人。1933年組織牧師
緊急聯會（Pfarrernotbund），反抗納粹主義干涉教會。戰後轉為和平主義者，從事促進國
際和解與社會公義的工作。1961年至1968年，擔任普世基督教協會（W.C.C.）主席。
❹1934年之「巴門宣言」（Die Barmer Erklärung）為數名神學家聯名反對納粹德國由1933
至1934年止建立的德國基督教，並稱其為異端，因為其已明顯背離了福音跟信仰，將信
仰的對象由上帝轉向納粹主義與希特勒。這項聲明乃為「告白教會」制度預做準備。

當時在柏林—達勒姆擔任牧師。其幼年教育強調效忠皇帝與德國國族，於一次大戰期間曾擔任潛水艇指揮官。由於對威瑪民主的失望，倪慕樂起先對納粹份子尚存有好感。但後來納粹開始建立武力統治，倪慕樂牧師便激烈地反對，而且絲毫不妥協。他強烈反對公立教會對於納粹政權唯命是從的態度。他成立「牧師緊急聯會」，從這個聯會中發展出教會內部之反對派。

　　倪慕樂牧師被禁止發表言論、被捕、釋放後又再度入獄。1937 年特別審判庭判處他 7 個月徒刑。刑期屆滿之後，卻未被釋放，法庭將之宣告為「元首個人的囚犯」。迄至戰爭結束為止，倪慕樂在薩克森豪森集中營內滯留多年。「告白教會」因此失去一名最重要的鬥士。

勇敢堅毅的白玫瑰

　　蘇菲・碩爾（Sophie Scholl, 1921-1943）對納粹政權的反抗，

密報

「倪慕樂牧師一開始講道，便狂妄無恥地數說過去 4 年的時光……這真是罪過！全體人民在全國起義日 ❺ 心滿意足且驕傲地聆聽元首談話，但這個倪慕樂牧師竟然容許自己搞出這些下流之事，並且散播分裂的毒素。」

　　以上來自一篇密探報導，密告倪慕樂牧師在 1937 年 1 月 30 日於柏林—達勒姆所主持的主日儀式。

---

❺ 全國起義日指的是 1 月 30 日，亦即希特勒奪權繼位之日。

同樣也出自於基督教信仰的基本態度。在70年代末期，當我（本篇作者）在撰寫蘇菲・碩爾傳記時，曾深入探索其一生經歷。她兩位倖存的妹妹伊麗莎白及英格，同意提供我協助。

當時，英格和版畫設計家的夫婿歐特・艾歇爾（Otl Aicher）住在巴登－符騰堡阿爾高（Allgäu）❻地區的羅提斯穆勒（Rotismühle），當地風景優美，尚未沾染半點塵俗。在那裡，我和英格談起蘇菲，談起她在佛賀特堡（Forchtenberg）的童年、在烏姆（Ulm）的青少年時期、他們起先加入希特勒青年團，後又發生衝突；然後提到第三帝國時代的「青年義務勞動」，最後則談及蘇菲在慕尼黑大學就讀生物學與哲學，她在大學裡加入其兄長所組織之「白玫瑰」（Weise Rose）反納粹團體，協助製作並散發傳單。

「白玫瑰」的核心成員包括碩爾兄妹、亞歷山大・許莫瑞（Alexander Schmorell, 1917-1943）、克利斯多夫・珀布斯特（Christoph Probst, 1919-1943）及威利・葛拉夫（Willi Graf, 1918-

> **閉口不語**
>
> 納粹逮捕共產黨員時，我閉口不語；
> 我並非共產黨員。
> 納粹將社會民主份子關進大牢時，
> 我閉口不語；
> 我並非社民份子。
> 納粹擒拿工會會員時，
> 我閉口不語；
> 我並非工會會員。
> 他們逮捕我時，沒有任何一個人
> 可以抗議。
>
> 馬丁・倪慕樂

❻位於德國南方阿爾卑斯山區。

1943），哲學教授暨音樂心理學家庫特‧胡柏（Kurt Huber, 1893-
1943）之後亦加入其行列。這些學生一致反對納粹政權。鑑於納
粹的戰爭罪行，以及集體大屠殺猶太人的非人行徑，讓這些學生
們深深地相信：行動的時刻已經來臨。

　　「白玫瑰」的第一批傳單出現於 1942 年，由漢斯及亞歷山大
共同撰寫。「白玫瑰」共計發出 6 批傳單，多半採郵寄方式。幾
批傳單一版即印製 6000 至 9000 份，在德國南部及奧地利分送。
除此之外，這個團體還籌備晚間的塗鴉運動。牆上可以見到「打
敗希特勒」、「希特勒殺人魔」、「自由」等字眼，以及被劃上叉
叉的納粹十字。這個反納粹團體透過與知識份子的聯繫、本身對
東歐戰場的看法，以及收聽聯軍廣播節目，掌握了相當多的資
訊。

　　第 6 批傳單冠上「同學們！同學們！」的標題，特別針對慕
尼黑大學生，呼籲眾人反抗納粹政權，解脫納粹桎梏。這項呼籲
來自對於帝國國防軍於史達林格勒戰敗的看法。 1943 年 2 月 18
日上午，碩爾兄妹在慕尼黑大學發送傳單。他們從迴廊上將最後
的一些傳單丟進天井裡。工友看見之後，向蓋世太保檢舉他們。

　　遭到逮捕後，一行人旋即接受冗長的審問。 4 天之後，人民

> **白玫瑰傳單**
>
> 　「希特勒口中說出的每一個字都是謊言。他提及和平，意謂
> 著戰爭；他冒瀆稱呼全能上帝之名時，意謂著在呼喚惡魔、墮
> 落的天使與撒旦的權勢……。雖然我們明瞭必須以暴制暴，必
> 須藉由軍隊的力量來瓦解納粹勢力，但我們仍試圖從內心開
> 始，更新受創嚴重的德國精神。重生的先決條件在於你我必須
> 明瞭德國民族所背負的過錯，並且毫不遲疑地對抗希特勒，以
> 及為數過多之眾家幫手。」
>
> 　來源：1942 年的「白玫瑰」第四份傳單

慕尼黑反抗團體「白玫瑰」之成員：碩爾兄妹（漢斯、蘇菲）與克利斯多夫・珀布斯特
（由左而右）。3 人於 1943 年 2 月遭到斬首。

法院院長羅藍・佛萊斯勒（Roland Freisler, 1893-1945）由柏林來到
慕尼黑，為的就是在慕尼黑宣布碩爾兄妹及克利斯多夫・珀布斯
特的審判結果。一名當時的目擊者——李奧・山伯格（Leo
Samberger）描述了那場由佛萊斯勒主導的審判過程：「佛萊斯勒
暴跳如雷，他大聲咆哮蓋過眾人的聲音，總是一再暴怒地突然跳
起。」

　　蘇菲・碩爾、其兄漢斯及克利斯多夫・珀布斯特一同於 1943
年 2 月 22 日因叛國利敵、籌措謀逆叛亂等罪名被判死刑，並在慕
尼黑—史達德海姆上斷頭臺處死，蘇菲・碩爾當時才 21 歲。審問
時，她坦承發送傳單：「我們的對談與文字內容，其實是很多人
心中的想法，他們只是不敢說出來罷了。」

　　在後來 4 場對學生反抗團體成員的審判中，庫特・胡柏教
授、亞歷山大・許莫瑞、威利・葛拉夫以及漢斯・萊比特（Hans

Leipelt, 1921-1945）判定死刑定讞，判決立即執行。部分其他被告則被判處長期監禁。「白玫瑰」從此凋謝不再。

我撰寫《蘇菲・碩爾的短暫人生》（*Das kurze Leben der Sophie Scholl*）一書時，她當年的男友費茲・哈特拿格（Fritz Hartnagel）首度同意接受採訪。他們兩人於 1937 年開始交往。費茲爲職業軍官，參戰直至戰敗結束爲止。蘇菲遇害一事成爲他的夢魘。他原本打算在 1943 年放棄軍職，但蘇菲的父親羅伯特阻止了他，因爲他的退役絕對會爲家人帶來更多危險。1945 年，他與蘇菲的妹妹伊麗莎白結婚。戰後，哈特拿格成爲法官，積極反對德國再度擁有武裝軍備，更長年拒絕服役作戰。

當時，蘇菲和費茲偶爾魚雁往返。這些書信證明，蘇菲一貫秉持自己的觀點，也如此面對男友。二次世界大戰開始之初，蘇

血腥法官

不同意第三帝國的人，不僅害怕蓋世太保，還必須畏懼公然審判「叛亂份子」的人民法院，因為叛亂者通常會被處死刑。人民法院自認其任務並不在於審判，而在於「消滅反對國家社會主義者」。人民法院配合這項任務，只徵召贊同納粹主義的法官。人民法院的判決，「不容許由其他法律途徑」推翻。

羅藍・佛萊斯勒院長主責人民法院，狂熱地追隨元首希特勒。他多半以蓋人的聲量咆哮斥罵被告，指責被告為「可憐蟲」、「神棍小人物」或者「人人喊打的老鼠」。因為在判決上毫不留情，佛萊斯勒很快便得到「血腥法官」的稱號。人民法院宣判的死刑超過 5000 件，其中包括對碩爾兄妹的判決，以及對 1944 年 7 月 20 日軍方反抗運動者 ❼ 之死刑判決。

---

❼指的是德國軍方反納粹份子謀刺希特勒的行動。克勞斯・宣克・馮・史道芬伯格上校（Claus Schenk Graf von Stauffenberg, 1907-1944）與軍方人士策劃「女武神行動」（Operation Walküre），3 次暗殺希特勒未遂，約有 1500 因故被捕入獄，200 人被處決。

菲於 1939 年 9 月 1 日寫道:「你們現在有事可做了。如今,許多
人一直害其他人身陷險境。我無法瞭解此事,而且覺得十分可
怕。請千萬別說,這是爲了祖國。」

　　蘇菲·碩爾一再提出反對戰爭的論點,最終也說服費茲相
信,絕對不能容許希特勒戰勝。「但我愈來愈瞭解,蘇菲的態度
只是前後一致罷了。對於希特勒,我們如果不是舉雙手贊同他,
就是必須反對他。反對希特勒,就絕對不允許他打贏這場戰爭,
因爲唯有戰敗才能除掉希特勒。更進一步的意思就是:一切對敵
人有利、會損及德國人的事情,才能讓你我重獲自由。」

　　蘇菲·碩爾的書信與日記證明她非常獨立自主。早在童年階
段,她便顯出獨立思考與行動能力的人格特質。不論是天性或者
後天養成,她表現出一種深度,不容許任何的失眞。但在字裡行
間,也可以明顯看出反納粹行動的恐懼心情,她的內心空虛沒有

「人民法院」的羅藍·佛萊斯勒院長。攝於 1944 年。

慰藉。當數百萬人面對戰爭、毀滅、恐怖主義與死亡感到絕望悲觀之際，只有少數人膽敢站起來抵抗不公不義。

1943 年 1 月 13 日，蘇菲在日記中寫道：「獨自一人時，憂愁壓抑每一種樂趣，將之轉換爲行動。我拿起書，並非因爲對閱讀感到興趣，反而像是另一個人在這麼做……最嚴重的疼痛，只要純粹是身體上的疼痛，都遠勝過這種空虛感千百倍。」

如今，幾乎每個德國人都知道碩爾兄妹，慕尼黑學生團體「白玫瑰」的反抗運動，有時甚至會成爲反抗納粹政權運動的代表。然而，在「白玫瑰」之外，反抗希特勒及納粹主義的團體在形式與組織上各有不同，而且從一開始便有所差異。

追求自主風格的搖擺青年

第三帝國時代，有一股反對活動特別吸引許多青少年參加，他們反對的是國家社會主義份子狹隘的音樂品味。因爲納粹堅持德意志血統與土地的意識型態，他們只宣傳德國歌曲，刻意貶低外國創作，尤其將美國歌曲貶爲「黑鬼音樂」。

一些青少年反對這類做法，他們拒絕德國本土音樂，只聽搖擺樂與爵士樂，並隨著音樂舞動。漢堡是這些搖擺音樂年青人的大本營。在這個商業都市裡，年輕的男男女女組成「搖擺團體」。「搖擺青年」舉止隨便，蓄著長髮，穿著隨意，與身穿制服、儀表一絲不苟的希特勒青年形成強烈對比。

當局縱容這些搖擺青年一段時間，1942 年開始反擊。黨衛軍總司令兼最高警政署署長海因希‧希姆萊要求「徹底剷除這整個禍害」，並展開一波波的逮捕浪潮。許多未成年青少年被關進漢諾威附近的莫寧根（Moringen）青少年集中營，或被送往新迦莫（Neuengamme）、布亨瓦德及北根—貝森（Bergen-Belsen）集中營。搖擺音樂運動沒有明顯的政治企圖，他們只是不希望被迫接

受希特勒及希姆萊等種族主義狂熱份子所加諸的生活風格。

小白花海盜與包姆幫

這點和「小白花海盜」（Edelweis-Piraten）相似。「小白花海盜」是一股評論政權的運動，由數千名青年勞工所組成，成員主要來自科隆及魯爾區，另一些則來自法蘭克福及卡瑟爾（Kassel）。他們聚集在一起發表言論。「小白花海盜」這個代號可能來自緝捕單位，因為一些年輕人在被捕時身戴小白花徽章。

「小白花海盜」的舉止像是無產階級，他們與希特勒青年團的團員鬥毆，並進行破壞行動。有時也會挑釁希特勒青年團的成員，故意與其發生衝突。他們透過服飾、記號與問候形式，凸顯自己獨樹一格。打架鬧事的「小白花海盜」青少年成員不需經過法律審理即被吊死，其他附屬者則被視為「乏人管教」或是「危害團體的破壞份子」，被送往勞動教育營及集中營。

相反地，柏林的「赫伯特包姆幫」（Herbert Baum Gruppe）的行動則比較帶有政治動機。學過電器工的赫伯特・包姆、瑪麗安娜・孔恩（Marianne Cohn）、馬丁・寇赫曼（Martin Kochmann）以及莎拉・羅森包姆（Sara Rosenbaum）等人身邊，約莫糾集了100多人，他們多半來自柏林的猶太人勞工家庭，或是小市民背景。其中一部分成員迄至1933年都還是活躍的共產黨青年組織黨員。

這個團體藉著牆上的口號、傳單與小貼紙來對抗納粹份子。他們在1942年5月有一次行動；當時納粹在柏林遊樂花園舉辦「蘇維埃天堂」的展覽。「赫伯特包姆幫」抗議納粹運用低級宣傳手法，企圖炒熱人民的反蘇聯情緒。他們反對這項展覽，打出一些譬如「納粹天堂的常態展——戰爭、飢荒、謊言與蓋世太保。還要展示多久？」的口號。包姆幫成員在展覽會上縱火，企圖破壞帝國宣傳部部長約瑟夫・戈培爾的得意大作。

縱火案讓 11 個人受傷，實物損失並不大。蓋世太保在數日後逮捕了許多包姆幫成員，其中 20 名被判處死刑。嚴刑拷打之後，包姆死於獄中，可能是自殺身亡。

自立團體愛彌爾叔叔

在柏林，秘密警察為了監督市民，特地建立起非常嚴密的監控網絡，但同時這裡也有不少人在積極反抗當局政權。藉助他們的市民勇氣與協助，約有 1400 名俗稱「潛水艇」的猶太人藏匿在帝國首都裡，苟延殘喘至戰爭結束。在德國其他地區也同樣有一些人，他們奮不顧身，不顧自身安危藏匿被追緝的猶太人與政治逃犯。他們將人藏在連蓋世太保都料想不到的地下室、私人住家閣樓、修道院，甚至妓院當中。當時，全國非法居留的猶太人人數超過 1 萬名。

那個時候，柏林有一個組織特別照顧身處放逐與謀害危險中的猶太人，他們自稱「愛彌爾叔叔」（Onkel Emil）。女記者露德・安德烈亞斯—費德利希（Ruth Andreas-Friedrich, 1901-1977）及其柏林愛樂的指揮家男友李奧・博夏德（Leo Borchard, 1899-1945）糾集有志一同的友人，建立網絡。他們相約在危險情況中大聲說出「愛彌爾叔叔」做為暗號。

這個反納粹團體負責為潛入地下的猶太人及政治逃犯張羅住處與食物配給卡，讓他們在藏身之處不致於挨餓受凍。如果通緝犯有勇氣再度在公眾生活，則協助他們取得衣物、身分文件以及醫師診斷證明。一直至大戰結束為止，「愛彌爾叔叔」這個組織都未曾曝光，他們的行動尚且包括破壞工廠、毀損納粹象徵、向國外報導集中營情況，並傳遞政治情報。

> **地下倖存者**
>
> 　　一個以錫安青少年領袖濟恰克・施維善茲（Jizchak Schwersenz, 1915-2005）爲首之組織，躲過被遣送集中營的命運，進而潛入地下。這批青少年約有 40 人，經常變換住處，甚至住在柏林—白湖（Berlin-Weißensee）猶太人墓園裡的墓塚屋頂中，苟延殘喘地倖存下來。他們也爲其他地下活動者張羅身分文件、住處與食物。施維善茲於 1944 年成功逃往瑞士。

玫瑰街的婦女抗爭

　　1943 年初，發生了一件令人無法置信的事情。現在透過電影《玫瑰街》（*Rosenstraße*），才引起大家的注意。當時，數百名婦女在柏林街頭抗議政府逮捕她們的猶太籍夫婿，並遣送至奧斯維辛集中營。離柏林亞歷山大廣場不遠的倉庫區裡，迴盪著「還我夫婿」的聲浪。

　　此事發生之前，納粹政府計畫逮捕所有列冊紀錄尚居住於德意志帝國境內的猶太人，將之押上貨艙火車，遣往奧斯維辛集中營。這項「清倉行動」中，亦逮捕了最後一批住在柏林的猶太人，當時這些人多半在武器工廠裡擔任強制勞役工。

　　這些婦女抗爭了一個星期，警察並未介入。由帝國宣傳部部長戈培爾的日記可得知，當局起初完全不知該如何因應這項挑戰。之後發生了一些讓人訝異的事：納粹當局讓步，釋放了那些猶太男性。其中多數人在戰爭中倖存下來。

　　歷史學家沃夫剛・本斯（Wolfgang Benz）認爲，玫瑰街上的婦女抗議行動「在第三帝國歷史中，這場抗議行動獨一無二。基於與鄰人的團結心，這些受到危害的弱勢團體公開地以不服從的形式，來表達他們的抗議。這是對國家社會主義體制的公然抗議。」

> **工廠運動**
>
> 　　藉由所謂的「工廠運動」（Fabrikaktion），納粹宣傳部部長兼柏林地方黨部主委約瑟夫・戈培爾虛榮地希望在 1943 年年底前，將柏林打造成「猶太淨空」的城市。除了逮捕不受保護的猶太人之外，亦應逮捕與德國女性結婚的猶太男性，將之逐出工廠。
>
> 　　1943 年初，共計約 1 萬名猶太人住在帝國首都柏林，其中 1000 多名來自所謂的「異族婚姻」，也就是說，他們的妻子並非猶太人。這些男性被關在原本屬於猶太教會的玫瑰街 2-4 號屋舍之內。

紅色小樂隊

　　並非只有玫瑰街婦女才承擔著高度的個人風險，勇於反抗納粹獨裁。凱托・邦葉思・范・貝克（Cato Bontjes van Beek, 1920-1943）亦然。

　　凱托的本籍是布萊梅附近的畫家小村費雪胡德（Fischerhude）。她的父親有荷蘭血統，乃德國最具盛名的陶瓷創作家之一。母親歐嘉曾於 1920 年代於德國及歐洲進行舞蹈巡迴公演，之後她成為畫家，創作出許多令人讚嘆的畫像、靜物寫生與風景畫作品。

　　凱托在柏林與「紅色小樂隊」（Rote Kapelle）接觸。 1933 年父母離異之後，父親在柏林的處女荒原（Jungfernheide）蓋了間新的陶藝創作室，凱托開始在那裡當學徒學習陶藝。她在父親的住處結識了空軍軍官哈洛・舒茲—柏以森（Harro Schulze-Boysen, 1909-1942）的妻子麗柏塔絲。除了領導人亞維・哈納克（Arvid Harnack, 1901-1942）之外，舒茲—柏以森是柏林「紅色小樂隊」真正的主腦人物。

　　這個反納粹組織的成員來自完全不同的背景，部分的政治理

念甚至背道而馳。對希特勒及國家社會主義的反抗心志,將這些
軍官、公務人員、藝術家、知識份子與勞工緊緊地凝聚在一起。
他們協助被通緝者,記錄納粹政權罪行,並散發傳單。凱托與其
詩人男友漢茲・史崔洛(Heinz Strelow)幫忙製作與分送傳單。

1941 年初,舒茲─柏以森與哈納克聯繫蘇聯無線電台,警告
他們德國即將對蘇聯展開的攻擊計畫。

帝國國防軍攔截下這通無線電通話加以解碼,並在 1943 年秋
天徹底瓦解了「紅色小樂隊」。100 多名成員被捕,帝國戰爭法庭
與人民法院控訴其中的 92 名成員,49 人被判處死刑。19 名婦女
慘遭殺害,其中一人即爲凱托。

她在 1943 年 1 月 18 日被判處「協助謀反罪」。同年 8 月 5 日
執行死刑之前,凱托在好幾間柏林監獄裡停留了將近 10 個月的時
間。如同蘇菲・碩爾一般,年僅 21 歲的凱托,勇敢冷靜地走向柏
林─波洛成湖監獄❶的刑場,她的勇氣叫人讚嘆。凱托與蘇菲兩
位女性之間的共通點非常明顯:她們兩個人都具有藝術天賦;她
們不但非常感性,理解力亦相當敏銳。兩人都摯愛自然,都曾在
書信與日記中表達自己醉心愛慕著熟識的自然景致。

幾乎每一個學生與成年人都知道蘇菲・碩爾這名字以及「白
玫瑰」。但爲什麼大家對凱托・邦葉思・范・貝克幾乎一無所悉
呢?凱托就像其他「紅色小樂隊」成員一般,不僅是納粹主義的
犧牲品;他們在 1945 年之後,也淪爲冷戰的犧牲品。人們根本不
記得「紅色小樂隊」反抗納粹的貢獻。東德政府將他們歸類爲共
產主義導向的英雄式反抗運動團體,東德共產黨領袖在公開場合
中企圖哄騙大家相信這套說法,但「紅色小樂隊」成員絕對不是
「光榮蘇聯戰鬥命令下的和平密探」。

---

❶柏林─波洛成湖(Berlin-Plötzensee)監獄是納粹時期囚禁政治犯的監獄。有審判室以及
死刑處決場所,許多反對納粹人士,例如戴普教士皆辛於此。將近 3000 人在此犧牲,如
今在原行刑地設有紀念堂供人參觀。

「紅色小樂隊」這個名稱是納粹反間諜機關及蓋世太保，爲了緝捕這群人所設定的代號。但對戰後的西德人民而言，這名稱顯然讓人無法消受。人們自然不會去留意「紅色小樂隊」成員的反納粹行動，有些人或許還會毀謗這個團體，認爲它是「共產組織」。 1960 年代初期就曾經發生過這種情況。二次大戰之後，因爲認知上的「雙重扭曲」，這個來自柏林的反抗團體，根本不被視爲正當的反納粹組織。

東西德統一之後，人們才得以擺脫偏見與狹隘的意識型態，重新看待此事。柏林的德國反納粹運動紀念館館長——約翰尼斯·杜和（Johannes Tuchel）從 90 年代初期便開始審編出版與「紅色小樂隊」相關的歷史文獻資料。藉著這些文獻，德國反納粹運動紀念館讓「紅色小樂隊」取得忠於歷史的嶄新形象。

被阻止的死亡列車

勇敢冒險的行動可以拯救許多人的生命。反納粹鬥士雷金娜·克羅赫瑪（Régine Krochmal），就是一個很好的例子。雷金娜原籍奧地利，納粹占領期間住在比利時。 1943 年 4 月 19 日，她和另外 1900 名猶太人原應從比利時梅謝林（Mechelen）集中營被遣送至奧斯維辛集中營。 3 名年輕的比利時反抗鬥士阻止了那輛死亡列車，釋放車內的猶太人。

女作家瑪麗翁·施萊柏（Marion Schreiber）於其《無聲的反抗者——襲擊第 20 梯次的遣送火車》（*Stille Rebellen － Der Überfall auf den 20. Deportationszug nach Auschwitz*）書中所言：「此乃猶太人大屠殺 ❾ 史上非常特殊的事件。」書中寫道：「所有從那班開往奧斯維辛的死亡列車脫逃的人們，都是仰仗比利時人民的幫助。沒有一個猶太人遭到告發。這是比利時人的光榮！比利時人的光榮！❿」這次行動拯救了 231 條人命，雷金娜也包括在內。

我在布魯塞的《凱托‧邦葉思‧范‧貝克——我並未乞求苟延此生》（*Cato Bontjes van Beek － Ich habe nicht um mein Leben gebettelt*）新書發表會上，結識了雷金娜‧克羅赫瑪。新書朗讀結束後，雷金娜走至台前，擁抱了我。她從未聽過關於凱托的隻字片語，心中甚有感觸，凱托的生命故事深深感動她。後來雷金娜向她的朋友承認，這是她在戰後首度將一個德國人擁入懷中。

德國猶太人中央協會的主席保羅‧史畢格（Paul Spiegel）也對比利時人深感讚佩。幼年時，父母爲他覓著一處比利時農莊，將他藏匿其中 3 年半之久。在藏匿之前，他 13 歲的姊姊被蓋世太保捉走。一個平民裝束的男子在領取食物配給卡時，詢問史畢格的姊姊是否爲猶太人。就這樣，她被遣往奧斯維辛集中營，再也不曾和家人見面。

另外還有 4000 多名孩童和保羅‧史畢格一樣，靠著僞造的身分住在比利時人的家庭、寄宿學校、修道院或者是教養院中，因而躲過大屠殺。「當時比利時有 6 萬名猶太人，其中 6 成並未遭到遣送。他們透過鄰居、朋友，或者素未謀面者的協助，逃過德國種族狂熱份子的追捕。」

展現勇氣並反抗不義

對於反納粹運動的探討，常引導我發現在生命關鍵時刻做出正確抉擇的人們。他們選擇站在人道那一邊，不願意和壓迫及暴政苟合。席特君‧查森豪斯（Hiltgunt Zassenhaus）就是這樣的例子。她出生於漢堡，戰後在美國巴爾的摩行醫。

1938 年，席特君‧查森豪斯 21 歲，通過翻譯學位考試，在漢堡郵件控管中心找到工作。她應當控管來自波蘭占領區及其他國

---

❾ 猶太人大屠殺（Holocaust）是納粹德國在二次世界大戰中的種族滅絕行動。其英文與德文表達都是「Holocaust」，此字源於希臘語，意指「燔祭」。
❿ 作者一次用法語，一次用德語來強調這句話。

家的猶太囚俘郵件，挑出囚犯向外界求助食物、衣物與藥品的信件，然後加以銷毀。她完全背道而馳。透過漢堡輪船公司經紀人的協助，她將這些信件寄往正確的地址。

因爲得到主管單位檢察官的信賴，這位年輕翻譯員的工作範圍逐漸擴大，還額外負責掌控來自斯堪的那維亞半島囚犯的信件，並且能陪同神職人員去監獄探訪。納粹在丹麥、挪威等斯堪地那維亞占領區內逮捕知識份子家屬，將之送往德國北部的戰俘營與監獄。

不久之後，席特君開始挑出教授、作家、教師及法官所寫的郵件，將信件送往正確的收信人手上。她搭著塞滿乘客的火車，來回穿梭於數間監獄。漢堡的斯堪的那維亞船員教會，以及瑞典紅十字會，都協助她繼續傳遞郵件。爲了掌握囚犯概況，她建置檔案，檔案紀錄很快地超過1000多人。

戰爭結束前不久，希特勒曾下令殺害所有的政治犯。席特君因而發起一項行動，促使瑞典紅十字會與黨衛軍總司令希姆萊交涉釋放斯堪的那維亞囚犯。這其中證實她的檔案非常珍貴，依據這份名冊協助，他們在戰末的混亂狀況中，仍然尋獲並順利救出1200名囚犯。

1945年初，蓋世太保打算審問席特君・查森豪斯。她身陷險境，除了潛入地下，等待納粹恐怖主義結束之外，席特君別無選擇。之後，這位年輕的女性只有一個目標：移民美國完成醫學學業。她根本無意重返歐洲與德國；但因爲獲頒挪威的聖歐雷斯獎章（St. Olavs Orden）與丹麥的丹尼布柏格獎章（Danebrog Orden）——兩項斯堪的那維亞的最高榮譽表揚——而數次違背自己不再重返歐陸的心志。

當問及究竟是何動機，促使她在第三帝國時期幫助他人，她的答案很簡單：「這是……人性的良知，當時我首先必須學會的是，第一：如果逆流而行，就只能孤軍奮戰。第二：每個人都有

機會展現勇氣與反抗不義。只不過，懼怕以及缺乏主動出擊的能力，會侷限每個人表達勇氣的機會。」

搬上大螢幕的真實故事

法蘭克福企業家奧斯卡・辛德勒（Oskar Schindler, 1908-1974）同樣也全球知名。他替自己位於西里西亞地區的工廠申請猶太勞工，拯救他們免於喪生於納粹的滅絕營之內。 1992 年，美國導演史蒂芬・史匹柏以電影《辛德勒名單》將此故事搬上大螢幕，讓這位企業家在一夕之間全球聞名。

前克魯伯公司的總裁巴鐸・拜茲（Berthold Beitz）的故事，也可以拍攝成類似的電影。 1942 年 8 月，拜茲在加利西亞 ❶ 目睹第一批被遣往「滅絕營」的猶太人。那些大限將至的人們讓拜茲怵目驚心，因此他竭盡所能，試圖多拯救一些性命。

拜茲也像辛德勒一樣申請猶太勞工，有時甚至為猶太婦女及孩童提出申請，不過他很難去向納粹當局解釋這一點。拜茲偶爾會攔截火車，救出車內的人們。那段期間，他太太則把猶太兒童藏匿在家裡，藉以躲避納粹黨衛軍的緝捕。

拜茲的行為無法瞞過秘密警察。有人密告，他差一點便遭到逮捕。 1944 年，國防軍徵召他入伍，間接停止了他的救人行動。後來，拜茲得到以色列政府的褒揚，被尊稱為「全民正義之士」。

軍方的反納粹行動

自從 1935 年實施義務兵役後，「帝國國防軍」改名為「國防

---

❶加利西亞地區（Galizien）原屬於波蘭，1939 年 8 月 23 日，德國與蘇聯簽訂協定瓜分波蘭，波蘭加利西亞地方被劃歸蘇聯。 1941 年 6 月，希特勒撕毀德蘇互不侵犯條約，進攻蘇聯，占領此地區。

軍」。多數的國防軍將領都擁護希特勒奪權、廢除威瑪共和民主，以及迫害猶太人等作為，或至少容忍其行徑。1934 年，衝鋒隊高層幹部遭到肅清，庫特·馮·史萊赫及費迪南·馮·布雷多（Ferdinand von Bredow, 1884-1934）兩位將軍遭謀殺，軍隊中並未出現值得一提的抗議行動。

相反地，第三帝國在 1938 年併吞奧地利與捷克斯洛伐克的時候，陸軍參謀總長路德維西·貝克將軍（Ludwig Beck, 1880-1944）等少數軍方將領都表示反對。貝克將軍企圖阻止希特勒備戰，但並未成功。因此，貝克將軍卸除職務離開國防軍，成為德國軍方反抗納粹的重要代表人物。

其他一些高階軍事將領也決定阻撓希特勒的作戰計畫，尤其國防部軍事情報局，以及軍隊新聞單位的一群軍官更是聚集在一起，計畫行刺獨裁者希特勒。他們的計畫甚至得到軍事情報局首長海軍上將威廉·卡納里斯（Wilhelm Canaris, 1887-1945）的同意。

憑著 1938 年的慕尼黑條約，希特勒揮兵進攻蘇台德區。對反對希特勒的軍方人士而言，這項挫折不可謂不沉重。因為英法兩國採取的屈服政策（也就是「取悅」政策），間接為希特勒暴戾殺伐的外交政策鋪路。這些反對納粹政權的軍官們只得中止原訂之顛覆計畫，仍保持與「克萊紹幫」等民間反抗團體聯繫。

而且，在其他軍事單位，例如前線部隊的士兵與軍官們，也有人下定決心推翻納粹政權，藉此終止戰爭。隸屬中軍團的戰務參謀官海尼希·馮·崔斯考夫少將（Henning von Tresckow, 1901-1944）心中正是如此盤算。他十分瞭解納粹在東線戰場上欺壓平民的殘酷行徑，也知道黨衛隊及特種部隊在東歐大肆屠殺猶太人。這些納粹罪行，促使崔斯考夫極力反對當局政權。

史陶芬伯格上校也決定積極反抗納粹政權，因為他不贊同滅絕猶太人，而且也認為 1942 年 9 月的戰爭毫無意義可言。1943 年年初，史陶芬伯格上校在非洲戰役中受到重傷。他失去了右手和

卡納里斯上將——職責與榮耀

　　傳聞中，海軍上將卡納里斯晉升很快，而且銳不可當。他從皇家海軍開始晉級，一次大戰後期則擔任潛水艇司令官，戰爭雖然失利，卻無法阻止他步步高升。

　　投降的「恥辱」，以及他對偉大德國的信仰，使得他對威瑪共和心生輕蔑。這位軍國主義及國族主義者懷疑民主制度，甚至於共產主義。對民主及共產制度的反對，使得卡納里斯上將和國家社會主義份子接軌。1935 年，他接管國防軍軍事情報局，亦即擔任外事單位與反間局總司令一職。但他並不贊同希特勒的戰爭計畫，卡納里斯擔心這些計畫會導致德國滅亡。

　　他的軍職教育雖然禁止他參加軍方的反納粹團體，但至少他掩護著那些決定進行叛變行動的軍官。卡納里斯將軍身邊的親信軍官參與 1944 年 7 月 20 日的刺殺行動。刺殺行動失敗後，卡納里斯上將遭到逮捕，最後卒於佛洛森堡集中營。

左眼，左手也殘廢了。

　　在軍隊最高司令部總部隊局指派新職務之前，史陶芬伯格上校在軍醫院中度過了數個月。他的上司費德利・歐布利特將軍（Friedrich Olbricht, 1888-1944）同樣也反對納粹政權。歐布利特將軍連結了貝克將軍，與萊比錫前市長卡爾・葛德勒（Carl Goerdeler）的力量。1934 年 11 月，納粹拆毀猶太作曲家孟德爾頌紀念雕像，葛德勒即辭去市長一職。另外，葛德勒亦曾嚴厲批判德國不該武裝引發戰爭，並且迫害無數的猶太人，於是他積極加入反納粹行列。史陶芬伯格上校乃這批謀叛者當中的首腦人物。1944 年 7 月，他決定親自執行暗殺行動。

史陶芬伯格的「女武神行動」

　　之前，希特勒曾經毫髮無傷地躲過好幾次刺殺行動。有一

左：戰務參謀官海尼希・馮・崔斯考夫少將
右：克勞斯・宣克・馮・史陶芬伯格上校，德國軍方反納粹政權派的「執行長」

次，希特勒在蘇聯境內的斯摩林斯克（Smolensk）訪視中軍團，有
人計畫從近距離向他開槍。因爲希特勒被軍官們團團護衛住，刺
殺行動只得臨時喊停。崔斯考夫曾在希特勒巡視軍隊的返航飛機
上藏匿了一枚炸彈，但是炸彈的引信突然失靈。 1944 年初，希特
勒原計參加一場柏林的新式軍服發表會，兩位年輕軍官計畫在發
表會上槍殺希特勒，但是他並未到場。短短數週後，軍事總元帥
恩斯特・布許（Ernst Busch）的傳令兵布萊登巴赫，打算在營隊談
話時刺殺希特勒。但這名傳令兵一反常態地無法進入營區內，刺
殺計畫只得作罷。不久後，新的契機又出現。希特勒的行程安排
到柏林軍械場去巡視搶奪到手的武器。有人將炸彈偷偷帶入軍械
場內，但因這位獨裁者提早離開展示會場，所以並未引爆炸彈。

　　1944 年 7 月 20 日，軍方謀反派業已擬妥政府聲明，並確定未
來的領導人人選。政權交替一事已經萬事皆備，只欠東風。他們
預定推派前參謀總長貝克將軍擔任總統，葛德勒擔任總理。一開

當時希特勒亦曾僥倖逃過一劫

　　慕尼黑，1939 年 11 月 8 日。來自施瓦本地區的木匠葛奧格‧艾爾沙（Georg Elser）花了 30 個晚上的時間，在市民酒窖演講台後方的柱子裡裝設炸彈。大約 1500 名最早期的納粹老黨員在此聚會，這些「老戰士們」要為他們的「元首」慶賀。希特勒對這批人演講的時候，背後這顆定時炸彈也滴滴答答地走。但希特勒為了趕一班特別班車，提早離開會場，也就是說，他在炸彈爆炸前已離開了市民酒窖。希特勒座車抵達火車站之前，地窖被炸成一片灰燼，7 人喪生。

　　在同一個時間內，因為一樁微不足道的小事，嫌犯落網被捕。當時，艾爾沙正企圖從康士坦茲 ⓬ 悄悄進入瑞士。他身上帶著一張市民酒窖的明信片，這讓海關人員心生疑竇。海關將這名「非法出境者」押解至慕尼黑，交予當地的秘密警察。艾爾沙被嚴刑問供，一直等到 1945 年 4 月 9 日，才在達浩集中營處以死刑。蓋世太保一直不停地審訊艾爾沙，企圖找出刺殺行動的「背後策動者」，卻是白費功夫。因為根本沒有人在幕後策劃。艾爾沙並未參加任何政治團體，他只是明瞭，唯有「以暴制暴」，才能夠遏阻希特勒。

始，謀叛者的「女武神行動」都按著原定計畫逐步進行。

　　史陶芬伯格上校在 1944 年 7 月 20 日中午左右，抵達東普魯士拉斯騰堡（Rastenburg）⓭ 附近的元首總部「狼寨」。希特勒在那裡邀請將領進行軍情討論，許多將軍與軍官聚集在桌旁。史陶芬伯格上校在進入會議室前不久，點燃了引信，並將裝著炸彈的公事包放在希特勒附近。他藉口離開，在外面聽見爆炸巨響，史陶芬伯格知道刺殺行動進行得很成功。於是他搭機返回柏林。爆炸事件中有 24 人在場，其中 5 人死亡，而希特勒僅僅受到輕傷。

　　納粹政權殘酷地報復這起爆炸事件。7 月 21 日凌晨，立即按

⓬ 康士坦茲（Konstanz）位於德國西南部博登湖旁，德國與瑞士邊境。

⓭ 位於現今波蘭之 Ketrzyn。

照軍事管制法槍決了史陶芬伯格、歐布利特將軍與其他謀叛者，並且大肆拘捕數千名反納粹份子，此乃希特勒當權以來不曾進行過的緝捕行動。許多當年軍事情報局的反納粹義士，例如海軍上將威廉‧卡納里斯等人，都遭到逮捕。帝國保安中央辦公廳的特別軍事法庭判處卡納里斯上將死刑，於 1945 年 4 月 9 日在佛洛森堡集中營執行絞刑。原則上，家屬對於謀反行動一概不知，然而謀反者家屬都受到「株連監禁法」（Sippenhaft）判刑。

　　謀反者家屬被關進監獄或集中營，受盡折磨與酷刑。「人民法院」開始一系列的審判，這些審判一直持續到納粹政權瓦解為止。許多反納粹鬥士在柏林─波洛成湖監獄被吊死。

　　葛德勒或貝克將軍等謀反者原本支持希特勒打仗，也和納粹政權步調一致。只因為德國在軍事上節節戰敗，這些軍官才會在 1944 年 7 月 20 日進行刺殺行動。誰能說這些軍官不是歷經一段學習的歷程呢？我們不應因為傲慢自大與事後諸葛，而對這些人妄

> ## 「株連監禁法」
>
> 　　不僅是反抗者家屬，就連違背希特勒命令的軍官家屬，都受到「株連監禁法」判刑。華德‧馮‧賽德里茲軍長（Walther von Seydlitz, 1888-1976）在史達林格勒戰役中擅自下令部隊投降，他的女兒英格麗‧魏德曼（Ingrid Wiedemann）日後談起：
>
> 　　「1944 年，我年僅 10 歲，父親在外地被判處死刑[14]。當時我在巴伐利亞的育幼院中，秘密警察將我帶走，送到蓋世太保的育幼院。裡面所監禁的孩童，都是參與 7 月 20 日謀反行動軍官的子女。我的母親及兩位姊姊都鋃鐺入獄。我們對彼此發生之事，一概不知。」

---

[14] 賽德里茲在 1944 年 2 月對蘇聯紅軍投降，但不願與蘇聯合作，在蘇聯占領區內建立蘇維埃主義的社會，因此被判終身監禁。同年 4 月，希特勒判處賽德里茲死刑，在德國的家人受株連監禁。1955 年被釋放回西德，其死刑在 1956 年被免除。──編注

下評斷。崔斯考夫少將認為：「暗殺希特勒的行動必須成功。一旦功敗垂成，就必須在柏林再次行動。這已不再是基於實際目的，而是因為德國反抗運動已在世界與歷史面前做出決定性的一擲，其餘諸事則變得無關緊要。」

崔斯考夫少將對暗殺動機的解釋，不僅是所有謀反者的心聲，直到今天，眾人仍贊同他的說法。1944 年 7 月 20 日的謀叛行動可能來得有些遲，但這批年輕軍官勇於試圖顛覆納粹政權，相較之下，他們的父執輩及大多數人民都選擇緘默不語。這些軍官以及奧西茨基、「白玫瑰」、「紅色小樂隊」及「愛彌爾叔叔」等反納粹組織成員們，雖然人數不多，卻代表著正義的德國，代表著民主的傳統，連惡魔般的納粹邪惡政權都無法禁止。

法國的自由鬥士

在德軍占領區內，也有人因為絕望而衍生出勇氣，挺身抵抗外來政權。譬如法國的「反抗團」（Résistance），他們反對法國「維希政府」❶ 交出法國的猶太人遣送到德國，因此協助被通緝的猶太人流亡國外。他們為了秘密的地下反納粹活動，付出了高度的流血代價。這項反納粹運動總計犧牲 2 萬多人的性命，6 萬多名成員被遣送到德國。

被遣送者之一，同時也是法國的反納粹鬥士史蒂芬・赫賽爾（Stephane Hessel）有段不平凡的一生。1917 年，他出生於德國柏林，青少年時期則在巴黎度過，並於 1937 年取得法國公民權。法國投降納粹之後，赫賽爾投效流亡英國的戴高樂將軍 ❶。當時戴高樂組織反納粹運動，反抗德軍占領。赫賽爾自願加入占領區內

---

❶「維希政府」（Régime de Vichy）是二次大戰期間，法國在德國占領下所成立的傀儡政府。1940 年 6 月德國侵占巴黎後，以貝當為首的法國政府向德國投降，1940 年 7 月政府所在地遷至法國中部的維希，故名之。

叛變

「住在柏林—威莫斯朶夫（Berlin-Wilmersdorf）的
艾倫嘉德・法蘭克－舒茲（Ehrengard Frank-Schulz）女
士，在知道刺殺元首的行動失敗後，向紅十字會的修
女表示遺憾。她大膽無恥地表示，寧可被盎格魯薩克
遜人統治個幾年，都遠勝於『目前的武力政權』。法蘭
克－舒茲的行為與 7 月 20 日的叛變者如出一轍，因而
判處她死刑。」

來源：1944 年 11 月 6 日，人民法院判決書

的間諜活動。他打探法國境內的情況，以地下無線電報設備向英
國報告，但納粹間諜很快滲透進他的消息聯絡網中。 1944 年 7 月
10 日，蓋世太保逮捕了赫賽爾，將他遣送到布亨瓦德集中營。

　　赫賽爾在集中營內並未與大多數的囚犯關在一處。他所受到
的待遇，讓他明白自己已經被列入死刑囚犯的黑名單中。俘友歐
根・柯恭（Eugen Kogon）安排他頂替一位死於傷寒的囚犯，幫助
赫賽爾僥倖地逃過一死。靠著頂替，赫賽爾在布亨瓦德集中營中
僥倖存活下來。

波蘭人的起義

　　波蘭的反抗運動也經歷類似法國「反抗團」的命運。在納粹
術語中，波蘭人乃「劣等人種」。納粹認爲應當降低波蘭的開發水
準，並普遍在波蘭進行「日耳曼化」。蓋世太保、納粹黨衛軍與保

⓰戴高樂將軍（Charles de Gaulle, 1890-1970）爲法國軍事強人與政治家，曾於二次大戰期
　間領導「自由法國」組織，反對德國占領。戴高樂將軍透過倫敦 BBC 電臺發表廣播談
　話，號召法國人民抵抗納粹侵略，這番談話是歷史上法國抵抗納粹侵略的開始。他曾於
　戰後 1944 年至 1946 年間出掌臨時政府。 1958 年，法蘭西第五共和國成立，戴高樂將軍
　出任首任總統，直至 1969 年。

安部隊，受命肅清波蘭的知識份子以及商業菁英，並將猶太人聚集在「猶太集中區」❶內，方便日後將這些猶太人送往「死亡工廠」奧斯維辛、貝爾熱茨、索必柏及特列布林卡等「滅絕營」中殺害。

　　波蘭對納粹德國野蠻統治的反抗，證實他們的勇氣與不屈不撓的求生意志，著實令人敬佩。早在 1939 年，波蘭人即組成一支地下軍隊，後來發展成歐陸中最大的一支反納粹軍事組織。「本土軍」❶組織在 1941/1942 年間的成員已超過 10 萬人，他們與占領者周旋反抗，以協助波蘭占領區內的人民。

　　猶太集中區內憤慨的反抗活動此起彼落。上萬名猶太人被塞進少數幾間建築物內，他們逐漸明白，原來猶太集中區只不過是個中繼站，他們只不過是在集中區內等待著被送往「滅絕營」。這群人不願意束手就擒就遭遣送。於是，華沙猶太集中區內的「猶太戰鬥組織」開始私藏彈藥與武器。1943 年 4 月，他們打出起義的號誌。

　　猶太集中區的居民反抗了將近 4 星期，最後，占有軍力優勢的黨衛軍以殘酷的手法終結這場武裝暴動。他們挨家挨戶地進行攻擊與破壞。倖存的居民被集中在一處，最後被送往特列布林卡的滅絕營。

　　「猶太集中區起義」未滿一年半，「華沙起義」旋即於 1944 年 8 月拉起序幕。當時蘇聯紅軍已兵列華沙城外，起義的主要目的是不希望讓紅軍單獨解放波蘭首都，而是打算運用波蘭自己的力量來光復華沙。波蘭地下軍原本期待駐軍城外的蘇聯部隊能夠出兵，協助他們將納粹國防軍趕出華沙。於是，波蘭地下軍以小

---

❶從歷史角度看來，猶太集中區是東歐猶太人步向屠殺命運的過渡期。更因為集中居住與管理，納粹才得以將數百萬猶太人送入死亡集中營。猶太集中區裡的日常生活相當艱苦，食物完全仰賴德國政府配給。另外，其生活環境非常擁擠。例如華沙猶太區的面積僅占整個城市面積 2.4%，不過裡面卻住了 30% 的華沙人口。

❶本土軍（Armia Krajowa），另可譯為「波蘭家鄉軍」或「波蘭全民衛國軍」，活動範圍在納粹德軍的波蘭占領區內。1939 年 9 月組軍，1944 年，蘇聯紅軍越過波蘭邊界，本土軍被蘇聯情報機構解除武裝。

> **特列布林卡滅絕營**
>
> 　　將近 90 萬人在特列布林卡集中營慘遭謀害。這裡是猶太集中區及華沙地區的滅絕營，後來也殺害一些來自捷克特瑞辛市集中營的囚俘。 1943 年 8 月，營中發生暴動， 70 名囚犯得以逃離特列布林卡。

擊大，奮力對抗德國裝甲坦克與砲兵部隊。但紅軍卻始終停駐於維斯杜拉河東岸❶，一直等到德軍殘酷鎮壓華沙起義，波蘭首都一片灰飛煙滅、斷垣殘壁為止。

　　史達林甚至不容許英國飛機支援波蘭地下軍彈藥與軍備。超過 15 萬名波蘭人在這一場英雄式的戰役當中喪生。倖存者被遣送至滅絕營，或送至德國擔任強制勞役。

　　占領區內的波蘭總督漢斯・法蘭克 ❷ 深受民怨，因為他放任黨衛軍與蓋世太保殘暴地對待波蘭人民。威廉・庫柏（Wilhelm Kube, 1887-1943）在當時的白俄羅斯擔任總主委，他的統治手段也極其殘酷。每次在游擊隊進行反抗活動之後，庫柏總是殘暴地施加報復。有一次，他下令在路上任意逮捕 4000 名老弱婦孺，以貨車送往敏斯克（Minsk）附近的托斯頓尼茲（Trostenez）集中營全數槍殺。 1943 年 9 月 22 日，庫柏遇刺身亡。他的女傭耶雷娜・瑪薩尼克（Jelena Masanik）暗地聯合白俄羅斯游擊隊，在其床下安置炸彈。庫柏因此在沉睡中死於炸彈爆炸。

出於對人的愛

　　除了這麼震撼的刺殺行動之外，也有一些默默的反納粹行

❶ 這場戰役始於 1944 年 8 月 1 日，蘇聯紅軍在 7 月 29 日即已抵達維斯杜拉河東岸。
❷ 漢斯・法蘭克（Hans Frank, 1900-1946）自 1939 年起擔任波蘭占領區的行政總督。他在占領區內沒收波蘭人財產，將數百萬波蘭勞工送進德國工廠勞役。在納粹的種族大屠殺裡，他負責將波蘭猶太人送至猶太集中區的前置動作。在紐倫堡大審中，他被判定該為數十萬被屠殺的波蘭人負責，並以「違反戰爭法規」與「違反人性」的罪行，被處以吊刑。──編注

動，這些故事一直到二次戰後才逐漸為人所知。例如，在當時立
陶宛首都考納斯 ㉑ 任職的日本領事杉原千畝（Sugihara Chiune,
1900-1986），發予數千名猶太難民日本的過境簽證，因此拯救了他
們的生命。杉原千畝明確違反日本外交部的指示，最後外交部命
令他返回東京述職，因為日本無論如何算是納粹德國的盟友。據
聞離開之前，這位外交官還在考納斯火車站簽發過境簽證。被問
及動機時，這位日本人回答說，他的行動只是「出於對人的愛」。

　　還有另一個例子。瑞典外交官豪爾・華倫伯格（Raoul
Wallenberg, 1912-?），他從 1944 年開始，拯救了數萬名匈牙利猶太
人。那些猶太人取得了瑞典的「保護護照」，而且住在華倫伯格以
個人力量為他們安排的房子裡。

　　1944 年 12 月，蘇聯在布達佩斯委任成立匈牙利臨時政府，他
們監視著華倫伯格耗費龐大的救援行動，並對他的行動抱持懷
疑。他們無法想像，有人會基於人道理由保護猶太人不被趕盡殺
絕，於是他們懷疑這位瑞典外交官為美國進行間諜工作。1945 年
1 月，華倫伯格被約談，前往布達佩斯城外的蘇維埃軍事總部，
之後便音訊全無。這位猶太人的救命恩人很可能葬身蘇聯獄中，
他的命運迄今不明。

瞭解歷史，防範野蠻再現

　　許多逃兵的命運，也屬於無聲無息的反抗行動。二次大戰期
間，國防軍法庭判處了 3 萬多件死刑案件，比人民法院及其他特
殊法庭的判案數明顯多出許多。而且，國防軍法庭執行了其中 2
萬多件死刑判決，僅有大約 4000 名逃兵得以苟且偷生。其中一位
便是海軍一等兵路德維西・包曼（Ludwig Baumann）。

　　包曼出生於漢堡，當年駐紮在法國波爾多。他和朋友相偕逃

㉑ 立陶宛現今的首都位於維爾紐斯（Vilnius），考納斯（Kaunas）是該國第二大城。

役，計畫透過法國碼頭工人的協助逃往摩洛哥。但是他們兩人還在法國境內，便被德國海關巡警隊逮捕，之後接受海軍軍事法庭審判。包曼被判槍決 ❷，判決原因爲：「逃役對德國軍人而言，永遠是最可恥的罪行。」

包曼的父親透過與海軍總長艾瑞西・瑞德（Erich Raeder, 1876-1960）的關係，將死刑更換爲徒刑。戰爭結束期間，包曼被囚禁於白俄羅斯步兵營。 1945 年之後，他因爲是逃兵而必須繼續服刑。一直到 2002 年，德國國會才全數取消納粹時代對逃兵的判決。從那個時候起，包曼才不再算是被判過刑的前科犯。

許多出於勇氣、公民勇氣及人道行爲的故事，已逐漸爲人遺忘。其他的故事則成爲「記憶文化」（Erinnerungskultur），這名詞有時還帶著點負面評價的弦外之音。整個德意志民族都被這段過往歷史牽絆，無法脫困嗎？我並不如此認爲。相反地，在納粹主義者犯下這些你我無法眞正完全理解的滔天大罪後，也必然發生過一些必然發生之事——到現在仍不間斷。

這些事都關乎於「從歷史中學習」，學習這段從 1945 年之後，德國人民都迴避談論的歷史，學習這段在二十世紀前葉裡，如死般緘默的德國歷史。

雖然這聽起來有些奇怪，卻能在學習歷史時體驗到成就感。例如我的家鄉埃姆斯蘭地區 ❸，如今已經能生動鮮明地處理第三帝國時代的歷史事件。帕本堡市內有一間「埃姆斯蘭地區集中營紀錄與資訊會館」，不但廣受讚許，還得到政府的補助。會館不僅安排當年囚俘，也就是「沼澤軍人」的聚會，也促成德國與荷蘭邊境上兩國學童及青少年的聚會活動。

---

❷包曼原本被判死刑，後改判 12 年監禁，最後與其他逃兵命運相同，被派往東歐戰場。自俄國戰俘營釋放後，又得面對社會大眾對逃兵的藐視。他在 1989 年與 40 名過去的國防軍逃兵組成「納粹軍事法庭受害者」組織，爲與自己有相同命運的受害者抗議不公與平反。——編注

❸也就是本文前半部「沼澤軍人之歌」的起源地，在納粹時期，當地有許多集中營。

正當與不公

在 1945 年初，二次大戰結束前數週，海軍法官漢斯‧菲秉格（Hans Filbinger）設法促成對水兵華特‧葛洛格（Walter Groger）逃役案件之死刑判決。菲秉格的判決，是引證了「主責法庭法官」的指示。大戰結束後 3 週，5 月 29 日，二等兵庫爾特‧貝措德（Kurt Petzold）接受德國軍事法庭審判，因為他在 5 月 10 日投降後拒絕服從命令，並且說：「納粹走狗，你們現在已經玩完了。」海軍法官菲秉格因為貝措德拒絕服從而且違抗命令，判他監禁 6 個月。 1978 年，成為巴登─符騰堡邦首長的菲秉格被迫辭職下台，但是他的觀點始終如一，他認為：「當時正確之事，今日來看也絕對不可能是錯誤。」菲秉格並非單一案例。

漢斯‧葛羅布克（Hans Globke）在 1953 年晉升為西德前總理艾德諾的聯邦總理府國務大臣。葛羅布克在第三帝國時期曾參與研擬「遺傳健康」及「血統維護」政策，遭到眾人強烈抗議，艾德諾總理卻依然堅決將他留下。

空軍醫官胡柏圖斯‧史圖候德（Hubertus Strughold），曾經效命於空軍部長戈林，對達浩集中營俘虜的實驗瞭若指掌。在空軍部教學影片中，他描述著囚犯在負壓真空狀況下會出現的反應。這種人體試驗對許多囚犯而言就是終極死刑。後來，史圖候德醫官在美國空軍軍隊裡飛黃騰達。

這類案例不僅發生在德國聯邦或美國，蘇聯也從拘留所中找出對自己有利的囚犯。一些資深的納粹份子也在東德政府中頗有成就。

「埃姆斯蘭地區集中營紀錄與資訊會館」的聚會活動連連，除了進行有關瑪格莉特及亞歷山大‧米契利希 [24]（Margarete & Alexander Mitscherlich）的「哀悼工作」[25] 之外，會館更認爲，歐

---

[24] 著名精神分析學家、法蘭克福大學心理學教授，曾任佛洛伊德研究所所長。
[25] 佛洛伊德在 1915 年描述「哀悼工作」這個專有名詞。在《悼亡與憂鬱》（*Trauerarbeit und Melancholie*）一書中，他提及在療傷過程中要能夠哀悼與悲傷，才有助個體面對創傷、重建主體自我與自我認同。身爲佛洛伊德研究所所長的米契利希教授，於二次戰後積極推動此理論。

《見證人》

　　羅夫・賀胡特（Rolf Hochhuth）備受爭議的舞台劇《見證人》（*Der Stellvertreter*）在 1960 年代爆出醜聞。究竟哪些人該為納粹罪行扛起共犯的罪責？是沉默容忍的人們，還是為了一己利益而贊同納粹的人們？作者在劇中深入探討這些問題，點出在納粹殺害歐洲猶太人的罪行上，梵蒂岡及羅馬天主教會的角色都不甚光采。

　　這齣舞台劇以大量的文獻為後盾，描述教宗庇護十二世（Pius XII.）和耶穌會教士瑞卡鐸（Ricardo）之間的衝突。瑞卡鐸教士向教宗報告他對集中營內情況的看法，要求教會下定決心介入，但教宗拒絕瑞卡鐸教士的請求。因為和被迫害的猶太民族的人性尊嚴相比，教宗把教會利益看得更重要。瑞卡鐸教士因此決定到集中營以死謝罪，因為「他的」教會不但對納粹罪行緘默不語，甚至因為權勢考量而苟同納粹的行徑，完全被納粹所轄制。

盟當代與未來存在的必要先決條件，在於對過往歷史的認識與瞭解。瞭解歷史，亦能防範殘酷野蠻的歷史再現。

赫曼・文克

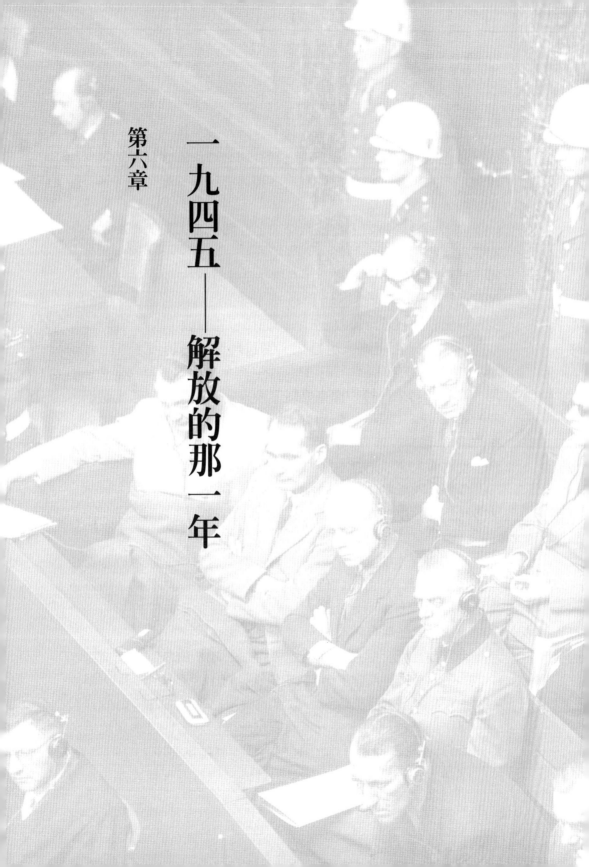

第六章

一九四五——解放的那一年

　　復活節前一天晚上，700 名士官待在爐火燒得過旺的小房間裡，我也是其中一名。我們身處在波西米亞山區森林裡的軍官學校總部，附近是一些低矮的農舍。農舍充公後，我們每 8 人分配到一間。

　　今天，我們被派去挖掘新壕溝。在服裝上，我們把帽子摺出點弧度，再把剪裁巧妙的外套弄短一些，另外，就是把口袋往上挪，讓皮帶恰好繫在腰間。「男孩就是要有男孩的樣子」，不管是不是 20 歲，也不管是不是 1945 年 4 月，就算沒有觀眾，我們仍然對自己的制服感到驕傲，另一方面卻也想強調「個人特色」。

　　一個弟兄正用爐火烘麵包，麵包烤好以後再塗上「士官奶油」，也就是芥末。另一個人則從櫃子裡拿出如假包換的牛油，他用一條迷彩衛生長褲和捷克農婦交換來的真正奶油。「大夥們，春天就快到了，最後的勝利肯定不遠了。國防軍應該可以節省一些炸彈了吧！」眾人的冷嘲熱諷在言語上表露無遺。有人開了窗，遠處傳來陣陣砲聲。

大勢已去，前途茫茫

　　我們這群人明天早上將晉升為上尉。晉升儀式原本訂在希特勒生日當天舉行，但是因為我們後天即將搭車離開營地，所以軍事指揮總部裡有人決定不讓這 700 人在最後這段時間裡平白犧牲生命。這個人還算有點理性。

　　大夥前途茫茫。所以，決定先待在一起，擔任軍事指揮總部所謂的「元首後備部隊」。這個單位在柏林，還在柏林。明天早晨 4 點鐘，大夥必須摸黑行軍，載貨的火車已經停妥在戶外的月台上。那是個載牲口的火車，車廂裡有兩堆稻草，門又很難拉上。冷颼颼的漫漫長夜，還有衛生長褲的夥伴真是走運了！

　　路途上食物供應正常，而且很豐盛。只有老天爺才知道軍方

在這麼「群龍無首」❶的狀況下，怎麼還能辦得到！到處都是紅十字會的修女、運輸指揮官、糧倉，以及攜帶著收據表格的軍需官員。天空上飛著德國高射砲打也打不著的敵軍空軍聯隊，地面上一片混亂，卻是戰爭歷史中管理最佳的混亂狀況。美軍深入魯爾區，俄軍準備攻打第三帝國首都柏林。這700名上尉並不在敵軍的預料當中，他們在布魯恩❷往柏林的行軍路途上，卻每天拿得到預定的香菸配給！

4天後，這批人抵達西里西亞地區❸的火車站，軍事指揮總部卻派他們轉駐巴伐利亞。城內的鐵軌業已毀損，只得搭乘貨車從東邊到西南方的轉運站。時間雖晚，天色卻還夠清亮，特種部隊發現這批人，認定他們是逃兵，開槍之後他們把屍體懸掛在街頭的電線桿上。

那天夜裡，有些同伴在靠近各自家鄉的地方開小差離開了。沒有人去阻止這些同袍。這會兒，他們已經不再是「逃兵」。他們不再是趁別人捨身奉獻祖國時沒良心開溜的傢伙，大家只是提早遣散，提早解械罷了。

如果連年青軍官的看法都是如此，更遑論一般的「小士兵」了！是的，1944年夏天，德國對英國發射遠程火箭復仇者1號及2號（V1及V2），同年秋天，聯軍停止深入法國，不久後，德軍大規模地進行反攻，直至1945年4月12日美國總統羅斯福去世為止，我們都還痴心妄想地抱持希望，希望預言中的戰況逆轉有一天會神奇地出現，我們將希望寄託在新式的秘密武器上，甚至寄望偶爾能看見納粹的「梅塞施密特噴氣式262號戰機」❹，它的時速比美國最高速的戰鬥機快上200公里，絕對能夠在陸空兩棲橫掃敵軍。

---

❶ 當時希特勒已自殺身亡。
❷ 位於捷克斯洛伐克境內，德軍在該國之指揮總地座落於布魯恩（Brünn）要塞。
❸ 位於當時納粹帝國領土的東北方，今屬波蘭
❹ Düsenjager 262 von Messerschmitt 是世界上第一個能夠成功運作的噴射機機種。

「迴紋針行動」

5月上旬，美軍在上阿瑪高 ❺ 發現一批火箭工程師，他們正在建造復仇者1號及復仇者2號火箭，也就是希特勒口中充滿傳奇色彩的復仇武器。美國坦克小隊在哈茨山區（Harz）發現巨型的隧道迷宮「地底工廠」（Mittelwerke），4萬名強制勞役在位於地底下的軍工廠工作。

美軍將戰鬥機、傳動機、100枚復仇者2號火箭、數以噸計的裝配圖與檔案收刮殆盡。不久後，此處淪入蘇聯之手。

120名德國的火箭專家被戒備森嚴地送往巴奇辛根（Bad Kissingen）的一間旅館內。法國人躲過美軍監視，成功招募了幾位火箭專家。蘇聯情報份子透過旅館廚師，向德國研究火箭的主腦人物文赫‧馮‧布朗（Wernher von Braun, 1912-1977）招手，他卻已另有所屬。「迴紋針行動」將文赫‧馮‧布朗及1600位德國研究者帶往美國，打算利用這批人的專業知識。德國科學家的搶奪賽於焉展開。

1945年5月3日，美軍特種部隊在上阿瑪高搜查到一批以文赫‧馮‧布朗（手打石膏者）為首的德國火箭專家，並加以逮捕。

---

❺上阿瑪高（Oberammergau）位於德國南部的阿爾卑斯山地區，離慕尼黑約90公里，當地以演出耶穌受難記著稱。

史潑尼克人造衛星

蘇聯讓「地底工廠」重新開始運作。數週後,第一批仿製的復仇者2號已完成。1947年10月,蘇聯將火箭生產工作移轉至其境內,德國研究者亦須同行。火箭工廠、蔡斯工廠與容克斯飛機工廠❻,亦一併拆卸。

德國專家們彼此打對台;一批人在蘇聯繼續研究,和在美國的德籍工程師一較高下。1952年,蘇聯才允許這批德國科學家返鄉。他們留下許多火箭裝配圖,其中包括以下火箭的前身:1957年讓第一顆人造衛星「史潑尼克」(Sputnik)升空的火箭、1961年讓人類第一次進入外太空的火箭。1969年,阿波羅2號登陸月球,發射太空船升空的火箭,就是文赫‧馮‧布朗及其工程師團隊建造的。

現在只剩下曾經大開殺戒的武裝黨衛軍菁英、黨衛軍的「希特勒」小組,以及戈林的貼身隨扈願意繼續「撐下去」,他們知道自己躲也躲不掉。他們聽說我們這一批剩下不到700名上尉,於是找上門來,用「偉大的任務」、「全力戰鬥」及「最高獎章」等說詞召募我們。

現在還接受這種條件的人,一定是個大蠢蛋。有些人還真的答應了。我的同袍好友說:「不,我不願意。」說完轉身就走。我跟著他一起離開。

弗拉索夫將軍(Andrei Andrejewitsch Wlassow, 1901-1946)領導一批俄軍戰俘組成「蘇俄解放軍」,希特勒個人也想像出一批實際上並不存在的溫克(Wenck)將軍部隊能拯救瓦解的局勢,或者將希望寄託在1944年9月募集16歲到60歲男性的「國民突擊」隊上。光看這些成員,便知大勢已去無法挽回,只不過元首不願

---

❻德國工業家胡高‧容克斯(Hugo Junkers, 1859-1935)在1915年建造出第一架全金屬製的飛機Junkers J1,其後不斷研發出新型機種,其中知名的有:容克斯大嬸(Junkers Ju 52/3m)、斯圖卡俯衝轟炸機(Junkers Ju87)等。——編注

在戰爭最後階段「自願從軍」上前線的學生們。他們多半缺乏訓練，武裝戰備也相當拙劣。

接受事實罷了。只有蠢蛋才會相信這些士兵能夠力挽狂瀾。

如果相信那些只會吹噓的奸詐小人，還真得是愚蠢到得罰。因為聯軍早與德軍將領談判一同對抗蘇聯紅軍了。

戰俘營——我的自由之地

我不禁想起一位同袍。他在捷克的維蕭（Wischau）遭人告發降級，後來被派至罪犯連隊，以死贖回「失去的榮譽」。 1945 年復活節早上，他清理著武器，表示不願與眾人一起向希特勒宣誓，因為他無法宣誓效忠背信忘義的元首。他說，希特勒欺騙了人民以及向他宣誓的軍人，因此背叛了眾人。「你們明明就看見：我們在這裡練習了好幾個月的戰事攻擊，但是我們的軍隊兩

> ## 弗拉索夫的部隊
>
> 弗拉索夫將軍曾於基輔及莫斯科戰役中，重潰德軍獲得大勝。被俘後，他效命德軍為納粹宣傳。他原計畫成立一支蘇聯部隊，領導德軍抵抗史達林。許多德國軍官都支持弗拉索夫的計畫，然而遭到希特勒拒絕。直至 1944 年 11 月，高層才允許這位蘇聯將領組織戰俘及東歐勞工戰鬥部隊。戰爭結束後，美國將弗拉索夫交給蘇聯政府。

年來一直從前線節節敗退。」這位同袍被押解離開，沒有一個人站出來跟隨他。

隔天清晨我們在奧格斯堡（Augsburg）一塊空地附近下車，那裡停放著數百架梅塞施密特 Me 262 噴氣式戰鬥機。因為沒有汽油，軍機無法升空。隔日，一些學過駕駛戰機的同袍便轉派至爆破單位。

在軍營裡，我把中看卻不中用的行軍配備和山區搜索兵交換一些野地配備，例如以「總參謀部大衣」交換防風夾克，用高統靴交換軍靴，並以毒氣面具交換帳棚布、鍋子與背包。我將大衣郵寄回家，竟也神奇地寄到了！我和同袍們熱切地期待上級指示拔營。新命令是「向茵格市 ❼ 指揮官報到」。我們從容地沿著田野小路前進，根本沒人在那裡等候我們。

戰勝國每天都逮捕數百名德國軍人。他們以驚人的速度，飛快地在野外建起大型戰俘營。長寬各 100 公尺，加上 3 公尺高的鐵絲網搭起來的「戰俘營」，可容納 1000 人，各圍欄中間預留通道給吉普巡邏車與載運食物和水的卡車。美軍將戰俘營內的行政工作交給戰俘自行管理，所以營區內有個司令部帳棚，其餘人則在野地紮營。這下子，有帳棚布的人走運了！

1945 年 5 月初的一個晚上，我向美軍投降，離開不自由的世

❼ 茵格市（Ingolstadt）位於巴伐利亞，慕尼黑北方。

1945年4月，數萬名德籍戰俘擠在萊茵河草地上的露天戰俘營內。聯軍並未準備安頓這麼多的戰俘，並提供他們食宿。數千名戰俘死於體力不支及流行瘟疫。

界，進入自由之地。鐵絲架、戰俘營營規，和每個人10平方公尺的活動空間（扣除集合地點、廚房及廁所），這些和自由並不抵觸。自由首先在於不再矛盾與懼怕。「燈火管制解除」的公告，表達出我個人全新的生命感受。再者，自由是一個契機，它向每一個人號召人性與權利。我們身旁彷彿處處可以見到人性光輝。

被捕時，美軍對我進行搜身，卻覬覦我的手錶。我雙手舉在牆上，懇求他們遵行「海牙及日內瓦公約」，他們卻反諷說：「那麼，達浩、貝根—貝森、奧斯維辛集中營又是怎麼一回事呢？」但是，後來一部吉普車煞車停下來，一名軍官下車請我原諒，原諒這些美軍士兵被勝利沖昏了頭。他問我是否攜帶武器，我說沒

有。他繼續問我有小刀嗎？那倒是有。我的隨身小刀比規定中的
匕首長一點。那名軍官把小刀插進牆縫裡，折斷多餘的部分，然
後物歸原主。人權讓我們展望自由。

> ### 海牙陸戰條例及日內瓦公約
>
> 　　1859 年，瑞士人亨利・杜南（Henry Dunant）在義大利目
> 睹 4 萬名法國、義大利及奧地利士兵，傷重倒在「蘇法利諾」
> （Solferino）戰場上無人照料 ❽ ，杜南呼籲成立救援組織於戰
> 時照顧所有傷兵，戰爭國必須尊重傷者之中立權。 12 個國家
> 於 1864 年簽署「改善戰地受傷陸軍官兵境遇之日內瓦公約」。
> 紅十字會選定白底及紅色十字做為標誌。
>
> 　　1907 年，44 個國家簽訂「海牙陸地戰爭條例」。按照這項
> 條例，必須區分武裝部隊與一般平民百姓。士兵及平民倘若遭
> 到俘虜，得以戰俘身分要求「人性化」待遇，並於戰爭結束後
> 儘速被釋回鄉。

　　戰俘營內共計有 1000 餘位從上尉到上校軍階的軍官，沒有人
有權向他人發號施令。唯有藉智慧及端正的舉止，才能贏得威
望。有失尊嚴的行為，只會遭到鄙視。有些人為了口腹之慾，整
個上半身都埋進灶旁邊的垃圾桶裡，或是將十字騎兵徽章丟出柵
欄外，和值夜的美軍交換香菸。大夥瞧不起這些人。另一些軍官
則教同袍練習英俄文，或者用空罐頭做成堅固的口袋型日晷，眾
人都尊敬他們。總而言之，懂得與同伴分享的人，才能得到眾人
的尊重。

世界歷史的審判

　　我在戰俘營裡遇見一位舊識，而且我是營裡唯一認識他的

---

❽ 那時正逢奧地利與法國及薩丁尼亞聯軍在義大利北部作戰。

人。從前，他擔任戈培爾《帝國》（*Das Reich*）週刊主編。我們每天在營區內繞圈來回走動好幾小時，他告訴我，當年他 18 歲，虛榮地想「更正確地」思索國家社會主義，於是親身實踐去除偏見、去除狹隘的知識與道德觀、去除愚蠢幼稚民族與種族的意識型態。

他說：「我當時年少又憧憬功名，自認掌權者若能實現我的想法，必定跟隨我。但結果並非如此，他們將我變成共犯。後來，2 年前我受到愛國心驅使，申請擔任前線記者。上級也予以同意。」

「你對自己的行為感到羞愧嗎？」「我雖然知曉事實，卻隱瞞如此多的謊言，真是羞愧之至。」

他告訴我，因為戰聲隆隆、政治宣傳漫天架響，而且上級預謀不讓軍人留意此事，所以我們察覺：世界歷史即將對我們展開審判。

當然我們都聽說過「卡薩布蘭加會議」，也就是美國總統羅斯福與英國首相邱吉爾之間的協議，他們只接受德、日、義軸心國「無條件」投降。希特勒利用同盟國這項要求，將德國國民緊密結合在一起「終極抗戰」。納粹宣傳部解釋，「無條件」投降表示投降者不具任何權利；他人可以予取予求，而且聯軍也會這麼做。這種說法和美國財政部長亨利‧摩根陶（Henry Morgenthau）於 1944 年提出的計畫倒是口徑一致。摩根陶預計在德軍戰敗後，將德國所有工業設備掠奪一空，把德國改頭換面成為對鄰國不具任何危險性的「農業國」。納粹這麼詮釋這項計畫：「誰計畫在 20 世紀將德國變為農田，就是打算毀滅我們。」

那位主編朋友一直到大戰結束都可取得「敵國新聞」，他知道：同盟國很快地放棄了掠奪計畫，因為：「當美軍全數撤離歐陸時，蘇聯將揮軍進入這塊剛形成的武力真空地區，而且蘇聯絕對不會把魯爾區只當農業用地使用！」

「聽說過雅爾達會議嗎？」「從未聽過。」「史達林在雅爾達會議中買通其他國家，贊同他所提出的戰後條例：首先，史達林允許在舊金山成立聯合國，並且替蘇聯在聯合國全體大會裡張羅了蘇聯、白俄羅斯及烏克蘭3個席次；第二，德軍投降後，蘇聯答應加入對日戰爭；第三，另外也承認法國駐軍德國，成為第四個占領國。交換條件則是：第一，其他國家聽任蘇俄取得整個巴爾幹做為『影響區』，史達林因此將蘇聯體系引進巴爾幹；第二，波蘭領土大幅西移，讓蘇聯得利；第三，蘇聯必須分得半數的德國戰敗賠款。西方強國答應了史達林，因為他們希望能在東亞不受約束地放手一搏。戰勝國彼此之間互不信賴，並不低於對共同敵人德國的猜疑。戰勝國不但計畫解除德國軍備，尤其打算分裂德國。相反地，蘇聯還是維持原樣，維持其抵抗資本主義之共產勢力。」

德國必須支付賠款

　　雅爾達會議將戰敗德國的財務賠償設定為 220 億美元，蘇聯應當得到一半的償款。根據蘇聯估計，蘇聯國內的損失遠遠超過這個數目。 2500 萬蘇聯人因為戰爭流離失所，7 萬個鄉鎮斷垣殘壁滿目瘡痍， 1710 個城市被毀，65000 公里的鐵軌無法再使用。

　　史達林估計蘇聯的損失高達 1280 億美金，另外必須加上後續重建的經費 3570 億美金。但美國拒絕要求如此高額的戰敗賠款。他們不希望德國被掠奪一空，民生飢苦。他們希望德國能夠重新採納民主制度。

　　被捕前，我在國防軍整點新聞報導中聽到各種不同消息，4月 23 日開始，希特勒親自在柏林指揮軍事防禦。4 月 25 日：美軍及俄軍坦克部隊在易北河的托爾高（Torgau）會合。 4 月 30日：元首希特勒「戰亡」。這消息延遲了兩天才公布，廣播表示：「元首全心全意為了拯救德國人民與歐洲，不被布爾什維克主義所

毀滅，因此『犧牲』了自己的生命。」

消息延宕，因此讓人臆測紛紛，有人認爲是「深入地底避彈室之刺殺行動」、「替身代死」，甚至有「希特勒已逃亡南美洲」的說法。戰俘營內的主編朋友客觀地評論說：「希特勒與女友艾娃·布朗已相偕自殺。」❾

「順帶一提的是，自殺前希特勒解除了戈林與希姆萊的職位。因爲希特勒決定留在柏林，所以戈林曾向希特勒詢問接掌軍權一事，希姆萊也試圖透過瑞典和西方強國和平談判。對希特勒而言，這兩個人都是叛徒。他們不像戈培爾那麼忠心，戈培爾後來手刃家人並自殺身亡。」1945 年 5 月 8 日下午，美軍接管德國，並且宣布所有德國官兵業已投降。

柏林之役

柏林一役付出了 30 萬名蘇聯士兵與 4 萬名德軍的性命。至於平民的傷亡，則缺乏可靠的數字。為了捍衛五月廣場，亦即希特勒在 1936 年奧林匹克運動會前下令興建的巨型閱兵場，2000 名希特勒青年喪身。

1945 年 4 月 29 日，蘇聯軍隊在帝國議會大廈升起紅旗。兩週前，亦即 1945 年 4 月 12 日，柏林愛樂管弦樂團還在這裡舉辦最後一場音樂會，演奏華格納《諸神的黃昏》。

---

❾墨索里尼在 4 月 28 日企圖逃往瑞士時遭槍殺的消息，德國人民也是後來才知道的。——原作者注

傷亡可以計算嗎？

後來發生的事情則是聽說，不然就是看美軍參謀部隊帳棚裡留下的《星條旗報》❿才有所知。我從未看過版面上這麼多照片的報紙。前幾週，報上多半報導集中營的消息，譬如美軍持續發現納粹新的殺人方法以及酷刑方式。父親因為職務之便，能拿到《明鏡》雜誌的地下海外版，然而《星條旗報》對納粹殺人方式的報導遠比《明鏡》來得更加殘酷。

然後是「波茨坦會議」。我們聽見一些有關德國命運的字眼，卻絲毫不瞭解它們的含意，例如：以「奧德河—奈瑟河線」為波蘭西邊國界；「東普魯士地區及康德的家鄉柯尼斯堡將歸蘇聯所有」；新的波蘭領土從柯尼斯堡以西開始，再往西則是「蘇聯占領區」。（無論如何都只是一個「區」，一個「地區」；德國則被劃分成五個部分：德國撤退東歐後，由波蘭及蘇聯共同管轄的「行政區」與四大占領區。）

另外，報上還出現一些像「解除軍備」、「去納粹化」、「地方自治」之類的新字彙。報紙指出如今「允許成立政黨」，於是基督教民主同盟、社會民主黨、德國共產黨等組織成立。而且，康拉德‧艾德諾、庫爾特‧舒馬赫、威廉‧皮克、從蘇俄流亡後返回柏林的瓦特‧烏布利希❶等人的名字，亦逐漸浮出檯面。

接著還出現「民主化」、「德國人民再教育」、「土地改革」及「解體企業」等字眼，藉此有計畫地瓦解大地主勢力，解散集

---

❿《星條旗報》（*Stars and Stripes*）為美國軍人出版的報紙，自美國內戰期間以單頁方式創立出版。

❶康拉德‧艾德諾（Konrad Adenauer, 1876-1967）在1949到1963年之間擔任西德總理；庫爾特‧舒馬赫（Kurt Schumacher, 1895-1952）是德國政治人物，二次戰後擔任德國社會民主黨第一任主席；威廉‧皮克（Wilhelm Pieck, 1876-1960）乃德國和國際工人運動活動家，西德第一任總統（1949-1960），德國共產黨和德國統一社會黨的主要領導人；瓦特‧烏布利希（Walter Ulbricht, 1893-1973）是德國共產黨領袖，二次世界大戰後成為東德首腦。

團及企業聯合；「戰爭罪犯」以及在紐倫堡舉行的第一次集中營審判，11 名被告被判處死刑；最後則是「強制遷移」，依照波茨坦會議決定，允許波蘭、匈牙利及捷克「按部就班且符合人道的方式」，驅逐居住於其領土中的德國人民。「難民潮」這個字非常眼熟，因為我們曾經逃過難。（不過，逃難或驅逐的過程怎麼可能「按部就班」呢？）然後是「流離失所者」，他們僥倖地從集中

波茨坦會議

　　戰爭結束約莫 10 週後，美國總統杜魯門、蘇聯領導人史達林，以及英國首相邱吉爾三巨頭在波茨坦會面，談判德國戰後秩序重建的議題。但是他們並未達成重要共識。

　　美國總統杜魯門不再像前任總統羅斯福一樣，打算「閹割」德國，或者像美國財政部長亨利・摩根陶在 1944 年所提出的建議，將德國變成石器時代的農業國家。西方強國不希望摧毀德國，反而打算占領它、教育它。西方國家早就不相信史達林的蘇聯政權，蘇聯原本還是盟友，一夕之間卻成為敵人。波茨坦會議後，「冷戰」時期開始。

　　談判時，杜魯門手上握有一張王牌。1945 年 8 月 6 日，美國在日本廣島投下原子彈。這顆原子彈讓東西方進入軍備競賽；於是「恐怖平衡」主導美蘇雙強的政治長達數十年之久。

1945 年 7 月 17 日，「三巨頭」出席波茨坦會議：蘇聯政黨及國家主席史達林、美國總統杜魯門，和英國首相邱吉爾（由左而右）。

流離失所者

解放後，150 萬被強行帶離故鄉的人們，進入英美盟軍的管轄區。大多數人返回故鄉，或必須違反其意被遣返鄉。史達林威脅倖存的蘇聯強制勞役工，控告他們勾結德軍通敵。許多蘇聯勞工多年待在勞改營內。倖存的 5 萬餘名猶太人多數來自東歐，已經再也無家可歸了。

營、強制勞役與戰俘營中逃過一死，將這些人遣返回國並非易事，因為他們當中有些人根本不願意返回家鄉 ❷ 。

戰俘營外發生很多超乎我們想像的事。但因為時間充裕，上天又賜給我們一個很棒的夏天，於是大家很快在腦子裡勾勒出自己未來新的生活。原本種田、種果樹或經營葡萄酒莊的戰俘們，迫切期望能得到開釋。但是，我們已察覺出一些類似民主概念的原則：士兵們首先被釋放，軍官殿後，而且必須經過嚴格的審核。戰俘營大學開辦兩週後便是一片繁榮景象，軍官們在那裡拚命充實知識，熱絡地在書市裡交換書籍，有些人膽寫整本書。我也這麼做，彷彿擔心機會不再。

8 月 6 日傳來廣島原子彈爆炸的消息；8 月 9 日，美軍在長崎投下第二顆原子彈。廣島的死亡人數預估介於 5 萬到 20 萬之間，在長崎則有 3 萬至 5 萬人喪生。2 月 13 日聯軍轟炸德勒斯登時，啓用了將近 800 架軍機與共計 2000 噸炸彈，在日本僅以 1 架戰機攜帶 1 枚炸彈便做到了。

從那一刻起，戰俘營內眾人的意見開始分歧。許多人認為，老美缺乏耐心，壞了自己的大事。4 天後，日本投降。營內一些聰明的腦袋開始計算，戰爭突然結束，究竟能減少多少的傷亡與

---

❷解放集中營後，許多猶太倖存者因為反猶意識和行動仍然存在而拒絕返回他們的舊家園。當年英美政府稱這群猶太難民為「流離失所的人」（displaced persons），而非「難民」（refugees），從而避免收容這群難民的責任。由於東歐難民視英美管轄區為移居西方國家的跳板，紛紛逃往西德，英美管轄區集中營人數因而與日俱增。

損失。可以如此計算嗎？需要這麼做嗎？納粹說：「為達目的，不擇手段。」但柏拉圖、蘇格拉底、盧梭還有康德都教導人們，低劣的手段只會破壞善意的目的。

回到第二故鄉

10月裡的一個豔陽天，戰俘營管理處通知眾人報名參加法國都市的重建工作。我很即興地去報名。我想離開營區，想再次好好填飽肚子。誰要我們為他工作，自然就得給食物。我的法文不錯，不擔心法國人羞辱。到當天晚上為止，1000名軍官裡有25人報名。隔天，我們必須填寫一長串的問卷，並接受徹底的醫學檢查。

當中5人的檢查結果可疑，我是其中之一，因為我的左手臂上有道童年留下的疤，像是納粹黨衛軍的血型刺青記號。美軍首先懷疑我移除刺青，但有人認出那道傷疤已年代久遠。於是，在下午5點左右，我們離開戰俘營。留下來的人有人驚訝，有人對我們嘲諷或謾罵。一名美軍軍官陪同我們行至營區大門，又繼續往前走了500公尺。走出他人視線範圍後，那名軍官命令我們「立正稍息」，然後逐一點名。被唱名者拿到信封及一抹友善的笑容。然後那名軍官說：「好了，回家吧！只是試探你們一下而已！」我們這群自願者真是值回票價，其他人在戰俘營內多待了半年之久。

我寫的故鄉地址是祖母在加米西一帕登基爾興 ❸ 的家。在柏林的家早於1943年11月被炸毀，家中財物焚毀殆盡。在上世紀最美麗的早秋季節裡，我徒步4日回到第二故鄉。

在外交部近東組工作的父親，因為辦公室被毀，他的秘書、打字機以及檔案，全部都被炸毀，於是奉命遷至紐梅克（Neumark）

---

❸加米西一帕登基爾興（Garmisch-Partenkirchen）位於慕尼黑南部，阿爾卑斯山區，風景優美秀麗，是冬季運動的勝地。——編注

農場。母親尚未像其他婦女一樣從事義務勞動，於是獲准陪同父親。母親從奧德河東邊溫谷市（Unruhstadt）的「兒童下鄉」營區裡領回 10 歲的么女，最年幼的妹妹得以重回父母身邊；12 歲及 13 歲的兩個弟弟，則留在布蘭登堡北邊的寄宿學校。

父親早先在 1944 年夏天就以「健康緣故」為由，將母親及妹妹帶往加米西—帕登基爾興。兩個弟弟必須留在學校。由東邊舉家遷至西南部，代表著父親對勝利缺乏信心，找藉口是因為失敗主義的想法會遭受處罰。大姊在圖林根農場工作。依據雅爾達條約，美軍於 4 月進入圖林根，懷疑姊姊是個潦倒的貴族，淪落到農場裡餵豬。那只不過是偽裝罷了，她可是個「狼女」！

> **狼人**
>
> 在戰爭最後數週之中，擔任「全面抗戰指揮官」的約瑟夫・戈培爾還煽動平民老百姓組成游擊隊，拿起武器對抗聯盟國軍隊。透過廣播，戈培爾宣傳著所謂的「狼人公告」；表示任何一個在德國的英國人、美國人，或是布爾什維克主義者，都是狼人的「野生獵物」。「我們只要有機會致這些人於死地，將不顧一己性命去做……仇恨是我們的祈禱，復仇是我們在戰場上的怒吼。」

美軍及英軍在 5 月撤離薩克森、梅克倫堡及圖林根占領區。一夕之間，蘇聯大軍接管了這些地區。原本受到我姊姊照料的波蘭戰俘，如今開始保護她。8 月裡，我姊姊離開農場往西走，因為她猜測「我們」在西部落腳。但是那時德國已劃分為二，蘇聯士兵告訴通曉俄文的她說：「妳想要過去，就得拿出蘇聯朱可夫元帥的證明文件！」女人的淚水平時最能打動人心，這次卻毫無助益。士兵遞給她一條白手帕，安慰她說：「小姊姊，別哭了！」然後打發她離開。於是，她裝成採蕈菇的姑娘，走過「綠色邊界」，後來有數千人也這麼做。

> **綠色邊界**
>
> 　　戰後有數十萬人離開蘇聯占領區，翻山涉水，穿過分裂的柏林，朝著西邊前進。從 1946 年 6 月開始，穿越邊境需要簽證；1952 年起，逃亡被視為危害邊境安全，將接受嚴厲的懲罰。這卻無法阻止人民逃亡。1961 年 8 月，東德開始興建柏林圍牆，並且封死每一個可以藏匿的小洞。在那之前，共計 260 萬人逃離剛剛成立的「德意志民主共和國」。

心生痛恨嗎？

　　蘇聯軍隊進城之前，我的父親拯救了紐梅克農場主人一家數口，並將公事文件藏匿在馬車上。弟弟的學校已在 3 月解散了，父親遍尋不到他們兩人，他們在被完全炸毀的柏林外交部裡也找不到父親，分別試著穿越巴伐利亞。父親很快被美軍逮捕，因為所謂的「自動逮捕」原則，就是適用像他這類的高層公務員。

　　我一回到家，立即偕同大姊上路；我們帶著父親南加大的榮譽博士證書去拜會同為該所大學校友的巴頓將軍，以便營救父親。他向我們保證，父親當時必須隱瞞身分進行一項既重要又光榮的任務。日後我們才知道，美國人已證實我父親是反納粹份子，期望請他打探德國人民的心情，並提供改善建議。

　　美軍對他的探詢結果感到生氣，於是將他關進拘留所。父親一直稱呼拘留所是「集中營」。美國人就是想瞭解像父親這樣的例子，瞭解這些人對占領國不滿的原因。在父親的期望中，解放德國的人應當個個品格高尚、明瞭這項使命極其艱難，而且懂得向有經驗的德國人尋求精神層面的建議。

　　這類期望中的人物並未現身，闖進來的反而是一批不瞭解德國生活型態的年青士兵，他們對德國人民的問題絲毫不感興趣。在他們心目中，德國男人都是納粹，德國年輕的婦女很容易被騙

上鉤。逮捕父親時，美國大兵順手拿起父親住處架上的漱口水，後來覺得味道不佳，便將整瓶漱口水倒進馬桶裡。父親評論這樣的舉動「野蠻」。他雖不像我曾經親身經歷德軍在占領區的行徑，不過他應當瞭解，就像作戰部隊不會配備救護車和廚房一樣，作戰軍人也絕對不會遵行法治國家的信條。然而父親並不這麼想，每天都發生一些事情，令他對美軍痛恨不已。心生痛恨嗎？納粹以你我之名犯下罪行，有一些事我們不也時有所聞，卻隱匿未報嗎？犯下這些過錯後，我們受的刑責根本太輕了，不是嗎？原本我以為戰後會大肆進行審判——所有人不論之前是否曾經加入納粹黨，如今都必須被迫辛苦地勞動。但情況並非如此。他們只在小小的「判決庭」中審查我們的資料，並加以分類。免罪者如果找到工作，即可立即開始工作。

> **巴頓將軍**
>
> 　　戰爭英雄喬治・巴頓將軍（George S. Patton, 1885-1945）批評「去納粹化政策」，認為它不應當排擠德國菁英參與，而且認為這項政策有礙德國重建。1945 年 10 月 5 日，巴頓將軍因此被政府召回美國。

　　起先，因為軍官職級，我必須承擔罪責，而無法在美軍占領區內進入大學就讀或服公職。像我這類的人，如果想拿到食物配給卡，就必須從事體力勞動。體格強壯的人，可以選擇在礦坑或鐵路運輸局工作；不然就是到工廠幫忙，將武器改製成廚具。當時區司令官正找人去採收，於是我不必去做上述的工作。就像美軍區司令官對法蘭肯地區 ⓮ 農民說的話一樣：「大家必須趕上採收進度，好讓我們在 10 月裡可以暢飲啤酒。」他把我們託付給那位農民。我心想，對我們而言，意義何等非凡！不但免除了刑事

⓮屬於德國境內的地區，地理位置橫跨巴伐利亞北部、巴登—符騰堡東北部、圖林根南部，當地盛產白葡萄酒。

審判，還讓我們去做這等好差事！

是的，我們根本沒有理由心生怨懟！有些人雖然高興不必再受小組督察員、軍需官、一心想打勝仗者及黨棍的挾制，但這份欣喜卻抵不過失望。因為有個前納粹份子，買通受害不深的受害人或不正派的神職人員，拿到了一張「無罪證明」；當地司令官因此派他擔任重要的行政工作。這個人藉此重振旗鼓，甚至擴大他的舊日勢力。另外，一些向來熱心的愛國人士以及捍衛秩序的鄉愿，則忙著為占領軍舉辦「派對」。（這個字現在很流行！）他們拿到占領軍軍官回報的尼龍絲襪與香菸之後，再將物品流入黑市。小老百姓們缺乏民生物資，美軍卻燒毀用不完的軍人補給品，以免淪為黑市商品。

對德國人而言，民主制度在那個年代裡，代表一切像是飢荒、貪污、濫權刁難、官僚主義等無用之物。暗地裡，民主尤其象徵著失敗與羞辱。

在西部占領區裡，領取食物配給卡前必須先拿出書面證明，證明「某某人看過布亨瓦德集中營、奧斯維辛集中營影片」。眾人不願意服從這項命令。「這些影片全是政治宣傳！」「這和我有什麼關係？」「解釋清楚也許是對的，強迫人就不對了。」這些是大家的看法。我看過兩次集中營影片，而且出於自願。第二次我拖朋友一起去看，他極力抗拒。從那以後，我便永遠失去了這個朋友。人類到底能承受多少的羞愧？不僅為個人，也為他人的行為

黑市

　　用鞋子換奶油、用銀湯匙換針線。人民生活困苦，黑市卻極其猖獗。「美軍香菸」是最受大家歡迎的頭號交換物品。黑市不合法，卻可以買到平常買不到的東西，例如要價 18 馬克的毛線。英軍占領區內一週只配給 100 克奶油，黑市裡半磅奶油的價格則是 250 馬克。當時勞工階級的週薪約莫 42 馬克。透過不法途徑購買限額物資，將受到嚴厲的懲罰。

感到恥辱，做人究竟必須擁有多少的羞恥心？

現實與心靈的廢墟瓦礫

10月裡，一個朋友託我教她幾個姪女外甥們讀點書，他們逃難後，住在下薩克森的鄉下。我得教他們拉丁文、數學，以及寫字，就是一般學校裡的課程。在那個年代裡，我們知道這種「教育」的效果比較好 ❶ 。我答應了下來，卻無法抵擋另一個始料未及的機會，哥廷根大學允許上尉軍官入學就讀。在這百廢待興的時刻裡讀哪個科系好呢？古典語言學！因為自己還有所有德國人都在逃避現實嗎？也許，人們有一天會在背後指責我們這整個世代說：「他們眼中不願見到斷垣殘壁。不論是生活中實體的廢墟瓦礫，或者是淪喪的道德，他們都不願意面對。」

戰後的學生生活，卻讓我覺得非常「真實」。我每天早上7點到中午12點在陶器工廠裡捏土拌釉，賺取生活費。晚上則去檢拾掉落在鐵軌上的煤炭；白天還得排隊買蔬菜，然後帶著一粒煤球當束脩去上課。找不到教授推薦的書，只得自己另外去搜尋。學長幫我補習，自己也幫魚販的女兒當家教，他們付我醃酸鯡魚當學費。

有一次，我因為「偷竊聯軍財產」入獄4週。因為英國人強占來的公寓裡有了中央空調暖氣，我撿了他們丟出來的暖爐。一位軍法官因為中意我的辯護稿，賞我一份晚班的翻譯員工作，還包括在警局裡溫暖的辦公桌和床鋪。這些真實的人生，絕對不可能是「象牙塔」，或是打退堂鼓縮回遠古的幻想世界！

我去上了所有吸引人的講課，從原子物理學到神學都囊括在內，再附帶唸些自己系上的科目，例如希臘文、拉丁文及歷史。

晚上我在同學住處繼續研讀。不對，不對，這才是真正學習的開始，因為和真正的人生有所連結。早上在課堂裡聽康德「絕

---

❶ 這裡是和上述的強迫式「思想再教育」比較。

對眞理」的概念,晚上則和同學爭論自己應否檢舉那個穿軍事大衣貂皮領的男人。我在學生餐廳認出他;當年同袍被降級貶黜時,這名納粹高階軍官說:「在納粹領導學校裡,我們採用完全不同的處置方式,晚上我們用毛毯捆住這類反叛者,然後開坦克在練習場上壓死他。」

我和同學辯論臨時軍事法庭的死刑處決,尤其是戰爭結束前幾週的死刑處決。我們辯論政治上很重要的敵友原則,這原則早已存在,並不是納粹起的頭。我們也辯論「宣誓」的義務與束縛;辯論納粹教授的遭遇,他們現在不准再教希臘格律學或拉丁文。後來,我並未舉發那個穿貂皮領大衣的人,還每隔兩天把孟諾派教會❶分送的食物送給一位因為丟掉教職而貧困潦倒的老教授。他雖然不配,卻迫切需要援助。

通常我們只能透過照片與陳述來想像希特勒,以及全體德國人和他一起帶給世人與自己的不幸。戰後數月,傳來戰爭罪行的數字。我們曾四處看見俄籍的強制勞役工,現在我們在報紙上讀到共有 150 多萬的蘇俄勞役工,比漢堡市市民人數還要多。我們也曾看見陣亡的蘇聯士兵,如今的報導指出:在這場希特勒發起的戰爭中,共有 1300 萬名蘇聯士兵戰亡、受傷或被俘後去世,至少 1 千萬平民受害。德國城市被毀;有人計算出來,二次戰後,德勒斯登每位居民平均擁有 42.8 立方公尺的瓦礫堆,科隆居民有 31.4 立方公尺,柏林居民有 12.6 立方公尺。

溫飽第一,道德在後

我曾拜讀普魯斯特❶的作品,他說不幸讓人變得醜陋凶惡,

---

❶ 孟諾派教會(Mennoniten)又稱為再洗禮教派。
❶ 普魯斯特(Marcel Proust, 1871-1922)是《追憶逝水年華》的作者,該部小說被譽為二十世紀最偉大的小說之一,普魯斯特亦因此書成為文學史上不可忽略的作家。

258

> **戰後結算數據**
>
> 　二次世界大戰死亡總數：5500 萬至 6200 萬。其中有
> 2700 萬來自蘇聯
> 525 萬來自德國
> 460 萬來自波蘭
> 180 萬來自日本
> 110 萬來自南斯拉夫
> 81 萬來自法國
> 42 萬來自捷克
> 386000 來自英國
> 378000 來自羅馬尼亞
> 330000 來自義大利
> 318000 來自美國
> 84000 來自芬蘭
> 　在屠殺歐洲猶太人行動中，660 萬人犧牲生命，約計 3 千
> 萬人失去故鄉。
> 　戰爭開始之初，德國境內屋舍數目共計 1600 萬棟，到
> 1945 年有 5 百萬棟房屋全毀，350 萬棟受損。柏林人口數在
> 1939 年為 330 萬人，1945 年則為 260 萬。
> 　1937 年，德意志帝國領土面積為 471067 平方公里；1945
> 年波茨坦會議後則為 356678 平方公里。

但唯當心靈長期處於不幸狀態下，才會如此。突如其來的不幸，
未必會導致這結果。但是，當年卻真是如此。住所擁擠，3 個難
民家庭為使用爐灶而爭執不休，每日排隊心情沮喪，虛擲光陰，
基督徒雖想行善，卻因「處境」變得小氣記仇自私自立而感到良
心不安。這些外在情況使得原本可以治癒人心的災難，變成推人
墜入深淵的苦難。哲學家漢娜‧鄂蘭發現德國人身處悲慘深淵。
她認為戰後的德國人民變得漠不關心、殘酷無情、不感恩、固執
不知悔改，還有忙著湮滅歷史。

　　這樣的描述正確嗎？戰後大家不是突然擁有更多的自由嗎？這份自由有個名字叫做「崩潰時期」，完全無法無天。作家恩斯特・容格爾⓲在他的日記中寫道：「政黨命令、食物配給卡與治安法例，所有的一切統統失靈。連空襲警報也不再響起了。」

　　我們為何不捉住戰後的機會？一切原可重新來過。過往歷史何以有此權勢箝制你我？原因並不在於占領國與其法令。戰後不久，德國人民便知如何因應占領國的法令。這股麻木不仁，乃來自內心深處：何人何時會因何事告發我呢？藉何權力？還有，自己又可以相信誰呢？

　　第一次去柏林的路上，朋友介紹我認識幾位蘇俄共產黨員。他們不顧自己的流亡身分，仍然希望能夠實現好不容易才拯救回來的政治意象。我第一次從唱片中聽見布萊希特⓳1928年寫的《三分錢歌劇》（Dreigroschenoper）。「在此世間，人的權力／只是暫且停留，希望幸福／享盡人世諸般樂趣／聽到人喊吃飯，可以拿到麵包，而非石頭／若能吃飽，我們會是好人，不會如此粗野／但大環境並非如此。」這是我第一次聽見無產階級份子、小偷以及乞丐們，述說著淺顯易懂的真理：「你們這些愛填飽自己肚子，又要我們乖乖的人們／請務必瞭解：／不論你們怎麼說／溫飽還是第一，道德在後。」

　　這些討論戰後新秩序的聰明人，口裡講著小老百姓聞所未聞的詞彙，說著共產宣言裡「生產力」、「疏離」、「剝削」等令人興奮的字眼。這些喝著伏特加酒（卻夢想喝威士忌）的人，絕對不是無產階級份子，他們優渥的「環境」更非無產。他們不僅怪罪社會主義，反而認為人民也有罪。

⓲恩斯特・容格爾（Ernst Jünger, 1895-1998），德國作家，其著作等身，可謂二十世紀最重要的一位德國作家。
⓳布萊希特（Bertolt Brecht, 1898-1956）是德國極具影響力的現代劇場改革者、劇作家及導演，亦被視為當代「教育劇場」的啟蒙人物。希特勒當權時，布萊希特離開德國，1941年移居美國至1947年。

去納粹化

在美軍占領區內，每位成年德國人都必須填寫一份問卷。
650 萬名德國人曾加入納粹黨，6 個德國人裡面就有 1 個人曾
經參加納粹組織。其中將近 50 萬名是老師，6 成 5 以上的公務
人員，以及 8 成以上的法官與公職法務人員，都曾是納粹黨
員。

美國人希望清除納粹，重新教育德國人民。1946 年 3 月 5
日成立所謂的「判決庭」，審查每個單一案例。1949 年夏天審
查結果才出爐，而且效果不彰：共計 1341 萬人填寫了問卷，
其中 1643 人被判處為「主犯」，22122 人為「納粹活躍份子」，
106422 人為「犯罪情節輕微者」。

蘇聯占領區內的情況則異於美軍占領區，他們只審查 80
萬名納粹黨員，免除一半人的職務，其中幾乎 9 成都是法務人
員。蘇聯將這批人關進所謂的「特別監禁營」，這些地方通常
是之前的集中營。迄至 1950 年，約有 5 萬人死於監獄中。

一個留在德國的共產黨員告訴我：「貴族的財產已經被沒
收，納粹教師也統統被趕走了，還有許多『人民公有』的企業。
但是我們沒有未來，只有醜陋的過去，以及更多的當下。」

這個共產黨員會願意填寫西柏林軍事政府所要求的問卷嗎？
這對他的未來有幫助嗎？在西方占領區裡，只有曾經待過集中營
的共產黨員才值得信任。這個共產黨員，他是一位在一次大戰時
期勳績彪炳的蘇聯高階軍官，住在高級的頂樓公寓裡；納粹時期
他完全袖手旁觀。他的話又何足採信呢？

幽暗無法立即轉為光明

12 頁的問卷，共計 132 個題目。美軍軍事政府希望藉此篩揀
出具有危險性的德國人。他們還真是相信我們德國人的閱讀與書

康拉德 · 艾德諾

美軍的「反納粹或非納粹白名單」當中,約有 1500 名德國人,其中一位就是曾擔任過科隆市長的艾德諾。 1933 年,納粹逼他下台。 1945 年 3 月,美軍重新委派艾德諾擔任科隆市長,但並未立即公布此項人事派令。因為艾德諾的幾個兒子當時還在戰場上服役,他擔心他們會遭不測。 1945 年 10 月,英國解除艾德諾職務,不允其繼續參與政治。同年 12 月,禁令解除。 1949 年,艾德諾擔任甫成立之德意志聯邦共和國的第一任總理。

寫能力!美軍搜緝調查單位,名為「智慧」小組,因為資料過多忙得喘不過氣來。自我審查也許對德國人還比較好一些;但政策決定委派「去納粹化」官員審查資料。在美軍占領區內,就有 22000 名「去納粹化」的審查員!

錯綜複雜的迷惑、道德腐敗、罪行、誘惑以及未盡之責,又怎能藉由這種方式來釐清呢?最後, 1300 萬名納粹黨員與大多數的下游基層成員,僅被歸為「一般罪犯」或「從犯」。

從這裡開始,我不再用現在式講述,彷彿事情發生在當下。這種方式能引發參與感,將判斷擱置至最後一刻。然而,回憶這段歷史,便關係到評斷。評斷的歷史,也同樣開始於 1945 年。我無法指出究竟多少人曾經如此反省評斷過,許多人都迴避這件事。眾人多半賣力地試圖重建 1933 年前的景象。

很快地,火車開始行駛,郵政開始運作;報紙出版;食物及能源供應吃緊,比戰時還缺乏,但很固定;德國人週末禁止行車,實施宵禁,處處可以看到「德國人勿進」的標示,這些規定雖然嚴苛,大家倒也甘之若飴地接受。 6 月舉行了戰後首度的足球比賽、音樂會,也陸續放映電影或有劇團演出。 8 月,法蘭克福頒發了每年一度的「歌德獎」。

　　孩子們能去上學，便是一般太平景象。萊茵邦於夏初復課，其他地方則從秋季開始上學；哥廷根大學在 10 月裡重新開始授課，拔得頭籌，其他大學則陸續在年底左右開課。在邦議會選舉之前，到處都在舉辦市長選舉。公共場合也安全無虞，並未出現對占領軍個人或機構的炸彈攻擊事件。除了一些零星不願返鄉、四處遊走的強制勞役工及外國勞工的搶劫事件外，也很少發生暴力事件，但是一群打家劫舍的波蘭人槍殺了我在農莊裡工作的朋友，以及躲在地下室的農場主人全家。美國人、英國人、法國人及蘇聯人很少受到波及。德國人把怒氣發洩在自己的同胞身上。

　　德國人民極力擺脫心中的「個人主義獨裁者」，讓占領軍變得無用多餘。如此做，究竟是因為我們太疲憊？太理智？太聽話？還是太瞭解自己的過錯？或者只是因為招惹不起人數過多的占領軍？

　　外在的轉變雖時有停頓，卻明顯地持續進行著。也有內在的變化嗎？「解除燈火管制」之後，幽暗並無法立刻轉為光明。另打一個比方：如果有人相信，靠著幾項徹底的手術及暫時的強制休息，便能治癒國家社會主義這場重病，那麼他對這種病完全不瞭解。

缺乏必要的怒氣

　　我和朋友們原本打算「報復」納粹、幹掉他們的公眾人物，並且揭發一些從中獲利的小角色。但是，我們最後都放棄了。這麼做會帶來什麼結果呢？它只會導致反抗，卻無法讓人看清過去的這段歷史！同盟國對高階納粹黨員進行審判；遺憾的是，他們並未讓德國人民參與審判。在納粹德國殘忍對待其他民族之前，德國民族的法律、歷史以及信念，不也都受到損害了嗎？

　　11 月 20 日，國際間開始審判 24 名「一級戰犯」；他們代表

263

紐倫堡主要審判中的被告。

納粹在政治、經濟、軍事三方面的最高領導階層。許多人民或許也願意在審判中結算一下,自己在希特勒時代所犯下的過錯,但是紐倫堡大審不准許德國人民參與。這項缺失,壓抑了眾人承認犯錯的意願。幾乎一年後才公布判決內容:3 人無罪開釋、12 人被判處死刑,其他人則判處終身監禁或數年有期徒刑。許多德國人民認為,這些審判結果早就「不干己事」。

戈林為了逃避吊刑服毒自盡,這件事讓德國人民覺得滿意。紐倫堡判決中的一句話傳遍全國:「國際法罪犯,並非抽象的部隊,而是單一的個人。唯有懲罰犯罪的個人,才有助於釐清國際法的定義。」更是聰明的做法是:允許一名、只要一名德國原告

參與審判過程即可。紐倫堡法庭卻表示，受害的民族不願意接受這項做法。另外，在「法律終結」國家社會主義之外，德國人如果自行司法，甚至即興地進行革命，從「外部」結束納粹主義，戰勝國會認為這是危害秩序與權威的做法，將立即抑止。

審判結束4年之後，哲學家漢娜・鄂蘭對此有不同的看法，她認為：德國人當時就是少了這股必要的怒氣。而我們將永遠無法知曉，德國人在心中究竟累積了多少對納粹的憤怒。

德國人民的意見雖然分歧，但是戰勝國也好不到哪裡去。有人希望懲罰德國，有人希望賠款。雖然戰勝國藉由「去納粹化」、「去中央化」及「拆卸」❷，希望把德國弄得永遠不具有危險性，

紐倫堡大審

1945年11月20日，「紐倫堡國際軍事法庭」開始進行審判，審議納粹高階領導軍官之戰爭罪刑。審判時間長達218天，由美、蘇、英、法4大戰勝國安排原告及法官代表。呈庭證據文件共計2360份、聆聽240名證人，並審查30萬份口供紀錄，動用400名筆譯與口譯人員。儘管如此，幾乎全數被告都辯護自己無罪。

美國檢察官羅伯特・傑克遜（Robert H. Jackson, 1892-1954）表示：「赫曼・戈林表示雖曾簽署同意許多文件殺害猶太人，他個人卻從未曾聽過『滅絕猶太計畫』。納粹陸軍元帥兼國防軍最高司令威廉・凱特爾則表示，對自己下過的命令『完全不知情』。納粹黨衛軍將軍暨帝國中央保安總局首腦恩斯特・卡爾登布隆納（Ernst Kaltenbrunner, 1903-1946）表示，蓋世太保比較類似於『交通警察』。」傑克遜說：「如果認定這些納粹頭子無罪，那麼眾人皆可宣稱『根本從未發生過戰爭，不但無人傷亡，更沒有人犯罪。』」

---

❷戰後，德國的工業、工廠都遭拆卸，移至英、法等國。目的在於削減德國的工業製造能力。

戰後的紐倫堡。

卻試圖將「站在他們那一邊的德國人」變成自己的黨員，後來甚至變爲自己的盟友。

有教養又冷漠的法國人駐軍施瓦本地區及薩爾區等地，贏得當地人民支持法國文化。正派又難以親近的英國人爲「公益」，爲有紀律的公益而廣告。友善卻無法預測的蘇俄人結合市井小民，滿足小市民成立組織的需求，利用人民對獨裁的敏感性，而且還證實了納粹宣傳單上對蘇聯士兵的駭人描述：當蘇聯士兵陶醉於進攻快感時，他們不但會打家劫舍、性侵害婦女，還會將財物沒收充公、捉人入獄、關進拘留所，或是遣往蘇聯寒冷的大牢。大

方又心無成見的美國人，因爲他們自己的言行「不拘形式」，而對德國感到著迷；他們有能力在殘破的德國裡過著像在美國的日子；美國人尤其點燃了德國年輕人心中熱切的渴盼，他們希望在當下或未來，能像老美一樣隨意、充滿自信，而且打扮入時。

需要英雄的國家，眞是不幸！

所有同盟國都打算對德國人民進行思想再教育，希望能夠解放德國人脫離錯誤的納粹理論，改掉德意志民族服從上級的人格特質。但是，光憑口說，指出種族偏妄、國家主義、元首意識型態以及帝國主義的禍害無窮，並無法打動人心。因爲德國人都曾經面對那一段充滿種族歧視與國家主義的人類史。

如果每個人都能看清楚，知道自己曾經同意過納粹的愚昧和謊言，瞭解是自己的行爲膽怯退縮。是自己背叛了原先信服的理念，這遠比拒絕天大的錯誤、拒絕殘忍來得更重要。

德國基督教會委員會發表的「斯圖加特認罪告白」理論上應該有點幫助，但事實上這項告白甚至無法幫助教會信徒認清每個人在納粹時期所犯下的錯。它只讓一些人虛情假意地悔改，另一些人則因爲機會主義鄙視這一切。「我們非常沉痛地說：藉由我們，帶給許多國家與民族永不休止的苦難……我們眞的曾經抵抗過那股想法，它最後在納粹暴力政權中找著恐怖的出口。我們控告自己，控訴自己未曾更勇敢地告白、更忠實地祈禱、更喜樂地相信，還有更熱切地去愛人。」

人們通常要到戰後才會問這些老問題：我們怎麼會走到這一步呢？必須如何杜絕戰爭？怎樣才能回歸和平秩序、終止武力呢？如何重新賦予戰敗者權力並教育眾人呢？如此「結局」之下，如何才能將教訓謹記於心呢？

這些問題的答案一方面來自老生常談的教導：當然一開始便

得阻止戰爭形成！一朝脫韁的武力，便很難控制。對個人不可要
求過多，政府機關必須加以援助。布萊希特《伽利略》（*Galileo
Galilei*）一劇中的主角說：「需要英雄的國家，真是不幸啊。」
與 1945 年之前相比，如今我們能更清楚體會這話中含意。

　　另一方面，這些問題的答案要求眾人去探討戰爭發生的有利
情勢，去研究戰前歷史，去分析整個形成武力侵犯的「系統」，例
如：德國因為立國較晚，充滿了不安全感，所以希望藉著使命感
與救贖期待，來平衡那股不安全感；再者，德國人偏愛理想主
義，喜歡怪罪他人；當時的政治權力掌握於一人之手，缺少分
配；而且，德國民族向來認為跟隨、順從與守法是傳統美德，遠
遠超過自我責任、批判與釐清真相。舉例而言，奧斯維辛集中營
司令官可能會為他的冷酷無情如此辯解：「人性所有的感動必須
沉默」，而且必須「鋼鐵般一貫地」執行元首的命令。那麼，這名
司令官便沿襲了德意志民族錯誤的傳統。

　　最後，也可以用這些問題的答案，檢核個人在單一事件上的責
任。沒有所謂的「集體過失」，也沒有「集體免除罪責」這回事。
每個人都必須為自己的所做所為負責。父親教導我：「逃亡者懇求
你收容，就答應他」、「對別人的敲詐勒索，絕不讓步」、「不告密
揭發任何人」。我如此行，也得到其中所需要的智慧與力量。

藝術的心靈再教育

　　軍事政府的措施與方案，並無法給我們智慧來傾吐這些答
案。人心的轉變應當歸功於文學、戲劇與電影，不經意間，它們
更容易成功地「再教育」我們。

　　美國人送我們一些影片，是我們在納粹時代錯過的老電影。
他們的原意絕非宣傳，但是我們這些青少年透過《警探奇俠》
（*Destry Rides Again*）、《富貴浮雲》（*Mr. Deeds Goes to Town*）、

> **四七社**
>
> 　　日後成為作家的書商瑞希特[21]於離開美軍戰俘營 1 年之後，亦即於 1947 年創立「四七社」（Gruppe 47）。湯瑪斯・曼曾稱呼此團體為「莽撞招搖無恥之徒」。「四七社」對德國戰後的文學生命影響深遠。他們背棄納粹獨裁時代的「奴隸語言」，背棄「第三帝國」時代退居內心以及「非關時事」之文學模式。許多著名的德國作家都是「四七社」成員，包括葛拉斯、波爾、藍茨以及愛森伯格[22]。

《小鎮》（*Our Town*），接觸到偉大的美式神話，像是：自由自在的生活，「我們的小鎮中」的公民責任，以及「追求幸福，操之在我」。即便經濟大蕭條，這些神話依然存在。

　　法國 1937 年的電影《大假象》讓德國人震驚不已，這部片子（因為譏諷軍國主義）在納粹德國絕對不會受到歡迎。另一部名為《奧林匹斯山神王之子》的電影，則叫人為之著迷。對我而言，它也是數十年以來「最美的」電影，它的片名才更應該叫做「大假象」。因為，在當時完全由政治與社會主導的世界裡，這部電影卻只專注於私人的幸福與悲愁。至於俄國人倒是夠聰明，不折磨我們去欣賞俄國的低級戰爭片。英國人和我們分享他們最好的作品，送來了偉大的莎士比亞及羅倫斯・奧利佛主演的《哈姆雷特》與《亨利五世》。

　　艾略特在舞台上藉著《教堂裡的謀殺案》，教導人們忠誠與信念、權力與赴義殉難之間的關連。索爾頓・懷爾德（Thornton

---

[21] 瑞希特（Hans Werner Richter, 1908-1993），該社創社者，有著左翼、反威權、反政府和反政治的特色，認同前衛文學理念。但因蓄意逃避德國現實，而一度受人非議。

[22] 葛拉斯（Günter Grass），出生於 1927 年，1999 年諾貝爾文學獎得主，著有《錫鼓》、《狗年月》、《我的世紀》等書；波爾（Heinrich Böll, 1917-1985）1972 年諾貝爾文學獎得主；藍茨（Siegfried Lenz），1926 年出生於東普魯士，是德國當代最傑出的文壇大師之一。成名作：《德語課》（1968）；愛森伯格（Hans Magnus Enzensberger），1929 年出生，是 1945 年以來德國文學界最富盛名的詩人、作家與文化評論者。其兒童文學作品集《各種嘶啞的聲音》尤為著名。

當樂音響起

　　1945 年 5 月 26 日，柏林愛樂交響樂團就已經舉行了戰後第一場音樂會，演奏柴可夫斯基的第四號交響曲。當年宣傳部長戈培爾斥責這曲目為「猶太人的作品」，並禁止公然演奏。記者安德列斯─費德瑞希寫道：「我們完全忘記曾經有過納粹，完全忘記失敗的戰爭與占領軍。一切突然變得不再有意義。樂音響起，這才是唯一重要的事。」

Wilder, 1897-1975）讓我們在《九死一生》中，理解納粹的滅亡是人類歷史必然的循環。透過馬克斯·弗里希（Max Frisch, 1911-1991）的《他們又歌唱》，我們體會到一件事：和最嚴厲的控訴互為表裡的，應該是最有智慧的認知：「我們可以命令世上諸事，所有的事。唯獨無法命令雜草，命令它長出地面，好叫人遺忘。」「缺少勇氣時，永遠不怕找不到理由。」

　　沙特的《蒼蠅》不但用他激進的自由理論逼迫著阿耳戈斯城（Argos），也同樣逼迫著我們這些備受咒詛的人，他說：人類「被判處」自由。安努易 [23] 教導我們，什麼叫做生命決定的「絕對性」。克里昂 [24] 說：「除了將指甲再一次抓出血，再一次被捕，你還能做些什麼呢？」伊狄帕斯王之女安提岡妮說：「沒有了，我知道。但這是我僅能做的。我必須做自己可以做得到的事。」

　　一些書籍並不直接做解釋，而是讓人親眼檢視那一段地獄般的過去，例如：歐根·寇聲（Eugen Kogon, 1903-1987）寫的《黨衛軍國家》（Der SS-Staat），以及關於「白玫瑰」的第一批報導。這些報導告訴我們每個人應做卻未做之事。藉著瑪格特·波佛瑞斯（Margaret Boveris）的《美國初級教材》（Amerikafibel），能讓

[23] 安努易（Jean Anouilh, 1910-1987）法國劇作家，他在 1943 年曾創作了有名的《安提岡妮》（Antigone）。
[24] 《安提岡妮》裡的攝政王。

人瞭解戰勝國及其諸般考量。一些德國人首次閱讀馬克斯與恩格斯的《共產宣言》，共產宣言將失去權力者的怨恨，打造成銳利武器，用來對付富人的虛偽與權勢。閱讀之後，更提醒我們留意那些希望永遠延續階級鬥爭的人。在亞瑟・柯斯勒（Arthur Koestler, 1905-1983）《正午的黑暗》（*Darkness at Noon*）一書中，這些虛假的共產主義陰謀走向毀滅。義大利作家西洛內（Ignazio Silone, 1900-1978）的《麵包與酒》，揭示真正的基督教與共產主義間的共同點。卡謬的《陌生人》一書，則談及罪的可怕巧合。

　　沒有一個世代像我的世代一般，在 1945 年之後如此備受矚目。我們可以正正當當地從「戰後時期」進入「前和平年代」了。

哈特姆特・馮・韓迷希

〈後記〉
藉由塑造假想敵使仇恨滋長

卡蘿拉・史坦

　　雖知自己並未直接害人或出賣朋友，然而這份確信，無法在失眠的夜裡提供任何慰藉。因爲不光只有動手者取走性命，容許邪惡當道的我們也殺了人。不論是未加思考地重複危險理論、不發一語地舉起右手❶，還是虛情假意地寫出似眞又似假的事，也都是殺了人……。

——葉芙雷金娜・金斯堡（Jewgenia Ginsburg）

　　如今，我已是 8 旬老婦了。我的少女時代，曾親身經歷過許多本書中描述的事。我還清晰地記得 1933 年 1 月 30 日那天，我和母親從收音機裡聽見希特勒被任命爲帝國總理的消息。阿道夫・希特勒？他不就是漢斯叔叔的「領袖」嗎！透過叔叔，我們立刻躍身勝利者的行列，這個想法讓我興奮地跑遍村子，向所有認識的人喊著說：「漢斯叔叔的領袖現在上台了！」當年，我是個 7 歲的小女孩。

　　3 月裡，漢斯叔叔和他的朋友們在鄉公所前升起納粹十字軍旗，我們一群小學生在旁邊列隊致敬。不久之後，漢斯叔叔口中所謂具有國家主義意識的阿倍村（Ahlbeck）村民們，也就是當地的納粹黨員、戰士及保衛隊、衝鋒隊隊員、納粹黨衛軍及路易莎皇后聯盟（Königin Luise Bund）的婦女與納粹婦女協會成員，全

---

❶ 指的是舉起右手行希特勒致意禮，並問候對方：「希特勒萬歲」。

部一同登上獵人山。在山上的俾斯麥塔旁邊，眾人升火高唱愛國歌曲。地方領導大聲宣示，終結所有派系爭執，統一成為一個龐大的團體。我喜歡這樣。以後，每年的 4 月 20 日便會舉行希特勒誕辰慶祝會、婦女組織的春季慶典、希特勒青年團多采多姿的晚間聚會、帝國政黨成立紀念日的電影放映等等。

我們村子在伍瑟都島上，冬天死氣沉沉地令人厭煩，但自此之後，大夥便不再無聊了，地方上總是充滿活動！一次又一次的勝利慶祝會。波羅的海邊上阿倍小村的生活從未如此高昂！

而後戰爭開始。德軍進攻巴黎！我們的軍人在列寧格勒及莫斯科！收音機接二連三地傳來特別報導。我認為自己這個時代真是偉大。

父親已過世，身為獨生女的我缺少「正常的」家庭。因為我的紅頭髮、彎彎的腳和滿臉的雀斑，大男生們經常嘲笑我，但我心裡總希望能像正常的孩子一樣，不被排擠，能夠參加團體行動。但因我體弱多病，當時我雖已 10 歲，希特勒少女團仍不准我加入「服務」。長期被拒絕，更讓這個團體顯得夢幻美妙。後來，我終於獲准參加活動。當時我的心中洋溢著幸福。和同學一起唱著民歌、鄉土民謠、納粹黨及希特勒青年團的戰鬥歌曲。

對小孩子來說，這是一個歌唱的世界，周圍伴隨著流動的噴泉、吹著號角的獵人與微風；穿著藍色衣服的騎兵、織布工、礦工和「青年國家逝去的英雄」也都聚集在此。同時，這也是一個遊戲與運動的世界；我們一起玩遊戲、辦民族舞會、民俗舞蹈，一起出遊與露營。我心目中的英雄是：希特勒與詩人賀德林 ❷、戈林以及大文豪歌德。「第三帝國」是我的故鄉；天資聰穎、品行端正又勤奮的人們在此居住；我們比其他民族優秀，有能力統治他們。

---

❷ 賀德林（Friedrich Hölderlin, 1770-1843）德國浪漫時期的作家與詩人。

　　2 年後，我成爲村裡「希特勒少女團」的領導。組織裡擁有
100 多名成員。當年我 12 歲，想像自己屬於抱持理想主義的青
年。

　　7、8 歲的時候，我就已經知道誰是「敵人」了。頭號大敵
當然就是「紅軍」以及「社會主義份子」，後者就是奶奶口中的
「地主大敵」。1933 年 3 月，我幫漢斯叔叔分送的傳單上面就寫
著：「踩爛共產主義！摧毀社會民主！」

　　猶太人則和共產黨員一樣危險，甚至比紅軍還要可怕。早在
村人加入納粹黨之前，已有許多人討厭猶太人。從小我就聽說猶
太人不誠實，他們在金錢上「討價還價」，對其他種族吃乾抹淨，
而且喜歡找金髮女孩下手。因此，我們不許跟猶太人買東西，或
是去找猶太醫師看病。

　　1933/34 年之際，德國國內已經開始開除猶太籍公務員與行政
機關內的猶太職工；猶太籍教授與學生也必須離開學校；軍職人
員不准和猶太女子結婚。我媽媽和村人於是想出一個基本原則：
「猶太人會帶給我們不幸」；往後的 12 年內，眾人都奉行這項原
則。猶太人到處搞鬼，剝削德國。他們的首領是在莫斯科的「布
爾什維克主義」，以及在西方世界中的「富豪財閥」。因此，基本
上他們是罪有應得。私底下我們也認識一些正派的猶太人，他們
很無奈自己是猶太人，還眞是值得同情。

　　不過，當初我們眞的不知道數百萬名猶太人喪命在毒氣室
中。不過，當我重新閱讀當年報紙的時候，捫心自問，我們當初
是否也不願意知道這些事。

　　女作家沃爾夫（Christa Wolf）在小說中這麼寫著：「他們必
須知道之事，都發生在眼前；他們則視若無睹。」我個人眞的是
如此。1938 年 11 月 9 日，史威能穆德（Swinemunde）的猶太人
會堂失火，我站在會堂前面看熱鬧。猶太商店櫥窗被砸、墓園裡
的墓碑東倒西歪、或者墓地被踐踏，我也都曾親眼目睹。我們只

是心想：「又出事了。」在興奮觀望的同時，自己心裡是否至少混雜著一些些感同身受的心情呢？我並不記得了。

這怎麼可能呢？當年我是個非常平凡友善的年輕女孩，絕對不是個惡魔，但我心中卻把「猶太人」想像成為仇敵，這件事將叫我終生抱愧蒙羞。「假想敵」的內容或許有所差異，在獨裁政治中尤其容易塑造「假想敵」；民主制度有時也會形成一些「假想敵」，只不過它的後果不是那麼地輕蔑人命。當初我愚蠢地把猶太人視為敵人，付出的代價是自己的人性，我犧牲了人性，犧牲自己對受苦受難者的憐憫。我緊緊地關閉心門，對納粹的可怕罪行完全無動於衷。

我可曾有機會看穿納粹當時的錯誤與罪行呢？我所有熟識的人都站在領袖那一邊，母親亦然。因為經濟好轉，母親放棄了她一開始對「奧地利人」又是「無產階級份子」的希特勒的看法，並且加入納粹婦女協會。

學校老師也都贊同，或者表現出贊成領袖的樣子。一位很受歡迎的女老師教我們「種族學」新課程，我們學習瞭解到，東歐猶太人是「劣等人種」的原因。

牧師也贊同希特勒。他在 5 月 1 號的戶外禮拜中祝福國防軍、納粹黨衛軍及衝鋒隊旗幟與元首旗標。德軍進入奧地利時，教堂還響起鐘聲，召喚信眾參加感恩禮拜，會眾們一起高唱：「偉大的上帝，我們讚美祢」。

醫生、藥師、商人、旅館經營者、旅社老闆等村子裡有頭有臉的人物，以及來度假的旅客們，大家都贊同希特勒。

似乎連外國人也不例外。希特勒在伯格霍夫（Berghof）私人山莊接待威爾斯王子。我在電影裡看見法國奧林匹克選手團在柏林帝國體育場領獎台前，舉手問候希特勒萬歲。

我根本不認識半個反對「我們」看法的人。

戰爭期間，我聽見強迫勞役工被綁在椅子上接受皮鞭責打。

我問自己：允許這些事情發生嗎？也和母親、親戚與朋友們談論這個問題。每個人都聳聳肩，企圖很快地轉移話題，表示我們根本不知道，究竟這些人在德國幹過哪些壞事。沒有一個人說：「這是嚴刑拷打！這是把他們當作假想敵！我們絕不容許發生這些事情！」其他人也緊閉心門，喪失了想像的能力。

20 年後，我聽說有位英國律師成立了「國際人道救援組織」（amnesty international），我於是下定決心和其他人一起在德國成立這個政治刑犯的救援組織，反對酷刑審訊及死刑。這是我一輩子裡做過最理智的事。

當我和許多同輩們第一次接受人性試煉時，我們都不中用地失敗了。我為今天的年輕人感到高興，因為他們不需要接受這般考驗。但是：請不要塑造出新的「假想敵」！在想法中，不要貼上像「猶太人」、「外國佬」或「回教徒」之類的分類標籤，反而要端詳每一個人。「類化」會助長假想敵的生成；透過假想敵的塑造，將令仇恨滋生；仇恨又會讓人暴力相向。

當然我清楚地明白，無法將獨裁與民主一起比較。但年輕的讀者們，你們有一天也會像我一般垂垂老矣，你們的孩子和孫子也許也會問你們：在二十一世紀開始之際，德國聯邦裡有些學童因為對手無法反擊，不僅譏諷他們，甚至對他們拳打腳踢暴力相向。而且，也有右派積極份子毆打外國人及遊民，甚至取其性命。這些你們不是都知道嗎！

你們可曾抵制嗎？

你們年輕時，數以千計的人在中國、土耳其及伊朗等許多國家裡，因為政治理念或信仰而遭到逮捕、虐待及處死。這些你們不是都知道嗎！

你們可曾抵制嗎？

第三世界國家中，數百萬人沒有鞋子穿，數百萬孩童沒有學校可以讀，因為他們必須做童工，數百萬人流離失所，數百萬人

營養不良飢餓度日。這些你們不是都知道嗎！

你們伸出援手了嗎？

和我的世代相比，我希望今天的年輕人，能夠為這些問題找
到更好的答案。

2004 年 7 月，於伍瑟都島

作者簡介

漢斯・蒙森（Hans Mommsen）

1930 年出生於馬堡（Marburg），大學主修歷史，副修德文與哲學。 1968 至 1996 年間，在波洪（Bochum）大學教授現代史，1977 年起擔任勞工運動史研究中心主任。他在許多發表論文中研究社會民主與勞工運動歷史、德國反對運動、威瑪共和國及國家社會主義之軍火工業。

在和曼福烈・葛瑞格爾（Manfred Grieger）共同撰寫的《第三帝國時期之福斯汽車及其勞工》（*Das Volkswagenwerk und seine Arbeiter im Dritten Reich*）一書中，作者指出大戰時期德國經濟成長與現代化的邁進，乃奠基於強迫勞動與人力剝削，更在《從威瑪到希特勒》（*Von Weimar zu Hitler*）一書中，完整分析第三帝國的內政憲法。在《希特勒之外的道路》（*Alternatives zu Hitler*）研究裡，他撰文描述 1944 年 7 月 20 日反對運動的政治與社會理念。

希爾可・羅倫斯（Hilke Lorenz）

1962 年出生，德國文學與歷史學系畢業。目前擔任斯圖加特週報《週日即時報》（*Sonntag Aktuell*）雜誌部主管。她於 2003 年開始探討童年時期經歷過二次世界大戰人們的生命故事，從中孕育出一本專書：《戰爭兒童——一個世代的命運》（*Kriegskinder - Das Schicksal einer Generation*）。

蜜爾雅・培斯樂（Mirjam Pressler）

1940 年出生，畢業於法蘭克福造型藝術學院。她在 1962 年前往以色列，於囤墾區內工作過一段時間。 1970 年返回德國後，打

過許多零工，同時撫養 3 名女兒成人，並開始撰寫兒童與青少年書籍。在 1980 年出版的第一本小說《苦澀巧克力》（*Bitterschokolade*），立即贏得著名的奧登堡（Oldenburg）兒童與青少年文學獎。

除了寫書之外，她還翻譯希伯來文、非洲語、英文及荷蘭文書籍，例如《安妮日記》之評著版本。蜜爾雅·培斯樂曾撰寫一本關於安妮·法蘭克的書籍，名爲《我心何等嚮往——安妮·法蘭克的生命故事》（*Ich sehne mich so. Die Lebensgeschichte der Anne Frank*）。她的著作屢獲大獎，一本源於眞實故事的小說《瑪卡·麥》（*Malka Mai*）亦曾獲獎。瑪卡·麥是一個 7 歲的猶太小女孩，家人因爲躲避納粹而將她獨自留在波蘭農莊裡，書中描述這位小女孩奮鬥倖存的故事。

鄔蘇拉·魏爾夫（Ursula Wölfel）

1922 年出生於漢姆伯恩（Hamborn）（後改名爲杜伊斯堡—漢姆伯恩）（Duisburg-Hamborn）。她的兄長卒於 1939 年波蘭之役。她曾於疏散「兒童下鄉」活動中，參加後方支援役與青年義務勞動，之後進入海德堡大學就讀德文及歷史學系。1943 年，她在羅德茲（Lodz）結婚；隔年得女。1945 年，她的丈夫死於戰俘營內。

大戰結束後，她在奧登華德地區（Odenwald）擔任教師助理，並於佑根漢姆（Jugenheim）當時的教育學中心及法蘭克福修課。之後，則於達姆城特殊教育學校授課。1961 年起，她成爲自由文字工作者。其全數著作於 1991 年榮獲德國青少年文學特獎。

赫曼·文克（Hermann Vinke）

1940 年出生於下薩克森州的瑞德—埃姆斯（Rhede-Ems）。畢業於漢堡大學歷史及社會學系，曾擔任多間報社的編輯，其中長

年擔任帕本堡《埃姆斯日報》，也擔任過漢堡北德廣播電台（NDR）的編輯。 1981 至 1986 年間，他擔任德國公共電台（ARD）駐日本之遠東特派記者； 1986 至 1990 年之間則出任北德電台及西德電台（WDR）駐美記者； 1991 至 1992 年間，他負責掌管位於（東）柏林之德國公共電台，而後則擔任布萊梅廣播電台節目部經理。

自 2000 年起，他負責與東歐／波羅的海的通訊工作。目前寓居布萊梅及柏林。他撰寫過例如《蘇菲·碩爾的短暫人生》（*Das kurze Leben der Sophie Scholl*）、《凱托·柏葉思·范·貝克——我並未乞求苟延此生》（*Cato Bontjes van Beek — Ich habe nicht um mein Leben gebettelt*）等書。其著作屢獲大獎，包括榮獲德國青少年文學獎。

哈特姆特·馮·韓逖希（Hartmut von Hentig）

1925 年出生於波蘭的波森（Posen），其父主責當時位於波森的德國總領事館。父母離異後，哈特姆特多半旅居國外，曾在美國加州、哥倫比亞及荷蘭度過童年與青少年時代。曾就讀柏林法國中學 6 年， 1943 年加入軍隊，戰爭結束前淪為美方戰俘。 1945 年，他開始進入大學研習古典語言學；於 1953 年取得美國芝加哥博士學位。

曾擔任高中歷史及拉丁文教師 10 年之久。 1963 年起，他於哥廷根（Göttingen）及畢勒費爾德（Bielefeld）大學擔任教育系教授，並於畢勒費爾德大學創建實驗學校（Laborschule）及補修高中文憑之 3 年制學校（Oberstufen-Kolleg）。退休 10 餘年，寓居柏林，以榮譽教授身分評論時事。

卡蘿拉·史坦（Carola Stern）

1925 年出生於伍瑟都島，原名愛莉卡·阿司姆斯（Erika

Assmus）。二次世界大戰後，她於東德擔任教師。 1950 年代逃至
西柏林，透過各種文字發表，贏得研究東德專家之美譽。東德國
家安全局曾 2 度試圖綁架她，因此她以假名「卡蘿拉· 史坦」在
報章雜誌上發表文章。許多人僅知其筆名。

　　1960 年代，她負責科隆一家出版社的政治書籍編輯部。 1970
年開始，擔任西德電台（WDR）的編輯與評論人。退休之後，她
在《交織的記憶》（*In den Netzen der Erinnerung*）及《雙重人生》
（*Doppelleben*）兩本書中描繪自己的生命經歷，並出版一系列的名
女人傳記 ❶ 。

英格· 柏德森（Ingke Brodersen）

　　1950 年出生，大學時期主修歷史。曾短期擔任教師，之後則
長年任職於 Rowohlt 出版社，編輯並出版政治類書籍，而後升任
Rowohlt Berlin 出版社負責人。

　　多年前，她與其他作者共同合作出書，書中多位主角回顧自
己在希特勒成為共和國總理那一天當中的經歷。書中有位作者是
共產黨員，他在 1933 年旋即被捕入獄；這人和英格· 柏德森有著
同鄉之誼。從他口中，英格瞭解了許多關於自己故鄉及鄉親們在
納粹主義時代裡發生的故事。

　　目前擔任作者及撰書專案經理人，並為《卡夫卡》雜誌工
作。她與朵莉絲· 施洛德—柯普夫（Doris Schröder-Kopf）共同出
版《總理住在游泳池》（*Der Kanzler wohnt im Swimmingpool. Wie
Politik gemacht wird*）一書，並和麥布瑞特· 伊爾納（Maybrit Illner）
共同撰寫《小道消息報導——傳媒及其操盤手》（*Ente auf Sendung.
Von Medien und ihren Machern*）。

---

❶卡蘿拉· 史坦於 2006 年 1 月 19 日逝於柏林，享年 81 歲。——編注

國家圖書館出版品預行編目(CIP)資料

希特勒草莓——屠殺、謊言與良知的歷史戰場／卡蘿拉.史坦
(Carola Stern)，英格 .柏德森(Ingke Brodersen) 編著；李
雪媛、呂以榮譯.-- 初版.-- 臺北市：商周出版：家庭傳媒
城邦分公司發行，2006.08　面；　公分.
譯自：Eine Erdbeere für Hitler
ISBN 978-986-124-730-4（平裝）

1. 德國—歷史—1933-1945

743.257　　　　　　　　　　　　　95015577

希特勒草莓——屠殺、謊言與良知的歷史戰場 Eine Erdbeere für Hitler

編　　　　著／卡蘿拉・史坦（Carola Stern），英格・柏德森（Ingke Brodersen）
譯　　　者／李雪媛（導言、1-3）、呂以榮（4-6、後記、作者簡介）
企 劃 選 書／余筱嵐
責 任 編 輯／余筱嵐

版　　　　權／黃淑敏、吳亭儀、邱珮芸
行 銷 業 務／周佑潔、黃崇華、張媖茜
總 　編 　輯／黃靖卉
總 　經 　理／彭之琬
事業群總經理／黃淑貞
發 　行 　人／何飛鵬
法 律 顧 問／元禾法律事務所　王子文律師
出　　　　版／商周出版
　　　　　　　台北市104民生東路二段141號9樓
　　　　　　　電話：(02) 25007008　傳眞：(02)25007759
　　　　　　　E-mail：bwp.service@cite.com.tw
發　　　　行／英屬蓋曼群島商家庭傳媒股份有限公司城邦分公司
　　　　　　　台北市中山區民生東路二段141號2樓
　　　　　　　書虫客服務專線：02-25007718；25007719
　　　　　　　服務時間：週一至週五上午09:30-12:00；下午13:30-17:00
　　　　　　　24小時傳眞專線：02-25001990；25001991
　　　　　　　劃撥帳號：19863813；戶名：書虫股份有限公司
　　　　　　　讀者服務信箱：service@readingclub.com.tw
　　　　　　　城邦讀書花園：www.cite.com.tw
香港發行所／城邦（香港）出版集團有限公司
　　　　　　　港灣仔駱克道193號東超商業中心1樓 E-mail:hkcite@biznetvigator.com
　　　　　　　電話：(852) 25086231　傳眞：(852) 25789337
馬新發行所／城邦（馬新）出版集團Cite (M) Sdn Bhd
　　　　　　　41, Jalan Radin Anum, Bandar Baru Sri Petaling,
　　　　　　　57000 Kuala Lumpur, Malaysia.
　　　　　　　Tel: (603) 90578822 Fax:(603) 90576622
　　　　　　　email:cite@cite.com.my

封 面 設 計／楊啓巽
排　　　　版／極翔事業有限公司
印　　　刷／韋懋實業有限公司
經 　銷 　商／聯合發行股份有限公司
　　　　　　　新北市231新店區寶橋路235巷6弄6號2樓
　　　　　　　電話(02)29178022　傳眞(02)29110053

■2006年8月30日初版　　　　　　　　　　　　　Printed in Taiwan
■2021年2月3日二版2刷
定價360元
Original title: EINE ERDBEERE FÜR HITLER
©S. Fischer Verlag GmbH, Frankfurt am Main 2005
Complex Chinese copyright © 2006,2012 by BUSINESS WEEKLY PUBLICATIONS, a division of Cité
Publishing Ltd.
Published in arrangement with S. Fischer Verlag GmbH through jia-xi books co. ltd. Taiwan
ALL RIGHTS RESERVED

著作權所有，翻印必究 ISBN 978-986-124-730-4

廣	告	回	函
北區郵政管理登記證			
北臺字第000791號			
郵資已付，免貼郵票			

104　台北市民生東路二段141號2樓

英屬蓋曼群島商家庭傳媒股份有限公司城邦分公司　收

- -

請沿虛線對摺，謝謝！

書號：BUB001X　　　書名：希特勒草莓（二版）

 商周出版

讀者回函卡

謝謝您購買我們出版的書籍！請費心填寫此回函卡，我們將不定期寄上城邦集團最新的出版訊息。

姓名：_____

性別：□男　　□女

生日：西元 _____ 年 _____ 月 _____ 日

地址：_____

聯絡電話：_____　傳真：_____

E-mail：_____

職業：□1.學生 □2.軍公教 □3.服務 □4.金融 □5.製造 □6.資訊

　　　□7.傳播 □8.自由業 □9.農漁牧 □10.家管 □11.退休

　　　□12.其他 _____

您從何種方式得知本書消息？

　　　□1.書店□2.網路□3.報紙□4.雜誌□5.廣播 □6.電視 □7.親友推薦

　　　□8.其他 _____

您通常以何種方式購書？

　　　□1.書店□2.網路□3.傳真訂購□4.郵局劃撥 □5.其他 _____

您喜歡閱讀哪些類別的書籍？

　　　□1.財經商業□2.自然科學 □3.歷史□4.法律□5.文學□6.休閒旅遊

　　　□7.小說□8.人物傳記□9.生活、勵志□10.其他 _____

對我們的建議：

_____

_____

_____

_____